《九思国学院》系列丛书编委会

主　　编：迟双明

副主编：蔡　践　党　博

编　　委：孙红颖　杨　敬　庞莉莉

　　　　　任娟霞　李向峰　朱雅婷

　　　　　魏　冰　汪本帅　陈玉潇

　　　　　段雪莲　任　哲

总策划：九思国学院

庄 子

全 编

(战国)庄 子◎著　金　松◎主编

北京日报出版社

图书在版编目（CIP）数据

庄子全编 /（战国）庄子著；金松主编. —— 北京：北京日报出版社，2016.11（2021.3重印）

ISBN 978-7-5477-1734-9

Ⅰ.①庄… Ⅱ.①庄… ②金… Ⅲ.①道家 ②《庄子》—研究 Ⅳ.① B223.55

中国版本图书馆 CIP 数据核字（2016）第 218092 号

庄子全编

出版发行：	北京日报出版社
地　　址：	北京市东城区东单三条 8-16 号东方广场配楼四层
邮　　编：	100005
电　　话：	发行部：（010）65255876
	总编室：（010）65252135
印　　刷：	三河市双升印务有限公司
经　　销：	各地新华书店
版　　次：	2016 年 11 月第 1 版
	2021年3月第2次印刷
开　　本：	710 毫米 ×1000 毫米　1/16
印　　张：	20
字　　数：	307 千字
定　　价：	39.80 元

版权所有，侵权必究，未经许可，不得转载

精要阅览

1. 了解庄子。

庄子，名周，字子休（一说子沐），生卒年不可考，是我国先秦时期伟大的思想家、哲学家、文学家，战国时期宋国蒙人，道家学说的主要创始人。其学说涵盖当时社会生活的方方面面，与老子并称为"老庄"，他们的哲学思想体系被称为"老庄哲学"。

据《史记》记载，庄子曾做过漆园吏，只算是个小官。他的一生从未大富大贵过，并且生活时常处于贫穷困顿之中。然而，庄子鄙弃荣华富贵、名利权势，始终在乱世中保持独立的人格，享受着逍遥自在的精神自由。不过虽然他一生淡泊名利，主张修身养性、清静无为，但在他的内心深处则充满着对当时世态的悲愤与绝望，从他退隐、不争、率性的表象上，可以看出庄子是一个对现实世界有着强烈爱恨的人。

2.《庄子》。

《庄子》又名《南华经》，是道家经文，是战国早期庄子及其后学所著，到了汉代道教出现以后，便尊之为《南华经》，且封庄子为南华真人。《庄子》与《周易》《老子》合称"三玄"。

《庄子》约成书于先秦时期。全书以"寓言""重言""卮言"为主要表现形式，继承老子学说而倡导相对主义，蔑视礼法权贵而倡言逍遥自由，内篇的《齐物论》《逍遥游》和《大宗师》集中反映了此种哲学思想。行文瑰丽诡谲，意出尘外，乃先秦诸子文章的典范之作。

3.《庄子》的文章特色。

《庄子》文学造诣深厚。其文字的汪洋恣肆，意象的雄浑飞越，情致的滋润旷达，给人以超凡脱俗与崇高美妙的感受。《庄子》中的文章，充满了想象力，文笔变化多端，具有浓厚的浪漫主义色彩，并采用寓言故事形式，富有幽默讽刺的意味。其丰富多彩的想象力和变幻莫测的寓言故事，构成了《庄子》独特的形象世界。

4.《庄子》在中国散文史上的地位。

在浩瀚的中国文学史长河中，《庄子》是当之无愧的一颗璀璨明珠。《庄子》的出现，揭开了中国散文创作崭新而奇丽的一页。《庄子》是一部异彩夺目，幽旨渊放，奇之又奇的浪漫型、现实型、象征型三类合一的散文作品集，也是最早出现的新奇、生动、形象、深刻、形散神不散的真正意义上的文艺散文。它不仅在先秦诸子中独占鳌头，在中国散文史上，也是极引人瞩目的一座奇峰。可以说，庄子的文章体制已脱离语录体形式，标志着先秦散文已经发展到成熟的阶段，诚如鲁迅对其的高度评价："汪洋辟阖，仪态万方，晚周诸子之作，莫能先也（《汉文学史纲要》）。"代表了先秦散文的最高成就。

5.《庄子》对后世的影响。

清代杰出文学批评家金圣叹称《庄子》为"天下第一奇书"，这部先秦时期的经典著作对后世影响深远。

《庄子》继承和发展了老子"道"的学说，与当时的儒、墨形成了鼎立的形势，而后作为儒道释三大家之一的"道"学，影响了中国近两千年的社会思想文化发展。研究中国哲学史，不可不读《庄子》；研究中国文学史，也不可不读《庄子》。

《庄子》所体现的道家思想，对古代、近代乃至现当代的诗人、学者、思想家和艺术家都产生了广泛而深远的影响。例如屈原、司马迁、陶渊明、李白、苏轼、辛弃疾、曹雪芹，以及鲁迅、俞平伯，等等。他们在《庄子》的熏陶浸染中，汲取仿效，并加以发挥，从而创造了中国文学丰富多彩的艺术作品。

前言
Preface

著名学者于丹说："儒家是我们的土地，让我们融入社会；道家是我们的天空，让我们心灵自由。"提到"圣人"，无疑大家都会想到孔子。那么，"至人""南华真人"呢？他就是庄子。他于乱世之中，布衣着身，形容枯槁，却乐天安命；他沉醉于无为之乐，抛却功名利禄，尽情演绎逍遥人生；他以自然的方式生活着，用寓言记录人生，留给我们的是一笔宝贵的文化财富——《庄子》。

《庄子》亦称《南华经》，是道家经典著作之一。全书共三十三篇，分"内篇""外篇""杂篇"三个部分（"内篇"七篇，"外篇"十五篇，"杂篇"十一篇）。《庄子》既是一部哲学著作，又充满了浓厚的文学色彩，代表着先秦诸子散文的成熟，是我国浪漫主义的瑰丽杰作，在中国古代文化发展史上占有辉煌而重要的地位。

《庄子》的哲学思想是庄子思想的核心，是他政治主张的理论基础，也是其文学表现的重要决定因素。从宏观来看，《庄子》的哲学主要接受并发展了老子的思想。在庄子看来，"道"是超越时空的无限本体，它生于天地万物之间，而又无所不包，无所不在，表现在一切事物之中。

庄子生活的时期，诸侯混战，尔虞我诈，天下大乱。外加统治者荒淫无道，残酷压榨百姓，阶级对立异常严重。身处这样一个大环境之中，庄子对昏君乱相及趋炎附势之徒极度痛恨，对黑暗政治极度不满。因此，他反对非正义的兼并战争，反对统治阶级对人民的剥削和压迫，从而形成了他鲜明的政治思想，即《庄子》中所倡导的"无为而治"的主张，并继承了老子"小国寡民"的社会理想。在他看来，最理想的"至德之世"就是返归到那种既没有战争，也没有压迫和剥削的原始社会，并指出"民有常性，织而衣，耕而食，是谓同德"。虽然这种思想带有一定的消极性和倒退性，但也真切地表达出人民对平等、自由社会的向往。

庄子一直强调全身保性，而这种观点又主要体现在追求思想的绝对自由和自我养生两个方面。庄子追求精神无限和绝对自由的境界，他认为，达到以无限游于无穷（《逍遥游》），"天地与我并生，万物与我为一"（《齐物论》），"独与天地精神往来"（《天下》）这种个人与宇宙合一的自由境界，人也就成为永恒的无限自由的存在。庄子的这种思想是其对人生的理想境界和实践方法的思考，是对精神本然状态的自我认识。其豁达超脱的人生观，对后来历代文人产生了深远的影响。庄子在《养生主》一文中阐明了他的养生哲学。"养生主"即养生的要领。在庄子看来，养生之道的关键在于顺应自然，忘却情感，不为外物所滞。具体体现为：遵从自然的中正之路并将其作为顺应事物的常法，如此就可以护卫自身，就可以保全天性，就可以不给父母留下忧患，就可以终享天年。

对于庄子，我们要称道的，还有其卓越的文学功力。《庄子》一书运用了非同寻常的"三言"创作模式，即寓言、重言、卮言，将主题时而隐晦、时而婉转、时而直露、时而夸张地表现出来。《庄子》的文章结构也十分奇特。看起来并不严密，常常突兀而来，行所欲行，止所欲止，汪洋恣肆，变化无端，有时似乎不相关，任意跳荡起落，但思想却能一线贯穿。句式也富于变化，或顺或倒，或长或短，更加之词汇丰富，描写细致，又常常不规则地押韵，显得极富表现力，极有独创性。

概而论之，《庄子》对后世的影响是深远而又复杂的，无论是语言还是文学，无论是宗教还是哲学，这部书都具有其独特的价值。

《庄子全编》的出版，就是为了让更多的人享受到庄子的智慧。本书包括"原典欣赏""玄义注释""白话翻译"和"义理评析"四部分。其中"玄义注释"对《庄子》文中的一些难以理解的字、词进行了解释；"白话翻译"对《庄子》每篇文章进行了准确而细致的解译；"义理评析"则在把握《庄子》原文要义的基础上，进一步带领读者感悟《庄子》中包含的人生哲理和处世方略。全书内容生动活泼、通俗易懂，让您在感受《庄子》优美文风的同时，能够发思古之幽情，悟人生之真谛，品国学经典之无穷韵味。

目录 contents

内 篇

逍遥游第一 / 002
齐物论第二 / 009
养生主第三 / 025
人间世第四 / 029
德充符第五 / 042
大宗师第六 / 051
应帝王第七 / 065

外 篇

骈拇第八 / 072
马蹄第九 / 077
胠箧第十 / 080
在宥第十一 / 086
天地第十二 / 096
天道第十三 / 110
天运第十四 / 121
刻意第十五 / 131
缮性第十六 / 135
秋水第十七 / 138

至乐第十八 / 151

达生第十九 / 158

山木第二十 / 168

田子方第二十一 / 178

知北游第二十二 / 187

杂 篇

庚桑楚第二十三 / 198

徐无鬼第二十四 / 210

则阳第二十五 / 226

外物第二十六 / 239

寓言第二十七 / 247

让王第二十八 / 254

盗跖第二十九 / 266

说剑第三十 / 279

渔父第三十一 / 284

列御寇第三十二 / 290

天下第三十三 / 298

参考文献 / 310

内篇

逍遥游第一

【原典欣赏】

北冥有鱼①,其名曰鲲②。鲲之大,不知其几千里也。化而为鸟,其名为鹏。鹏之背,不知其几千里也。怒而飞③,其翼若垂天之云④。是鸟也,海运则将徙于南冥。南冥者,天池也。

《齐谐》者,志怪者也。《谐》之言曰:"鹏之徙于南冥也,水击三千里,抟扶摇而上者九万里,去以六月息者也。"野马也,尘埃也,生物之以息相吹也。天之苍苍,其正色邪?其远而无所至极邪?其视下也,亦若是则已矣。

且夫水之积也不厚,则其负大舟也无力。覆杯水于坳堂之上,则芥为之舟,置杯焉则胶,水浅而舟大也。风之积也不厚,则其负大翼也无力。故九万里则风斯在下矣,而后乃今培风,背负青天而莫之夭阏者⑤,而后乃今将图南。

蜩与学鸠笑之曰:"我决起而飞,抢榆枋而止,时则不至,而控于地而已矣,奚以之九万里而南为?"适莽苍者,三飡而反⑥,腹犹果然;适百里者,宿舂粮;适千里者,三月聚粮。之二虫又何知!

小知不及大知,小年不及大年。奚以知其然也?朝菌不知晦朔,蟪蛄不知春秋,此小年也。楚之南有冥灵者,以五百岁为春,五百岁为秋;上古有大椿者,以八千岁为春,八千岁为秋,此大年也。而彭祖乃今以久特闻,众人匹之,不亦悲乎!

汤之问棘也是已。汤问棘曰:"上下四方有极乎?"棘曰:"无极之处,复无极也。穷发之北,有冥海者,天池也。有鱼焉,其广数千里,未有知其修者,其名为鲲。有鸟焉,其名为鹏,背若太山,翼若垂天之云;抟扶摇羊角而上者九万里⑦,绝云气,负青天,然后图南,且适南冥也。斥鴳笑之曰:'彼且奚适也?我腾跃而上,不过数仞而下,翱翔蓬蒿之间,此亦飞之至也。而彼且奚适也？'"此小大之辩也。

故夫知效一官，行比一乡，德合一君而征一国者，其自视也亦若此矣。而宋荣子犹然笑之。且举世而誉之而不加劝，举世而非之而不加沮，定乎内外之分，辩乎荣辱之境，斯已矣。彼其于世，未数数然也。虽然，犹有未树也。

夫列子御风而行，泠然善也，旬有五日而后反。彼于致福者，未数数然也。此虽免乎行，犹有所待者也。若夫乘天地之正，而御六气之辩，以游无穷者，彼且恶乎待哉？故曰：至人无己，神人无功，圣人无名。

尧让天下于许由，曰："日月出矣，而爝火不息⑧，其于光也，不亦难乎？时雨降矣，而犹浸灌，其于泽也，不亦劳乎？夫子立而天下治，而我犹尸之，吾自视缺然。请致天下。"

许由曰："子治天下，天下既已治也，而我犹代子，吾将为名乎？名者，实之宾也，吾将为宾乎？鹪鹩巢于深林，不过一枝；偃鼠饮河，不过满腹。归休乎君，予无所用天下为！庖人虽不治庖，尸祝不越樽俎而代之矣！"

肩吾问于连叔曰："吾闻言于接舆⑨，大而无当，往而不返。吾惊怖其言，犹河汉而无极也，大有径庭，不近人情焉。"连叔曰："其言谓何哉？"曰："'藐姑射之山，有神人居焉。肌肤若冰雪，淖约若处子；不食五谷，吸风饮露；乘云气，御飞龙，而游乎四海之外；其神凝，使物不疵疠而年谷熟⑩。'吾以是狂而不信也。"连叔曰："然。瞽者无以与乎文章之观，聋者无以与乎钟鼓之声。岂唯形骸有聋盲哉？夫知亦有之！是其言也，犹时女也。之人也，之德也，将旁礴万物以为一，世蕲乎乱，孰弊弊焉以天下为事！之人也，物莫之伤，大浸稽天而不溺，大旱金石流、土山焦而不热。是其尘垢秕糠，将犹

陶铸尧舜者也，孰肯以物为事！"

宋人资章甫而适诸越，越人断发文身，无所用之。尧治天下之民，平海内之政，往见四子藐姑射之山，汾水之阳，窅然丧其天下焉⑪。

惠子谓庄子曰："魏王贻我大瓠之种，我树之成，而实五石。以盛水浆，其坚不能自举也。剖之以为瓢，则瓠落无所容。非不呺然大也⑫！吾为其无用而掊之。"庄子曰："夫子固拙于用大矣！宋人有善为不龟手之药者，世世以洴澼絖为事。客闻之，请买其方百金。聚族而谋曰：'我世世为洴澼絖⑬，不过数金；今一朝而鬻技百金，请与之。'客得之，以说吴王。越有难，吴王使之将，冬与越人水战，大败越人，裂地而封之。能不龟手一也，或以封，或不免于洴澼絖，则所用之异也。今子有五石之瓠，何不虑以为大樽，而浮于江湖，而忧其瓠落无所容？则夫子犹有蓬之心也夫！"

惠子谓庄子曰："吾有大树，人谓之樗。其大本拥肿而不中绳墨，其小枝卷曲而不中规矩。立之涂⑭，匠人不顾。今子之言大而无用，众所同去也。"庄子曰："子独不见狸狌乎？卑身而伏，以候敖者；东西跳梁，不辟高下；中于机辟，死于罔罟。今夫斄牛⑮，其大若垂天之云，此能为大矣，而不能执鼠⑯。今子有大树，患其无用，何不树之于无何有之乡，广莫之野，彷徨乎无为其侧，逍遥乎寝卧其下？不夭斤斧，物无害者，无所可用，安所困苦哉！"

【玄义注释】

①冥：通"溟"，指浩瀚无边的大海。②鲲：大鱼名。③怒：振奋。④垂：通"陲"，边陲，边际。⑤夭阏：一作"夭遏"，遏阻、阻拦。⑥三飡：一日。飡：同"餐"。⑦羊角：旋风。⑧爝（jué）火：炬火，木材上蘸上油脂燃起的火把。⑨接舆：楚国隐士，姓陆名通，接舆为其字。⑩疵疠：疾病，灾害。⑪窅（yǎo）然：怅然若失的样子。⑫呺（xiāo）然：庞大而中空貌。⑬洴（píng）：漂浮。澼（pì）：漂洗。絖（kuàng）：丝絮。⑭涂：通"途"，道路。⑮斄（lí）牛：牦牛。⑯执：捉拿。

【白话翻译】

　　北方的大海有一条鱼，名叫鲲。鲲的体形巨大，不知道有几千里。鲲可以变化成鸟，名叫鹏。鹏的脊背宽阔，不知道有几千里。它奋起而飞，翅膀就仿佛天际的云。这只鸟啊，当海上飓风呼啸、波涛汹涌之时，就要向南方的大海迁徙。那南方的大海，就是一个天然的大池。

　　《齐谐》这部书，记载的都是奇闻怪事。书中说："鹏迁徙至南方的大海，翅膀拍击水面激起三千里的浪花，掀起巨大的旋风，它便乘势盘旋而上直冲九万里高空，它飞了六个月才停下来。"蒸腾犹如奔马的游气，飞扬的浮尘，都是由大自然中各种生物的气息相互吹拂而形成的。天空呈现明净的蓝色，难道这就是它本来的颜色吗？它的高旷辽远而也是没有尽头的吗？鹏在高空往下看，大概也是这种光景吧？

　　倘若水的深度不够，就没有力量浮载起大船。在庭院的低洼处倒一杯水，小草可以漂浮起来作船，而放一个杯子进去就会搁浅，这是由于水太浅而船太大的缘故。如果风的强度不够，就无法托负起巨大的翅膀。因此，鹏高飞九万里，原因就在于有狂风在它的身下，这才能够凭借风力飞行，背负青天而毫无阻碍地飞翔，而后到达南方的大海。

　　蝉与斑鸠却讥讽大鹏说："我噌地一下子飞起来，碰到榆树、檀树之类的树木就在上面停歇，有时候飞不到，就落下来罢了，何必要高飞九万里而到那遥远的南方呢？"到不远的郊外去，只带上三餐当天就可以返回来，肚子还是饱饱的；到百里之外的地方去，要连夜舂米准备干粮；到千里之外的地方去，要积聚三个月的粮食。蝉和

心如澄澈秋水，身如不系之舟

斑鸠这两个只会在很小的范围内打转的小东西，又怎么能明白其中的道理呢？

小聪明不能理解大智慧，寿命短的不明白寿命长的意义。为什么这样说呢？朝生暮死的菌类不知道一月的光阴流转，夏生秋死的寒蝉不知道一年的四季更迭，这就是短寿。楚国的南面有一种叫冥灵的海龟，以五百年为一个春季，以五百年为一个秋季；远古时代有一种椿树，以八千年为春，以八千年为秋，这就是长寿。活了八百岁的彭祖，以长寿之名流传人间，大家若是和他比寿命，这岂不是太可怜了吗？

商汤问棘中也有类似这样的话。商汤问棘说："上下四方有极限吗？"棘回答说："上下四方不但没有极限，而且无极之外还是无极。在寸草不生的北方，有一个广阔幽深的大海，名为天池。里面有一条鱼，脊背宽达数千里，无人知晓到底有多长，它的名字叫鲲。有一只鸟，名叫鹏，脊背如泰山一般大，翅膀像天际的云，凭借旋风飞向九万里高空，穿过云层，背负青天，然后向南飞翔，最终抵达南方的大海。小树林里的斑鸠嘲讽大鹏说：'它要飞到哪儿去呢？我跳跃起来向上飞，不过几丈便落下来，在野草之间蹦来跳去，这也是我飞翔的最高境界了。而它究竟要飞到哪儿去呢？'"这就是小和大的区别。

因此，那些智慧能够胜任一个官职，品行能够符合众人心愿，道德能够赢得君主的赏识而为全国上下所信任的人，他们看待自己也像是这样。而宋荣子却嘲笑他们。即使全天下的人都去赞美宋荣子，他也不会因此而变得越发努力；即使全天下的人们都指责宋荣子，他也不会因此而变得更加颓废。他明确地界定主观内心与客观环境的区别，辨别荣誉与耻辱的界限，但也只能如此而已。宋荣子对于整个社会，从来不急急忙忙地去追求什么。虽然如此，他还是有未达到的境界。

列子可以乘风而行，轻盈美妙至极，飞行15天然后返回。他对于得到风帮助之事，并未汲汲刻意而求。虽然如此，但他还是有所凭借的啊！倘若能顺应天地的本性，把握"六气"（指阴、阳、风、雨、晦、明）的变化，遨游于无边无际之境，他还有什么依赖的呢？道德修养高尚的人能达到忘我的境界，精神世界完全超脱物外的人心目中没有功名和事业，思想修养臻于完美的人从不去追求名誉和地位。

尧想将天下让给许由,说:"太阳和月亮都已升起来了,可是炬火还不熄灭,它要跟太阳和月亮的光亮相比,不是很难吗?及时雨已经降落了,而人们却还要进行人工灌溉,去滋润土地,这不显得徒劳吗?您倘若能够做天子,天下定会得到很好的治理,而我还占着这个位置,自己感到非常惭愧。请允许我将天下托付与您。"

许由回答说:"您治理天下,天下已经太平安宁了,可我却还要去替代您,我岂不是为了名声吗?'名'是'实'的派生物,我难道要去做有名无实的派生物吗?鹪鹩在森林中筑巢,所需不过一枝;鼹鼠到大河边饮水,所需不过满腹。您还是打消念头回去吧,天下对于我来说没有什么用处啊!厨师即使不下厨,主祭祀的人也不会越俎代庖的!"

肩吾对连叔说:"我听接舆谈话,大话连篇没有边际,一发议论便不可收拾。我对他的言论感到吃惊,这跟一般人的言论反差太大,实在有点不近情理。"连叔说:"他的言论讲的是什么呢?"肩吾说:"'在遥远的姑射山上,住着一位神人,肌肤仿佛冰雪一般洁白,姿态犹如处女一样柔美;他不食五谷,吸清风,饮甘露;乘云气,驾飞龙,遨游于四海之外;他的神情十分专一,使万物不受灾害,年年谷物丰收。'我认为这都是一派胡言乱语而不足信。"连叔听后说:"是呀!对于盲人无法同他欣赏花纹和色彩,对于聋子无法同他聆听钟鼓的乐声。难道只是形骸上有聋与瞎吗?思想上也有聋和瞎啊!这话似乎就是说你肩吾的呀。接舆讲的那些话,就仿佛少女那般美妙。那位神人,他的德行,与万事万物融为一体,以此求得整个天下的治理,谁还会忙忙碌碌把管理天下当回事!那样的人呀,外物没有什么能伤害他,滔天的大水不能淹没他,天下大旱使金石熔化、土

山焦裂，他也不感到灼热。他所留下的尘埃以及瘪谷糠麸之类的废物，也可造就出尧舜那样的圣贤仁君来，他怎么会把忙着管理万物当做己任呢！"

有一位宋国人购买了一批帽子到越国去贩卖，越国人的风俗是剪短头发，身刺花纹，因此根本不用戴帽子。尧治理天下的人民，安定国内的政事，到遥远的姑射山和汾水的北面，拜见四位神人，懂得了更加深远的道理，使其不禁怅然若失，忘记了自己统治天下的地位。

惠子对庄子说："魏王送我一颗大葫芦的种子，我将它培植起来后，结出的果实能够装得下五石粮食。用大葫芦去盛水，可它的坚固程度无法承受水的压力。将其剖开做瓢也太大且平浅，无处可放。这个葫芦岂不是白白地长了这么大！我因为它没有什么用处而砸烂了它。"庄子说："您真是不善于使用大的东西啊！宋国有一个善于调制防治手皲裂的药物的人，他家世世代代以漂洗丝絮为职业。有一个外地人听说了这件事，愿意用百金的高价收买他的药方。这个宋国人将全家人聚集在了一起，商量说：'我们世世代代在河水里漂洗丝絮，所得不过数金，如今卖了药方，一下子就可得到百金。不如卖给他吧。'那个外地人得到药方，就去游说吴王。当时正赶上越国攻打吴国，吴王就封他为将军，冬天跟越军在水上交战，因为有防治手皲裂的药，从而击败了越军，吴王就划分出一部分土地封赏给他。能防治手皲裂，药方是同样的，有的人用它来获得封赏，有的人却只能靠它在水中漂洗丝絮，这是使用的方法不同。如今您有五石容积的大葫芦，为什么不考虑将其作为腰舟浮游于江湖之上，却担心葫芦太大而没有地方能放下？看来先生您还是心窍不通啊！"

惠子对庄子说："我有一棵大树，人们称其为臭椿。这棵大树的树干因表面长满了树瘤而凹凸不平,无法打墨线;而它的小枝又都卷曲生长,不合乎木匠的规矩。它蠹立在道旁,木匠连看也不看一眼。如今您的言论大而无用,众人没有一个会接纳。"

庄子说:"你难道没有见过野猫和黄鼠狼吗?它们把身躯蜷伏在地上,等候着那些来来往往的小动物;它们东跳西跃,不顾高低,一旦碰到捕鼠器的机关,就会死于网中。再看那牦牛,庞大的身子像天边的云,有大的本领,但不能捕鼠。现在你有这么一棵大树,愁它没有用处,为何不将它移栽到空空荡荡的乡土里,抑或视野开阔的原野中,然后信步游走在它的身边,自由自在地躺于它的下面?这样它便不致遭受斧头的砍伐而夭折,也没有什么东西来侵害它。它的确没有什么用处,可是又哪里会有什么困苦呢?"

【义理评析】

本文为《庄子》的第一篇,是《庄子》的代表篇目之一。全篇着重强调"无所待而游于无穷"的观点,追求精神世界的绝对自由。庄子认为,客观现实中的万事万物,包括人本身均为既对立又相互依存的,这就谈不上绝对的自由,要想"无所待"就得"无己"。所以,他提倡一切顺乎自然、超脱于现实,将人的生活与万物的生存熔于一炉。

本文语言奇伟怪诞,最能代表庄子的语言风格。清代文人胡文英评价说:"前段如烟雨迷离,龙变虎跃。后段如清风月朗,梧竹潇疏。善读者要须拨开枝叶,方见本根。千古奇文,原只是家常茶饭也。"

齐物论第二

【原典欣赏】

南郭子綦隐机而坐,仰天而嘘①,荅焉似丧其耦②。颜成子游立侍乎前,曰:"何居乎?形固可使如槁木,而心固可使如死灰乎?今之隐机者,非昔之隐机者也。"子綦曰："偃，不亦善乎，而问之也。今者吾丧我，汝知之乎？女闻人籁而未闻地籁，女闻地籁而未闻天籁夫！"子游曰："敢问其方。"子綦曰："夫大块噫气③，其名为风。是唯无作，作则万窍怒呺。而独不闻之翏翏乎④？山林之畏佳，大木百围之窍穴，似鼻，似口，似耳，似枅⑤，似圈，似臼，似洼者，似污者。激者，謞者⑥，叱者，吸者，叫者，譹者⑦，宎者⑧，咬者。前者唱于而随者唱喁，泠风则小和，飘风则大和，厉风济则众窍为虚。而独不见之调调之刀刀乎？"子游曰："地籁则众窍是已，人籁则比竹是已，敢问天籁？"子綦曰："夫吹万不同，而使其自己也，咸其自取，怒者其谁邪？"

大知闲闲⑨，小知间间⑩；大言炎炎，小言詹詹。其寐也魂交，其觉也形开，与接为搆⑪，日以心斗：缦者⑫，窖者⑬，密者。小恐惴惴，大恐缦缦。其发若机栝⑭，其司是非之谓也；其留如诅盟，其守胜之谓也；其杀若秋冬，以言其日消也；其溺之所为之，不可使复之也；其厌也如缄，以言其老洫也；近死之心，莫使复阳也。喜怒哀乐，虑叹变慹，姚佚启态。乐出虚，蒸成菌。日夜相代乎前，而莫知其所萌。已乎，已乎！旦暮得此，其所由以生乎！

非彼无我，非我无所取。是亦近矣，而不知其所为使。若有真宰，而特不得其眹。可行已信，而不见其形，有情而无形。百骸、九窍、六藏，赅而存焉，吾谁与为亲？汝皆说之乎？其有私焉？如是皆有为臣妾乎？其臣妾不足以相治乎？其递相为君臣乎？其有真君存焉？如求得其情与不得，无益损乎其真。

一受其成形，不亡以待尽。与物相刃相靡，其行尽如驰，而莫之能止，不亦悲乎！终身役役而不见其成功，苶然疲役而不知其所归⑮，可不哀邪！人谓之不死，奚益！其形化，其心与之然，可不谓大哀乎？人之生也，固若是芒乎？其我独芒，而人亦有不芒者乎？

夫随其成心而师之，谁独且无师乎？奚必知代而心自取者有之？愚者与有焉。未成乎心而有是非，是今日适越而昔至也。是以无有为有。无有为有，虽有神禹且不能知，吾独且奈何哉！

夫言非吹也，言者有言，其所言者特未定也。果有言邪？其未尝有言邪？其以为异于鷇音⑯，亦有辩乎，其无辩乎？

道恶乎隐而有真伪？言恶乎隐而有是非？道恶乎往而不存？言恶乎存而不可？道隐于小成，言隐于荣华。故有儒墨之是非，以是其所非而非其所是。欲是其所非而非其所是，则莫若以明。

物无非彼，物无非是。自彼则不见，自是则知之。故曰：彼出于是，是亦因彼。彼是，方生之说也。虽然，方生方死，方死方生；方可方不可，方不可方可；因是因非，因非因是。是以圣人不由而照之于天，亦因是也。是亦彼也，彼亦是也。彼亦一是非，此亦一是非。果且有彼是乎哉？果且无彼是乎哉？彼是莫得其偶，谓之道枢。枢始得其环中，以应无穷。是亦一无穷，非亦一无穷也。故曰莫若以明。

以指喻指之非指，不若以非指喻指之非指也；以马喻马之非马，不若以非马喻马之非马也。天地一指也，万物一马也。

可乎可，不可乎不可。道行之而成，物谓之而然。恶乎然？然于然。恶乎不然？不然于不然。恶乎可？可于可。恶乎不可？不可于不可。物固有所然，物固有所可；无物不然，无物不可。故为是举莛与楹⑰，厉与西施，恢恑憰怪，道通为一。其分也，成也；其成也，毁也。凡物无成与毁，复通为一。唯达者知通为一，为是不用而寓诸庸。庸也者，用也；用也者，通也；通也者，得也。适得而几矣。因是已，已而不知其然，谓之道。劳神明为一而不知其同也，谓之朝三。何谓朝三？狙公赋芧曰："朝三而暮四。"众狙皆怒。曰："然则朝四而暮三。"众狙皆悦。名实未亏，而喜怒为用，亦因是也。是以圣人和之以是非，而休乎天钧，是之谓两行。

古之人，其知有所至矣。恶乎至？有以为未始有物者，至矣，尽矣，不可以加矣。其次以为有物矣，而未始有封也。其次以为有封焉，而未始有是非也。是非之彰也，道之所以亏也。道之所以亏，爱之所以成。果且有成与亏乎哉？果且无成与亏乎哉？有成与亏，故昭氏之鼓琴也；无成与亏，故昭氏之不鼓琴也。昭文之鼓琴也，师旷之枝策也，惠子之据梧也，三子之知几乎皆其盛者也，故载之末年。唯其好之也，以异于彼，其好之也，欲以明之。彼非所明而明之，故以坚白之昧终。而其子又以文之纶终，终身无成。若是而可谓成乎？虽我亦成也。若是而不可谓成乎？物与我无成也。是故滑疑之耀，圣人之所图也。为是不用而寓诸庸，此之谓以明。

今且有言于此，不知其与是类乎？其与是不类乎？类与不类，相与为类，则与彼无以异矣。虽然，请尝言之：有始也者，有未始有始也者，有未始有夫未始有始也者；有有也者，有无也者，有未始有无也者，有未始有夫未始有无者也。俄而有无矣，而未知有无之果孰有孰无也。今我则已有谓矣，而未知吾所谓之其果有谓乎，其果无谓乎？天下莫大于秋毫之末，而大山为小；莫寿于殇子，而彭祖为夭。天地与我并生，而万物与我为一。既已为一矣，且得有言乎？既已谓之一矣，且得无言乎？一与言为二，二与一为三。自此以往，巧历不能得，而况其凡乎！故自无适有以至于三，而况自有适有乎！无适焉，因是已。

夫道未始有封，言未始有常，为是而有畛也。请言其畛。有左有右，有伦有义，有分有辩，有竞有争，此之谓八德。六合之外，圣人存而不论；六合之内，圣人论而不议；春秋经世先王之志，圣人议而不辩。故分也者，有不分也；辩也者，有不辩也。曰：何也？圣人怀之，众人辩之以相示也。故曰：辩也者，有不见也。

夫大道不称，大辩不言，大仁不仁，大廉不嗛[19]，大勇不忮。道昭而不道，言辩而不及，仁常而不成，廉清而不信，勇忮而不成。五者圆而几向方矣。故知止其所不知，至矣。孰知不言之辩、不道之道？若有能知，此之谓天府。注焉而不满，酌焉而不竭，而不知其所由来，此之谓葆光。

故昔者尧问于舜曰："我欲伐宗、脍、胥敖[20]，南面而不释然，其故何也？"舜曰："夫三子者，犹存乎蓬艾之间。若不释然，何哉？昔者十日并出，万物皆照，而况德之进乎日者乎！"

啮缺问乎王倪曰㉑："子知物之所同是乎？"曰："吾恶乎知之！""子知子之所不知邪？"曰："吾恶乎知之！""然则物无知邪？"曰："吾恶乎知之！虽然，尝试言之。庸讵知吾所谓知之非不知邪？庸讵知吾所谓不知之非知邪？且吾尝试问乎女：民湿寝则腰疾偏死，鳅然乎哉？木处则惴慄恂惧，猨猴然乎哉？三者孰知正处？民食刍豢，麋鹿食荐，蝍蛆甘带，鸱鸦耆鼠，四者孰知正味？猨猵狙以为雌㉒，麋与鹿交，鳅与鱼游。毛嫱丽姬，人之所美也，鱼见之深入，鸟见之高飞，麋鹿见之决骤。四者孰知天下之正色哉？自我观之，仁义之端，是非之涂㉓，樊然殽乱㉔，吾恶能知其辩！"

啮缺曰："子不知利害，则至人固不知利害乎？"王倪曰："至人神矣！大泽焚而不能热，河汉沍而不能寒㉕，疾雷破山、飘风振海而不能惊。若然者，乘云气，骑日月，而游乎四海之外，死生无变于己，而况利害之端乎！"

瞿鹊子问乎长梧子曰："吾闻诸夫子，圣人不从事于务，不就利，不违害，不喜求，不缘道，无谓有谓，有谓无谓，而游乎尘垢之外。夫子以为孟浪之言，而我以为妙道之行也。吾子以为奚若？"

长梧子曰："是黄帝之所听荧也，而丘也何足以知之！且女亦大早计，见卵而求时夜，见弹而求鸮炙。予尝为女妄言之，女亦妄听之。奚旁日月，挟宇宙，为其吻合，置其滑涽，以隶相尊？众人役役，圣人愚芚㉖，参万岁而一成纯。万物尽然，而以是相蕴。予恶乎知说生之非惑邪！予恶乎知恶死之非弱丧而不知归者也！

丽之姬，艾封人之子也。"晋国之始得之也，涕泣沾襟。及其至于王所，与王同筐床，食刍豢，而后悔其泣也。予恶乎知夫死者不悔其始之蕲生乎？梦饮酒者，旦而哭泣；梦哭泣者，旦而田猎。方其梦也，不知其梦也。梦之中又占其梦焉，觉而后知其梦也。且有大觉而后知此其大梦也。而愚者自以为觉，窃窃然知之㉗。君乎，牧乎，固哉！丘也与女，皆梦也；予谓女梦，亦梦也。是其言也，其名为吊诡。万世之后而一遇大圣，知其解者，是旦暮遇之也！

"既使我与若辩矣，若胜我，我不若胜，若果是也，我果非也邪？我胜若，若不吾胜，我果是也，而果非也邪？其或是也，其或非也邪？其俱是也，其俱非也邪？我与若不能相知也，则人固受其黮暗㉘，吾谁使正之？使同乎若者正之，既与若同矣，恶能正之？使同乎我者正之，既同乎我矣，恶能正之？使异乎我与若者正之，既异乎我与若矣，恶能正之？使同乎我与若者正之，既同乎我与若矣，恶能正之？然则我与若与人，俱不能相知也，而待彼也邪？化声之相待，若其不相待，和之以天倪，因之以曼衍，所以穷年也。"

"何谓和之以天倪？"曰："是不是，然不然。是若果是也，则是之异乎不是也亦无辩；然若果然也，则然之异乎不然也亦无辩。忘年忘义，振于无竟，故寓诸无竟。"

罔两问景曰㉙："曩子行，今子止；曩子坐，今子起。何其无特操与？"景曰："吾有待而然者邪？吾所待又有待而然者邪？吾待蛇蚹蜩翼邪㉚？恶识所以然？恶识所以不然？"

昔者庄周梦为胡蝶，栩栩然胡蝶也，自喻适志与！不知周也。俄然觉，则蘧蘧然周也㉛。不知周之梦为胡蝶与，胡蝶之梦为周与？周与胡蝶，则必有分矣。此之谓物化。

【玄义注释】

①嘘：吐气。②荅（tà）焉：形容离形去智、忘掉自身的样子。耦：躯体。庄子认为人是肉体和精神的对立统一体，此处指与精神相对应的躯体。③噫气：吐气。④翏翏（liù）：呼啸的风声。⑤枅（jī）：柱上的横木，即栱。此处指插横木的方孔。⑥谞（xiào）：箭飞的声音。⑦譹（háo）：

嚎哭声。⑧窅（yǎo）：低沉的声音。⑨闲闲：广博豁达的样子。⑩间间：明察细别的样子。⑪搆：交合。⑫缦：通"慢"，疏怠迟缓。⑬窖：深沉，用心不可捉摸。⑭栝（kuò）：箭杆末端扣弦部位。⑮苶（nié）然：疲倦困顿的样子。疲役：为役使所疲顿。⑯鷇（kòu）音：刚出蛋壳的小鸟的叫声。比喻没有意义的话。⑰莛（tíng）：草茎。楹：厅堂前的木柱。⑱狙（jū）公：养猴子的人。芧（xù）：橡子。⑲嗛（qiān）：通"谦"，谦逊。⑳宗、脍、胥敖：上古时期的小国名。㉑啮缺、王倪：人名。皆为庄子虚构的人物。㉒猵狙（biān jū）：一种类似猿猴的动物。㉓塗：通"途"，道路、途径。㉔樊然：形容混乱的样子。殽（xiáo）：杂乱。㉕沍（hù）：河水冻结。㉖愚芚（chūn）：无知混沌。㉗窃窃然：明察的样子。㉘黮暗：形容昏暗不明的样子。㉙罔两：影子周边的微影。㉚蚹：蛇肚腹下的横鳞，蛇赖此行走。㉛蘧（qú）蘧然：僵直的样子。

【白话翻译】

南郭子綦靠着几案而坐，仰首向天缓缓吐着气，仿佛进入一种忘我的境界了。他的学生颜成子游陪站在跟前，问他道："这是怎么啦？倘若形体安定，自然可以使它像干枯的树木，可心灵寂静也可以使它像熄灭的灰烬一般吗？您今日凭几而坐，为何与往日的情形大不相同呢？"子綦回答说："子游呀，你问得好。刚才我忘掉了自己，你知道吗？你听见过'人籁'却不曾听见'地籁'，你即使听见过'地籁'，却不曾听见'天籁'啊！"子游问："请问它们的含义。"子綦说："大地吐出的气，叫做风。风不发作则已，一旦发作起来，整个大地上无数的窍孔就会怒号起来。你没有听过那呼啸的

风声吧？山陵上陡峭险峻的地方，百围大树上的窍孔，有的像鼻孔，有的像嘴巴，有的像耳朵，有的像圆柱上插入横木的方孔，有的像圈围的栅栏，有的像舂米的臼窝，有的像洼地，有的像池塘。它们发出的声音，有的像激流声，有的像飞箭声，有的像呵叱声，有的像呼吸声，有的像喊叫声，有的像号啕大哭，有的像在山谷里深沉回荡，有的像鸟儿鸣叫。真好像前面在呜呜倡导，后面在呼呼随和。微风习习就有小小的和声，长风呼呼便有大的反响，大风吹过去了，则所有的窍孔都空寂无声。你难道没有看到草木在风中摇摇摆摆的样子吗？"子游说："地籁是从万种窍穴里发出的风声，人籁是从各种不同的竹管里发出的声音。那么请问天籁又指的是什么呢？"子綦说："所谓的天籁，是指风吹窍孔发出了万般不同的声音，这些声音之所以千差万别，乃是由各个窍孔的自然状态所致，鼓动它们发声的还能是谁呢？"

才智超群的人广博豁达，只有点小聪明的人则乐于细察、斤斤计较；蕴含大道理的言论犹如烈焰一般盛气凌人，拘于智巧的言论则琐细虚伪、无止无休。世俗之人睡眠时心神交错烦乱，醒来后形体也不得安宁；与外界接触纠缠不清，整日里钩心斗角：有的不慌不忙，有的高深莫测，有的辞慎语谨。小的恐惧使他们惴惴不安，大的恐惧使他们失魂落魄。他们有时发言如同利箭一般迅猛，那是他们想要乘机挑起是非；他们有时犹如发过誓一样将意见深藏心底而不讲出，那是他们想要等待时机；他们神情哀伤仿佛秋冬景物凋零，那表明他们开始日渐消亡；他们沉溺于言辩，说明他们无法恢复本性；他们心灵闭塞就像被绳索束缚，说明他们已经衰老了；他们的心灵已经接近死亡，再也不能使它恢复生机。他们时而高兴，时而愤

怒，时而悲哀，时而欢乐，时而忧虑，时而叹息，时而变态，时而恐惧，时而轻浮，时而安逸，时而放荡，时而娇淫，就像音乐从空虚的乐器中发出来，又像菌类从地上的蒸汽中生长出来一样。一天到晚的交互更替在眼前，而不知道它们是怎样萌发出来的。算了吧，算了吧！一旦懂得这一切发生的道理，不就明白了这种种情态发生、形成的原因？

倘若没有客观事物也就不会有我的存在，没有我本身就无法去呈现这些客观事物。这样的认识似乎更接近于事物的本质，然而却不知道这一切是由谁安排的。似乎有一位真正的主宰者，却又寻不到它的端倪。可以遵循它去行事，它的存在也已得到证实，然而却看不见它的形体，真实存在而又没有反映它的具体形态。众多的骨节，眼、口、鼻等九大孔穴，心、肝、肺等六大内脏，全都存在于我的体内，你认为哪一个脏器最重要而爱护呢？你都喜欢它们呢，还是有所偏爱呢？假如同等看待，那么将其都看做臣妾吗？都当臣妾也许就没有办法相互支配了吧？或者它们是轮流做君臣吗？还是有一位真正的君主存在其间呢？无论我们是否能够掌握这位真君的实际情况，对其真实存在都没有任何影响。

世俗之人一旦禀受于道而形成自己的形体，便要不失其真性以尽天年。他们与周围的人和物相互争斗、相互冲突，驰骋逐物于其中，而不能止步，这不是很可悲吗！他们终身劳苦不堪却又看不到自己的成功，一辈子困顿疲乏却又不知道自己的归宿，这能不悲哀吗！人们说这种人不会死亡，可这又有什么用呢！他们的形体逐渐衰竭，精神和感情也随之一起衰竭，这能不算是最大的悲哀吗？人生在世，本来就如此愚昧无知吗？难道只有我才这么愚昧无知，而世人也有不愚昧无知的呢！

如果简单地依据自己的成见作为判断是非的标准，那么谁没有一个标准呢？何必一定要了解自然变化之理而又有个人主见的人才有？愚昧的人也是有的。如果说没有形成主观成见，便有了是非观念，这就像惠子的"今天到越国去而昨天就已经到达"的观点一样，这是把本来不存在的事物看成了已经存在的。当这种观念产生时，就是英武神明的大禹尚且不能理解，我又有什么办法呢！

言论不可以是空穴来风，发表言论的人都有所说的内容，然而他们的言论又都自以为得当而不能有定论。这果真算是发言了吗？还是相当于从

未说过什么呢?他们都认为自己的发言不同于幼鸟的叫声,那么这两者之间到底有没有区别呢?

　　道是怎么被隐蔽而有真伪之分的呢?言论是怎样被隐蔽而有是非之辨的呢?大道怎么会出现而又不复存在呢?言论为何只要存在就不可否定呢?大道是被小的成就隐蔽了,言论是被浮华的辞藻隐蔽了。所以才会出现儒、墨两家的是非之争,他们各自认可对方所否定的事物,而攻击对方所坚持和认为正确的事物,与其如此,倒不如以空明的心境去反映事物的实情。

　　任何事物无不存在它自身对立的那一面,也无不存在它自身对立的这一面。从事物相对立的那一面看,是无法看到事物的这一面的,而从事物相对立的这一面看,就可以有所认识和了解。所以说,事物的那一面出自事物的这一面,事物的这一面亦起因于事物的那一面。事物对立的两个方面是相互并存、相互依赖的。虽说如此,任何事物在产生的同时又正在消亡,在消亡的同时又正在产生;肯定的同时又在否定,否定的同时又在肯定;依托正确的一面同时也就遵循了谬误的一面,依托谬误的一面同时也就遵循了正确的一面。所以圣人不走划是非分正误的道路而去观察和对照事物的本来面目,也就是顺着事物自身的情态。事物的这一面也就是事物的那一面,事物的那一面也就是事物的这一面。事物的那一面同样存在是与非,事物的这一面也同样存在正与误。那么事物果真存在彼此两个方面吗?还是没有彼此之分呢?取消彼此两个方面之间的对立,就是掌握了道的关键。掌握了道的关键就如同处于一个内部虚空的圆环之中,可以应对事物无穷无尽的变化。"是"是无穷的,"非"也是无穷的。所以说不如用事物的本然来加以观察和认识。

用大拇指来说明大拇指不是手指本身，不如用其他事物来说明大拇指不是手指；用白马来说明白马不是马本身，不如用其他事物说明白马不是马。天地与手指是一样的，万物与马是一样的。

肯定一个事物是因为它有值得肯定的一面，否定一个事物是因为它有应该否定的一面。道路是由人们行走而形成的，事物是由人们的称谓而成就的。怎么样才可以称得上是正确的呢？正确在于其本身就是正确的。怎么样才可以称得上是不正确的呢？不正确在于其本身就是不正确的。怎么样才能肯定呢？肯定在于其自身就是能认可的。怎么样才能否定呢？否定在于其本身就是不能认可的。任何事物都存在其正确的一面，也都存在其值得肯定的一面；没有什么事物不存在正确的一面，也没有什么事物不存在值得肯定的一面。因此说，无论是细小的草茎还是高大的庭柱，无论是生癞的丑女还是貌美的西施，无论是宽大、奇变还是诡诈、怪异等千奇百怪的各种事态，如果从道的角度去看待它们，都是一样的。某个旧事物的分解，亦即另一个新事物的形成，某个新事物的形成亦即另一个旧事物的毁灭。所有事物并无形成与毁灭的区别，都是一样的。只有通达之人才会明白这个道理，因此不用固执地对事物做出这样那样的解释。而是站在永恒之道的立场上去看待万物。永恒不变的道，是非常有用的；获得了这种用处，思想就通达而没有什么阻碍了。做到了思想通达而不再有什么阻碍，也就是得道了。达到了得道的境界也就可以了。听任自然吧，把万物看成齐一而不去探究它产生的原因，这就叫做"道"。耗费心思去追求万物齐一的道理而不知道万物本身就是一样的，这就叫"朝三"。什么叫做"朝三"呢？养猴人给猴子分橡子，说："早上分给三升，晚上分给四升。"猴子们听了非常愤怒。养猴人便改口说："那么就早上四升，晚上三升吧。"猴子们听了都高兴起来。名义和实际都没有亏损，喜与怒却各为所用而有了变化，也就是因为这样的道理。因此，古代圣人把是与非混同起来，优游自得地生活在自然而又均衡的境界里，这就叫物与我各得其所、自行发展。

古人的智慧有的已经达到了最高境界。什么样的最高境界呢？他们认为宇宙间从来就不曾存在过事物，这就是思想的最高境界，它是尽善尽美、无以复加的。次一等的人则认为宇宙间存在着事物，但它们之间不曾有分界线。再次一等的人认为事物之间虽有分界线，但不曾有是非之分。是非观念明显了，对宇宙万物的理解也就因此出现亏损和缺陷。理解之所以亏损和缺陷，是因偏私观念的形成。真的有成就和亏损吗？还是没有成就和亏损呢？有成就和亏损，犹如昭文的弹琴；没有成功和亏损，犹如昭文不弹琴。昭文弹琴，师旷举杖敲击乐器，惠子依靠梧桐树辩论，这三位先生的智慧可以说是接近最高峰了，因此他们到了晚年还在从事自己的爱好。正因为他们各有所好，因此不同于众人，他们各以所好去让别人领悟，用不是别人所非了解不可的东西而硬让别人去了解，因此惠子终身迷于"坚白论"的糊涂观念。然而昭文的儿子继承昭文的事业，而终生无所成就。如果说这就是所谓成就，那么像我这样的也算有成就了。如果说这不可以称为成就，那么天下的事物和我都不能算是有成就。所以，那些迷乱世人的炫耀的言论，乃是圣人所要摒弃的。所以圣人不用这种言论或一技之长向世人炫耀，而是把认识寄寓于各物自身的功用上，这就叫做心明如镜地反映万物。

现在暂且在这里发表一番言论，不知道这些言论跟其他人所说的是相同呢，还是不同呢？无论是相同的言论还是不同的言论，既然其本质都是言谈议论，从这个层面上说，不管其内容如何也就是同类的了。即使如此，还是请让我谈谈这个问题：宇宙万物有一个"开始"，同样有一个未曾开始的"开始"，还有一个未曾开始的未曾开始的"开始"。宇宙之初有过这样那样的"有"，但也有"无"，还有未曾有"无"的"无"，同样也有未曾有那未曾有的"无"。突然间生出了"有"和"无"，却不知道"有"与"无"谁是真正的"有"、谁是真正的"无"。现在我已经发表了这些言论，但却不知道我听说的言论果真是我说过的呢，还是没有说过的呢？天下没有什么比秋毫的末端更大，而泰山算是最小；世上没有什么人比夭折的孩子更长寿，而传说中年寿最长的彭祖却是短命的。天地与我共生，万物与我为一体。既然已经浑然为一体，还能讲些什么呢？既然已经说浑然为一体了，还能够说没有什么言论吗？客观存在的一体加上我的议论和看法就成了"二"，"二"如果再加上一个"一"就成了"三"。以此类推，最精明的计算也不可能求得最后的数字，何况大家都是凡夫俗子！因此说，从无到有乃至推到"三"，又何况从"有"推演到"有"呢？没有必要这样地推演下去,还是听任自然吧。

道不曾对万物划分界线,语言也不曾有过定说,只是为了争一个"是"字而划出许多的界线。请让我谈谈这些界线吧。有左边与右边,有次序与等级,有分别与辩论,有竞言与争执,这是界线的八种具体表现。其实,宇宙以外的事情,圣人只观察而论说;宇宙以内的事情,圣人只是论说而不加以评议;对于古史中先王治事的记录,圣人只评议而不争辩其是非曲直。天下事理有分别,就有不分别;有辩论,就有不辩论。这是如何讲呢?圣人把事物都囊括于胸、容藏于己,而一般的人则争辩不休,夸耀于外,因此说:那些喜欢争辩的人,往往对于一些问题看不清楚。

大道本来是没有称谓的,最善辩的人是不必言说的,最具仁爱的人是不必向人表示仁爱的,最廉洁方正的人是不特意表现谦让的,最勇敢的人是从不伤害他人的。能说清楚的道就不是真正的大道,用言争辩总有表达不到的地方,仁爱常守滞一处就不能周遍,太廉洁方正反而显得不真实,勇猛伤人也不能算是真正的勇敢。这五种情况不要疏忽,就可以近于道了。因此,一个人的智慧要停在他所不知道的地方,这才可以称得上是最明智。谁能理解不用语言的辩论、不可言说的大道呢?倘若有谁能理解这一点,就可以称得上是具有包容天地万物的博大胸怀了。无论注入多少东西,它都不会满溢,无论取出多少东西,它也不会枯竭,而且也不知这些东西源流自何处,这就叫做潜藏不露的光明。

从前尧问舜说:"我想征伐宗、脍、胥敖三个小国,每当上朝的时候总是感到心中惴惴不安,这是为什么呢?"舜回答说:"那三个小国的国君,就像生存于蓬蒿艾草之中。您总是惴惴不安,这是什么原因呢?过去十个太阳一起升起,万物都在阳光普照之下,何况您崇高的德行又远远超过了太阳的光亮呢!"

啮缺问王倪:"您知道万物所公认的正确标准吗?"王倪说:"我怎么知道呢!"啮缺又问:"您知道您所不知道的东西吗?"王倪回答说:"我怎么会知道呢!"啮缺接着又问:"那么各种事物便都无法知道了吗?"王倪回答:"我怎么会知道呢!虽说如此,我还是尝试着谈谈这个问题。你怎么知道我所说的知道不是不知道呢?你又怎么知道我所说的不知道不是知道呢?我还是先问一问你:人睡在潮湿的地方就会腰部患病甚至酿成半身不遂,泥鳅常在泥中,也会这样吗?人住在高高的树上就会害怕得发抖,猿猴也会这样吗?人、泥鳅、猿猴三者究竟谁最懂得舒适合理的居处呢?人食用牲畜的肉,麋鹿食草芥,蜈蚣嗜吃小蛇,猫头鹰和乌鸦则爱吃老鼠,人、麋鹿、蜈蚣、猫头鹰和乌鸦这四类动物究竟谁才懂得真正的美味?猿猴把猵狙当做配偶,麋喜欢与鹿交配,泥鳅则与鱼交尾。毛嫱和丽姬,人人都认为是难得的美人,可是鱼儿见了她们深深潜入水底,鸟儿见了她们高高飞向天空,麋鹿见了她们撒开四蹄飞快地逃离。人、鱼、鸟和麋鹿四者究竟谁才懂得天下真正的美色呢?以我来看,仁与义的端点,是与非的途径,都纷杂错乱,我怎么知道它们之间的区别呢?"

啮缺说:"你不懂得什么是利和害,道德修养高尚的人难道也不知道吗?"王倪说:"道德修养高尚的人所达到的境界实在是神妙不可测啊!林泽焚烧不能使他感到热,黄河、汉水封冻了不能使他感到冷,迅疾的雷霆劈山破岩、狂风翻江倒海不能使他感到震惊。像这样的人,便可驾驭云气,骑乘日月,遨游于人世之外,生死对于他自身都没有变化,更何况利与害这类不值一提的小事呢!"

瞿鹊子问长梧子说:"我从孔子那里听说过,有人说:圣人不去营谋世俗之事，不追名逐利，不躲避灾害，不喜贪求，不拘于道；未曾说过话又好像说了，说了话又似乎未曾说过，而遨游于人世之外。在孔子看来这些言论都是荒唐的，而我认为这些正是可以身体力行的妙道。你怎么看呢？"

长梧子说："这些话连黄帝听了也会迷惑，而孔丘又怎么会知晓它呢？再说你未免有些操之过急了，就像刚见到鸡蛋便想得到报晓的雄鸡，见到弹丸就想吃到烤鸮鸟肉。我尝试给你随便说说，你也就随便听听吧。为什么不依傍日月，怀抱宇宙，与万物合为一体，置是非杂乱不齐于不顾，而心无尊卑贵贱之分？世俗之人劳苦不休，圣人则表现为愚昧无知的样子，糅合古今的一切事物而成为一个混沌的完整统一体。万物都是如此，而互相蕴含于这个统一体之中。我怎么知道对活着感到高兴而不迷惑呢？我怎么知道对死亡感到厌恶而不像少年流浪在外不知回家呢？

"丽姬是艾地封疆守土之人的女儿。晋国征伐丽戎国时俘获了她，她当时哭得泪水浸透了衣襟。等她到晋国进入王宫，得以与国君同床共寝、吃上美味佳肴的时候，也就后悔当初不该那么伤心地哭泣了。我又怎么知道那些死去的人不会后悔当初的求生呢？梦中饮酒作乐的人，醒后或许会遇到不如意之事而哭泣；梦中伤心痛苦的人，醒后或许会有一场打猎的活动而欢乐不已。当他在做梦的时候，他并不知道自己是在做梦。梦中还会卜问所做之梦的吉凶，醒后才得知只是一场梦而已。当领悟大道真正大彻大悟之后，才会明白整个人生也不过是一场大梦罢了。然而，那些愚钝之人却自以为活得非常清醒，似乎无所不知，无所不晓。君主高贵而奴隶卑贱，这种看法实在是浅薄鄙陋呀！孔丘真是固执浅陋极了！他与你都在梦中啊！我说你们生活在梦中，其实我也是如此。上面讲的这番话，它的名字可以叫做奇谈怪论。万世之后假若一朝遇上一位大圣人，悟出上述一番话的道理，也如同在旦暮之间相遇了。

"假如我与你展开一场辩论，结果是你胜了我，我没有胜你，那么，你真的就是对的，我真的就是错的吗？结果是我胜了你，你没有胜我，我真的就是对的，你真的就是错的吗？难道我们两人有谁是正确的，有谁是不正确的吗？难道我们双方都是正确的，或都是不正确的吗？我和你都无从知道，而世人本来就存有偏见，怎么能够评判得了？假如让观点与你

心如澄澈秋水，身如不系之舟

相同的人来评判，其看法已经跟你的相同了，怎么能作出公正的评判呢！假如让观点与我相同的人来评判，其看法既然已经跟我的相同了，怎么能作出公正的评判呢！假如让观点与你我都不同的人来评判，其看法既然已经跟你我的不同了，怎么能作出公正的评判呢！假如让观点与你我都相同的人来评判，其看法既然已经跟你我的相同了，又怎么能作出公正的评判呢！这就说明我和你跟别人都没有办法判定什么是正确的，而是等待造化来评定吗？

"什么叫做'用自然的法则来调和是非'呢？"长梧子说："任何事物有'是'就有'不是'，有'然'就有'不然'。'是'果真是'是'的话，那么和'不是'就有了区别，这样就无须辩论了；'然'果真是'然'的话，那么和'不然'就有了区别，这样也同样无须辩论了。辩论中的是非就像空谷中的不同声音那样对立，假若使其不对立，就要用自然天平去调和，任其变化发展，这样便可以享尽天年。忘掉生死岁月忘掉是非曲直，让神思遨游于无穷无尽的境域，这样就能够让自己真正超脱于尘世了。"

影子周边的微影问影子说："刚才你在行走，现在又停了下来；刚才你坐着，现在又站了起来；你为什么这样没有独立的意志呢？"影子说："我之所以如此，大概是因为有所依赖吧？我所依赖的东西又有所依赖才这样的吧？我所依赖的东西就好比蛇腹下的鳞皮、蝉的翅膀一般吧？我怎能知道为何会这样呢？我怎能知道为什么不会这样呢？"

庄周曾梦到自己化为一只蝴蝶，欣然自得地飞舞着的一只蝴蝶，环游各处悠游自在，根本没有意识到自己是庄周。突然间醒过来，才发现自己分明是僵直地卧在床上的庄周。不知是庄周梦中变成蝴蝶呢，还是蝴蝶梦见自己变成庄周呢？庄周与蝴蝶那必定是有区别的。这种物、我的交合与变化就叫做"物化"。

【义理评析】

本篇是《庄子》的又一重要篇章，论述了作者最具特色的万物齐一思想。《齐物论》包括"齐物"与"齐论"两层含义。在庄子看来，世间的万事万物，无论是物质的还是精神的，看起来是千差万别的，归根结底却又是齐一的，这便是所说的"齐物"。人们的各种思想和观点，看起来也是千差万别、众说纷纭，但终归都脱离不了浑然一体的"道"，因此，就其本质而言也是齐一的，这便是所说的"齐论"。

在庄子看来，真理本身是客观存在的，不会因为人们的争论而改变其本质，其间最重要的一点就是"道"。

养生主第三

【原典欣赏】

吾生也有涯①，而知也无涯，以有涯随无涯②，殆已③！已而为知者，殆而已矣④！为善无近名，为恶无近刑。缘督以为经⑤，可以保身，可以全生，可以养亲，可以尽年。

庖丁为文惠君解牛，手之所触，肩之所倚，足之所履，膝之所踦⑥，砉然响然⑦，奏刀騞然，莫不中音，合于《桑林》之舞，乃中《经首》之会。

文惠君曰："嘻，善哉！技盖至此乎⑧？"

庖丁释刀对曰："臣之所好者道也，进乎技矣。始臣之解牛之时，所见无非全牛者；三年之后，未尝见全牛也；方今之时，臣以神遇而不以目视，官知止而神欲行。依乎天理，批大郤⑨，导大窾⑩，因其固然⑪。技经肯綮之未尝⑫，而况大軱乎⑬！良庖岁更刀，割也；族庖月更刀，折也。今臣之刀十九年矣，所解数千牛矣，而刀刃若新发于硎⑭。彼节者有间而刀刃者无厚，以无厚入有间，恢恢乎其于游刃必有余地矣。是以十九年而刀刃若新发于硎。虽然，每至于族，吾见其难为，怵然为戒⑮，视为止，行为迟，动刀甚微，謋然已解⑯，如土委地。提刀而立，为之四顾，为之踌躇满志，善刀而藏之。"

文惠君曰："善哉！吾闻庖丁之言，得养生焉。"

公文轩见右师而惊曰⑰："是何人也？恶乎介也？天与，其人与？"曰："天也，非人也。天之生是使独也，人之貌有与也。以是知其天也，非人也"。

泽雉十步一啄，百步一饮，不蕲畜乎樊中。神虽王，不善也。

老聃死，秦失吊之，三号而出。弟子曰："非夫子之友邪？"曰："然。""然则吊焉若此，可乎？"曰："然。始也吾以为其人也，而今非也。向吾入而吊焉，有老者哭之，如哭其子；少者哭之，如哭其母。彼其所以会之，必有不蕲言而言，不蕲哭而哭者。是遁天倍情⑱，忘其所受，古者谓之遁天之刑。适来，夫子时也；适去，夫子顺也。安时而处顺，哀乐不能入也，古者谓是帝之县解。"

指穷于为薪，火传也，不知其尽也。

【玄义注释】

①涯：边际，极限。②随：追随，索求。③殆：危险，此指疲惫、劳累。④已：此，如此。此指上句所说"用有限的生命索求无尽的知识"的情形。⑤缘：顺着，遵循。督：中，正道。⑥踦（yǐ）：通"倚"，用膝抵住。⑦砉（huā）然响然：皆为象声词，形容宰牛的声音。⑧盖：通"盍"，何，怎么。⑨郤：通"隙"，筋骨间的空隙。⑩导：进刀。窾（kuǎn）：空，此指牛体骨节间较大的空隙。⑪固然：牛身体本来的结构。⑫技：通"枝"。经：经脉。綮（qìng）：骨肉连接很紧的地方。⑬轵（gū）：大骨。⑭硎（xíng）：磨刀石。⑮怵然：形容小心谨慎的样子。⑯謋（huò）：象声词，形容牛体分解的声音。⑰右师：官名。⑱遁：逃避。倍，通"背"，背违。

【白话翻译】

　　人的生命是有限的,而知识却是无限的,以有限的生命去追求无限的知识,就会身心交困!已经知道了这个道理却还在不停地追求知识,那可真是陷入险境了!做了世人所谓的善事却不贪图名声,做了世人所谓的恶事却不至于触犯刑法,遵从自然的中正之路并将其作为生活的准则,就可以养护身体、保全天性、奉养父母、尽享天年了。

　　庖丁给文惠君宰牛,他的手所接触到的地方,肩靠着的地方,脚踩着的地方,膝顶着的地方,都砉砉作响,刀落处发出"哗啦哗啦"的声音,没有不符合乐音的。既符合《桑林》舞曲的拍节,又符合《经首》的乐曲节奏。

　　文惠君说:"啊,真是美妙呀!你的技艺怎能达到如此高超的境地呢?"

　　庖丁放下刀回答说:"我所爱好的是大道,已经超过技艺本身了。我刚开始学习宰牛的时候,所看到的无非是整头牛;三年之后,就未曾看到过整体的牛了。到了现在,我只用心神去和牛接触,而不再用眼睛去观察,器官的功用停止了而心神在运作。顺着牛体的天然结构,劈开筋肉相连的间隙,导入骨节之间的空当,因循牛的本来结构去宰割,不曾碰到经脉筋骨相连的地方,更何况大块的骨头呢!技术高超的厨师需要每年更换一把刀,由于他们用刀割筋肉;一般的厨师需要每月更换一把刀,由于他们用刀砍骨头。如今我的这把刀已经使用了十九年,宰的牛有数千头了,可是刀刃还像在磨刀石上刚刚磨过一般锋利。牛的骨节有空隙,而刀刃薄得仿佛没有了厚度。以没有厚度的刀刃切入有空隙的骨节,宽绰地运转刀口,必定是有回旋余地的,因此我的刀用了十九年,还像在磨刀石上刚刚磨过一般锋利。即便是这样,每当碰到筋骨交错聚结的地方,我还是觉得很难下刀,不得不格外小心警惕,目光专注,行动迟缓,动刀很轻,牛体便'哗啦'分解了,犹如一堆土散在地上一般。这时,我提刀站在那里,环视四周,心安理得,将刀擦拭得干干净净之后收藏起来。"

　　文惠君说:"好啊!我听了厨师的这番话,懂得了养生的道理啦。"

　　公文轩看到右师,惊奇地问:"这是什么样的人啊?为什么只有一只脚?是生下来就如此,还是人为的呢?"右师说:"这是生下来就如此,不

心如澄澈秋水，身如不系之舟

是人为的。上天造就我时就仅仅赋予一只脚。人的外貌是上天决定的，所以知道这是生下来就如此，不是人为的。"

水泽区的野鸡，要四处寻找才能啄到一口食物，才能喝到一口水，可是它们不希望被养在笼子里。养在笼子里的野鸡虽然精力旺盛，但并不自在。

老聃去世了，秦失去吊丧，大哭几声就出来了。学生问他："您不是他的朋友吗？"秦失说："是的。"学生接着问道："那吊丧的朋友像您这样，可以吗？"秦失说："可以的。原来我以为他是个俗人，如今看来并非如此。刚才我进入灵堂去吊丧，看到有老年人在哭他，就像哭自己的孩子一样；有年轻人在哭他，就像哭自己的父母一般。他们会聚在这里，必定是因为有人原本不想说什么却情不自禁地诉说了出来，本不想哭泣却情不自禁地痛哭起来。然而，这种做法是违反常理、背弃真情的，他们都忘记了自己本来就是秉承于自然、受命于天的道理，古人称其为失去天理。生，老聃是应时而生；死，顺理而逝。安于天理和常分，顺从自然和变化，哀伤和欢乐便都不能进入心怀，古人称其为自然的解脱，好像解除倒悬之苦似的。"

取光照物的烛薪终会燃尽，火种却可以传递下去，永不熄灭。

【义理评析】

庄子在本篇提出了养生的主导思想：形神兼备，养神重于养形。文章在提出论点后，运用"庖丁解牛"的故事加以说明。这既能把抽象的道理阐述得明白易懂，又避免了说理的枯燥，增强了文章的生动性和形象性。

人间世第四

【原典欣赏】

颜回见仲尼，请行。曰："奚之？"曰："将之卫。"曰："奚为焉？"曰："回闻卫君，其年壮，其行独；轻用其国，而不见其过；轻用民死，死者以国量乎泽，若蕉①，民其无如矣②。回尝闻之夫子曰：'治国去之，乱国救之，医门多疾。'愿以所闻思其则，庶几其国有瘳乎③！"

仲尼曰："嘻！若殆往而刑耳！夫道不欲杂，杂则多，多则扰，扰则忧，忧而不救。古之至人，先存诸己而后存诸人。所存于己者未定，何暇至于暴人之所行！

"且若亦知夫德之所荡，而知之所为出乎哉？德荡乎名，知出乎争。名也者，相轧也；知也者，争之器也。二者凶器，非所以尽行也。且德厚信矼④，未达人气，名闻不争，未达人心。而强以仁义绳墨之言术暴人之前者，是以人恶有其美也，命之曰菑人⑤。菑人者，人必反菑之，若殆为人菑夫⑥！

"且苟为悦贤而恶不肖，恶用而求有以异⑦？若唯无诏，王公必将乘人而斗其捷。而目将荧之，而色将平之，口将营之，容将形之，心且成之。是以火救火，以水救水，名之曰益多。顺始无穷，若殆以不信厚言，必死于暴人之前矣！

"且昔者桀杀关龙逢，纣杀王子比干，是皆修其身以下伛拊人之民⑧，以下拂其上者也，故其君因其修以挤之。是好名者也。

"昔者尧攻丛、枝、胥敖，禹攻有扈，国为虚厉，身为刑戮，其用兵不止，其求实无已。是皆求名实者也，而独不闻之乎？名实者，圣人之所不能胜也，而况若乎！虽然，若必有以也，尝以语我来！"

颜回曰："端而虚，勉而一，则可乎？"曰："恶！恶可！夫以阳为充孔扬，采色不定，常人之所不违，因案人之所感，以求容与其心。名之曰日渐之德不成，而况大德乎！将执而不化，外合而内不訾，其庸讵可乎！""然则我内直而外曲，成而上比。内直者，与天为徒。与天为徒者，知天子之与己皆天之所子，而独以己言蕲乎而人善之，蕲乎而人不善之邪？若然者，人谓之童子，是之谓与天为徒。外曲者，与人之为徒也。擎跽曲拳⑨，人臣之礼也，人皆为之，吾敢不为邪？为人之所为者，人亦无疵焉，是之谓与人为徒。成而上比者，与古为徒。其言虽教，谪之实也⑩，古之有也，非吾有也。若然者，虽直而不病，是之谓与古为徒。若是则可乎？"仲尼曰："恶！恶可！大多政法而不谍⑪，虽固亦无罪。虽然，止是耳矣，夫胡可以及化！犹师心者也。"

颜回曰："吾无以进矣，敢问其方。"仲尼曰："斋，吾将语若！有心而为之，其易邪？易之者，皞天不宜⑫。"颜回曰："回之家贫，唯不饮酒不茹荤者数月矣⑬。如此，则可以为斋乎？"曰："是祭祀之斋，非心斋也。"回曰："敢问心斋。"仲尼曰："若一志，无听之以耳而听之以心，无听之以心而听之以气！听止于耳，心止于符。气也者，虚而待物者也。唯道集虚。虚者，心斋也。"

颜回曰："回之未始得使，实自回也；得使之也，未始有回也。可谓虚乎？"夫子曰："尽矣。吾语若！若能入游其樊而无感其名，入则鸣，不入则止。无门无毒，一宅而寓于不得已，则几矣。绝迹易，无行地难。为人使易以伪，为天使难以伪。闻以有翼飞者矣，未闻以无翼飞者也；闻以有知知者矣，未闻以无知知者也。瞻彼阕者，虚室生白，吉祥止止。夫且不止，是之谓坐驰。夫徇耳目内通而外于心知，鬼神将来舍，而况人乎！是万物之化也，禹舜之所纽也，伏戏、几蘧之所行终，而况散焉者乎！"

叶公子高将使于齐，问于仲尼曰："王使诸梁也甚重，齐之待使者，盖将甚敬而不争。匹夫犹未可动，而况诸侯乎！吾甚栗之⑭。子常语诸梁也曰：'凡事若小若大，寡不道以欢成。事若不成，则必有人道之患；事若成，则必有阴阳之患。若成若不成而后无患者，唯有德者能之。'吾食也执粗而不臧⑮，爨无欲清之人⑯。今吾朝受命而夕饮冰，我其内热与！吾未至乎事之情，而既有阴阳之患矣；事若不成，必有人道之患。是两也，为人臣者不足以任之，子其有以语我来！"

仲尼曰："天下有大戒二：其一命也；其一义也。子之爱亲，命也，不可解于心；臣之事君，义也，无适而非君也，无所逃于天地之间。是之谓大戒。是以夫事其亲者，不择地而安之，孝之至也；夫事其君者，不择事而安之，忠之盛也；自事其心者，哀乐不易施乎前，知其不可奈何而安之若命，德之至也。为人臣子者，固有所不得已。行事之情而忘其身，何暇至于悦生而恶死！夫子其行可矣！

"丘请复以所闻：凡交，近则必相靡以信，远则必忠之以言。言必或传之。夫传两喜两怒之言，天下之难者也。夫两喜必多溢美之言，两怒必多溢恶之言。凡溢之类妄，妄则其信之也莫，莫则传言者殃。故法言曰：'传其常情，无传其溢言，则几乎全。'

"且以巧斗力者，始乎阳，常卒乎阴，泰至则多奇巧；以礼饮酒者，始乎治，常卒乎乱，泰至则多奇乐。凡事亦然：始乎谅，常卒乎鄙；其作始也简，其将毕也必巨。

"夫言者，风波也；行者，实丧也。风波易以动，实丧易以危。故忿设无由，巧言偏辞。兽死不择音，气息茀然⑰，于是并生心厉。剋核大至⑱，则必有不肖之心应之，而不知其然也。苟为不知其然也，孰知其所终！故法言曰：'无迁令，无劝成，过度，益也。'迁令劝成殆事。美成在久，恶成不及改，可不慎与！且夫乘物以游心，托不得已以养中，至矣。何作为报也？莫若为致命，此其难者。"

颜阖将傅卫灵公太子，而问于蘧伯玉曰⑲："有人于此，其德天杀。与之为无方，则危吾国；与之为有方，则危吾身。其知适足以知人之过，而不知其所以过。若然者，吾奈之何？"

蘧伯玉曰："善哉问乎！戒之，慎之，正女身也哉！形莫若就，心莫若和。虽然，之二者有患。就不欲入，和不欲出。形就而入，且为颠为灭，为崩为蹶；心和而出，且为声为名，为妖为孽。彼且为婴儿，亦与之为婴儿；彼且为无町畦⑳，亦与之为无町畦；彼且为无崖，亦与之为无崖。达之，入于无疵。

"汝不知夫螳螂乎？怒其臂以当车辙，不知其不胜任也，是其才之美者也。戒之，慎之！积伐而美者以犯之，几矣。

"汝不知夫养虎者乎？不敢以生物与之，为其杀之之怒也；不敢以全物与之，为其决之之怒也。时其饥饱，达其怒心。虎之与人异类，而媚养己者，顺也；故其杀者，逆也。

"夫爱马者，以筐盛矢，以蜄盛溺㉑。适有蚊虻仆缘㉒，而拊之不时㉓，则缺衔、毁首、碎胸。意有所至，而爱有所亡，可不慎邪！"

匠石之齐，至于曲辕，见栎社树。其大蔽数千牛，絜之百围，其高临山十仞而后有枝，其可以为舟者旁十数。观者如市，匠伯不顾，遂行不辍。

弟子厌观之，走及匠石，曰："自吾执斧斤以随夫子，未尝见材如其美也。先生不肯视，行不辍，何邪？"

曰："已矣，勿言之矣！散木也！以为舟则沉，以为棺椁则速腐，以为器则速毁，以为门户则液樠，以为柱则蠹。是不材之木也，无所可用，故能若是之寿。"

匠石归，栎社见梦曰："女将恶乎比予哉？若将比予于文木邪？夫柤梨橘柚㉔果蓏之属㉕，实熟则剥，剥则辱。大枝折，小枝泄。此以其能苦其生者也。故不终其天年而中道夭，自掊击于世俗者也。物莫不若是。且予求无所可用久矣！几死，乃今得之，为予大用。使予也而有用，且得有此大也邪？且也，若与予也皆物也，奈何哉其相物也？而几死之散人，又恶知散木！"

匠石觉而诊其梦。弟子曰："趣取无用，则为社何邪？"曰："密！若无言！彼亦直寄焉，以为不知己者诟厉也。不为社者，且几有翦乎！且也，彼其所保与众异，而以义喻之，不亦远乎？"

南伯子綦游乎商之丘，见大木焉，有异，结驷千乘，隐将芘其所藾。子綦曰："此何木也哉？此必有异材夫！"仰而视其细枝，则拳曲而不可以为栋梁；俯而视其大根，则轴解而不可以为棺椁；咶其叶，则口烂而为伤；嗅之，则使人狂酲，三日而不已。子綦曰："此果不材之木也，以至于此其大也。嗟乎神人，以此不材！"

宋有荆氏者，宜楸柏桑。其拱把而上者，求狙猴之杙者斩之；三围四围，求高明之丽者斩之；七围八围，贵人富商之家求樿傍者斩之。故未终其天年，而中道之夭于斧斤，此材之患也。故解之以牛之白颡者，与豚之亢鼻者，与人有痔病者，不可以适河。此皆巫祝以知之矣，所以为不祥也。此乃神人之所以为大祥也。

支离疏者，颐隐于脐，肩高于顶，会撮指天，五管在上，两髀为胁。挫针治𦇧㉖，足以餬口；鼓筴播精，足以食十人。上征武士，则支离攘臂而游于其间；上有大役，则支离以有常疾不受功；上与病者粟，则受三钟与十束薪。夫支离其形者，犹足以养其身，终其天年，又况支离其德者乎！

孔子适楚，楚狂接舆游其门曰："凤兮凤兮，何如德之衰也！来世不可待，往世不可追也。天下有道，圣人成焉；天下无道，圣人生焉。方今之时，仅免刑焉。福轻乎羽，莫之知载；祸重乎地，莫之知避。已乎，已乎！临人以德。殆乎，殆乎！画地而趋。迷阳迷阳，无伤吾行。吾行郤曲㉗，无伤吾足。"

山木，自寇也。膏火，自煎也。桂可食，故伐之；漆可用，故割之。人皆知有用之用，而莫知无用之用也。

【玄义注释】

①蕉：通"焦"，焦土。②无如：无路可走。如：往。③瘳（chōu）：病愈。此指国家治理得当。④矼（qiāng）：坚厚、笃实。⑤菑：同"灾"，灾害。⑥殆：大概。⑦而：你。⑧伛拊（yǔ fǔ）：爱护安抚。人：此特指国君。⑨擎：执。此指执笏，即大臣上朝拿着手板。跽（jì）：长跪，即跪在地上，挺直上身。曲：弯腰。⑩谪：指摘，指责。⑪大：同"太"。渫（xiè）：通"渫"，通达。⑫暤（hào）天：上天。⑬茹荤：吃肉。⑭栗：恐惧，担心。⑮执粗：食用粗茶淡饭。⑯爨（cuàn）：炊，烹饪食物，这里指厨师。⑰苶（bó）然：形容气息急促的样子。⑱剋核：限制，逼迫。

⑲蘧伯玉：人名，姓蘧名瑗，字伯玉，卫国的贤大夫。⑳町（tǐng）畦：此指限制、约束。㉑蜄（shèn）：大蛤，此指蛤壳。溺：尿。㉒仆缘：附着，指叮在马身上。㉓拊（fǔ）：拍击。㉔柤：通"楂"，山楂。㉕蓏（luǒ）：瓜类植物的果实。㉖洴澼：洗衣服。㉗郤曲：弯弯曲曲。

【白话翻译】

颜回去拜见孔子，向他辞行。孔子问："你准备到哪儿去啊？"颜回回答说："想到卫国去。"孔子接着问："去干什么？"颜回回答说："我听说卫国国君年轻气盛，办事专断；处理国事欠谨慎，却不曾看到自身的过错；轻率地用兵而不恤人民的生命，死的人积满了山泽好像干枯的草芥一样，人民无所依归。我曾听先生说过：'社会秩序安定的国家要离开它，社会秩序混乱的国家要去拯救它，就像良医门前多病人一样。'我希望凭着自己学到的知识思考出治理卫国的办法，或许这个国家能够免于疾苦吧！"

孔子说："唉！恐怕你去了卫国会遭到杀害啊！修道不宜心杂，太过杂乱了就会事绪繁多，事绪繁多就会心生扰乱，心生扰乱就会出现忧患之事，忧患之事多了也就自身难保，这还怎么能拯救一个国家呢？古代的圣人，总是保护好自己然后才去拯救他人。现在连自己都保护不好，哪里还有什么闲暇到暴君那里去推行大道呢！

"你明白人道德毁败和智慧产生的原因吗？道德毁败的原因在于追求名声，智慧产生的原因在于争辩是非。名是借以相互倾轧的手段；智是借以相互斗争的工具。两者是凶器，是不可以尽行的，而且德性纯厚，信行确实，未必达到投合别人的趣味，即使不与别人争名夺誉，但未必能够得到广泛的理解。倘若你勉强在暴君面前诉说

仁义和规范之类的言论，就如同用别人的过失来彰显自己的美德，这样的做法可以说是害人。害人的人，别人一定会反过来害他，你这样做恐怕会遭到别人的伤害呀！

"再说，倘若卫国国君真的是喜欢贤人而厌恶坏人，朝中自有贤能，哪里还用得着等待你去才有所改变？除非你去之后不向卫国国君进谏，否则卫君一定会紧紧抓住你偶然说漏嘴的机会，凭他的巧辩与你争论。如此一来，你势必会头晕目眩，而面色将佯作平和，你说话自顾不暇，容貌迁就，内心无主也就顺从他的主张了。这样做就像是用火救火，用水救水，可以称之为错上加错。有了依顺他的开始，以后就会无穷无尽地顺从下去，你恐怕有忠诚之言也不会被信任，那么一定会死在这位暴君面前。

"从前，夏桀杀害了敢于直谏的关龙逢，商纣王杀害了力谏的叔叔比干，这两位贤人都非常注重自身的修养而以臣下的地位抚爱君主的百姓，他们这样做就是以臣下的身份冒犯了自己的君主，所以君主就因为他们道德修养高尚而排斥、杀害他们。这是喜好名声而导致的恶果。

"当年帝尧征伐丛、枝和胥敖，夏禹攻打有扈，这些国家的土地变成废墟，人民全都死尽，而国君自身也遭受杀戮，原因就在于他们无休止地动用武力，贪求别国的土地和人口。这些都是贪图名利而招致的恶果，你就没有听说过吗？名声和实利，就是圣人也不可能超越，何况是你呢？虽然这样，你必定有你的想法，试着讲给我听听！"

颜回说："态度端庄而内心虚静，勉力行事而意志专一，这样可以吗？"孔子说："不行啊，这怎么可以呢！卫国国君骄气纵横，喜怒无常，常人都不敢违背他的意愿。压制别人的劝告，以求内心的放纵。这种人每天用小德感化都不成，何况用大德来劝说他呢！他将固执己见而不能顺物变化，即使外表附和而内心也必然不会承认自己的过错。你的做法怎么行得通呢！""那么我就内心正直而表面委曲求全，援引成言而上比古人的见解。所谓内心正直，也就是以天为师。以天为师的人，知晓人君和我都是由天所养育的，既然如此，那我为何还要执著于别人赞成我的言论呢？像这样的人，人们都把他叫做天真无邪的孩子，这就叫做以天为师。所谓外表委曲求全，就是以人为师。拿着手板，长跪在地，弯腰鞠躬，抱拳作揖，这是做人臣的礼节，人们都这样做，我敢不这样做吗？做常人都做的

心如澄澈秋水，身如不系之舟

事情，人们也就不指责我了，这就叫做以世人为师。所谓援引成言上比古人的见解，就是以古人为师。援引的言论虽然都是教训和诤谏的根据，但是古代就有这种情况，并不是我创造的。像这样，虽然直率而不出毛病，这就叫做和古人同类。这样做可以吗？"孔子说："不行啊，这怎么可以呢！纠正得太多了，办法不通达，虽然固陋也可以免罪。然而，只不过如此而已，怎么能够达到感化国君呢！你太坚持自己的成见了。"

颜回说："我想不出更好的方法了。敢请老师指点。"孔子说："你先斋戒清心，我再告诉你！有心感化卫君，岂是容易之事？如果这样做也很容易的话，苍天也会认为是不适宜的。"颜回说："我家境贫寒，已经好几个月未曾饮酒吃荤了，像这样，可以说是斋戒了吧？"孔子说："这是祭祀前的所谓斋戒，并非斋戒清心。"颜回说："请问何谓斋戒清心？"孔子说："你必须摒除杂念，专一心思，不用耳去听而用心去领悟，不仅要用心去领悟，还要用凝寂虚无的意境去感应！耳的功用仅只在于聆听，心的功用仅只在于跟外界事物交合。凝寂虚无的心境才是虚弱柔顺而能应待宇宙万物的，只有大道才能汇集于凝寂虚无的心境。虚无空明的心境就叫做斋戒清心。"

颜回说："当我尚未做到斋戒清心的时候，确实感觉到有我颜回的存在。做到了斋戒清心之后，就觉得未尝有我颜回存在了。可以称其为空明的心境吗？"孔子说："理解得非常透彻。我告诉你！你去游卫国，不要为虚名动心，能够听取你的意见的话就进言，不能够听取你的意见就闭口不言。既不开口求荣，又不缄默不言，心灵凝聚而无杂念，处理事务不得已而应之，这就差不多达到'心斋'的境界了。不走路容易，走路而不会留下痕迹就困难了；为人情所驱使容易造假，为自然所驱使难以作弊。只听过凭借翅膀才可以飞翔的，未曾听过没有翅膀也可以飞翔的；听说过有智慧才能了解事物的，不曾听说过没有智慧也可以了解事物的。观察那空明的心境，便会明白，只有把内心空虚起来，才能够产生无念无欲的纯净的精神状态，福祉就会降临了。倘若做到了这一点而福祉还没有降临，这就叫做形坐而心驰。使耳目感觉向内通达而排除心机，鬼神也会前来归附，更何况是人呢！顺应这样万物的变化，正是禹和舜所把握的关键，伏羲和几蘧也作为终身奉行的准则，何况是普通人呢？"

叶公子高将出使齐国，他向孔子请教："楚王派我出使齐国，责任重

大。齐国接待外来使节，表面恭敬而内心轻慢。平常老百姓我尚且难以轻易说服，更何况诸侯国之间的协约呢！我非常担心无法达到既定的目标。先生您常对我说：'凡事无论大小，很少有不合正道而获得好的结果的。事情如果未能取得成功，必然会受到惩罚；事情如果取得了成功，那又必定会因喜怒无常、阴阳失调而患病。因此，无论事情取得了成功还是没有取得成功都不会受到祸患，只有道德高尚的人才能做到。'我的饮食保持着粗淡俭朴的习惯，从来没有奢侈过，因为很少用火，所以所用的烹饪食物的厨师，也不会因为热而思求清凉。如今，我早晨接受国君诏命而晚上如饮寒冰，内心寒热交攻，烦躁忧虑不堪啊！我还没有出使办事，就已经有了忧喜交加的危机之感；事情如果不成功，那我必定要受到国君惩罚。无论结果是成功还是失败，它们所带来的这两种灾难，作为臣子的我都难以承受啊！希望先生能够指点迷津，给予教导吧！"

孔子说："天下有两大方面必须引以为戒：一是天命，一是道义。子女敬爱双亲，这是人的天性，不需要任何理由；臣子侍奉国君，这是做人的道义，天地之间无论哪里都不会没有国君的统治，这是无法逃避的现实。这是必须引以为戒的大法。所以人们侍奉自己的亲人，无论什么样的境遇都要使父母安适，这是最高境界的孝；侍奉国君，无论承担什么样的事都要让国君放心，这是最高境界的忠。懂得自我调养心性的人，悲哀和欢乐都不容易使他的心境受到影响，他们明白有些事是无可奈何的，因此就会安处其境、顺其自然，这是道德修养的最高境界。作为人君的臣子，原本就会有身不由己的事情。每遇大事都要能够把握事情的实质并忘掉自身的安危，哪里还顾得个人生死荣辱呢！你能够做到这样就可以了！

"请让我再谈谈我听到的一些道理：凡与邻近国家交往一定要用诚信来保持两国之间的亲密关系，与远方国家交往一定要忠诚遵守两国之间的协约和承诺。国家间的交往必须有人相

心如澄澈秋水，身如不系之舟

互传递信息和国书。而传递两国国君或喜或怒的言辞，乃是天下最困难的事。两国国君彼此交好时一定会有溢美之词，两国国君彼此交恶时一定会有过分的憎恶言辞。一般来说，过分激烈的话语都类似于虚构，虚构的言辞其可信的程度也就值得怀疑，国君产生怀疑，传达信息的使者就要遭殃。因此，古代《法言》说：'传达平实的言辞，不要传达过分的话语，也就可以保全自己了。'

"况且以智巧相互较量的人，开始时还光明正大，后来就常常暗使计谋，达到极点时则大耍阴谋、倍生诡计；按照礼节饮酒的人，开始时秩序井然，到后来常常是一片混乱，大失礼仪，达到极点时则荒诞淫乐、放纵无度。任何事情恐怕都是如此：开始时相互信任，到了后来就经常互相欺诈；开始时单纯细微，临近结束时便变得纷繁巨大。

"言语犹如风吹的水波，传达言语定会有得有失。风吹波浪容易动荡，有了得失就容易遇上危险。因此，有时候人们愤怒的发作没有别的什么原因，完全是言辞虚浮而又片面失当所造成的。被逼入死地的野兽，它会发出特别的叫声，气息急促喘息不定，于是迸发伤人害命的恶念。大凡过分苛责，必会产生不好的念头来应付，而他自己也说不清它产生的原因。假如做了些什么而他自己也说不清它产生的原因，谁还能知道他会有怎样的结果！所以《法言》说：'不要随意改变已经下达的命令，不要勉强他人去做力不从心的事，说话一过头就会适得其反。'改变成命或者强人所难都很危险。成就一桩好事要经历很长的时间，坏事一旦做出，悔改是来不及的。行为处世能不审慎吗！顺应万物变化使精神自由逍遥，寄托于不得已而保养心性，这是最好的办法。何必专门为报答君命而有意去做呢？不如如实地传达国君的意见，这样做已经很难为人了。"

颜阖将要做卫灵公太子蒯聩的老师，向蘧伯玉请教说："如今有这样一个人，他天性刻薄。倘若放任他不管就会危害我们的国家；倘若对他加以法度管教就会危及我自己的生命安全。他的才智只能认识别人的过错，而不能认识之所以产生过错的原因。像这样的人，我怎么对待他呢？"

蘧伯玉说："问得好啊！要警惕，要小心谨慎，先从端正你自身开始。外表要亲近顺从他，内心要有自己的主见。虽然这样，这两者也避免不了祸患。亲近他但不要同流合污，心有主见但不要表露出来。外表与他亲近而且陷入同流合污的境地，就会招致颠败毁灭。心有主见而且将其表露了出来，他以为你为了争名声，就会招致祸患。他如果表现得如同婴儿那般不谙世事，你也和他一样表现得如同婴儿那般不谙世事；他对事毫无分别，你也随他对事毫无分别；他要无拘无束，你也随他无拘无束。这样就会万无一失，引导他达到不犯错误的地步。

"你不知道那螳螂吗？奋力举起它的臂膀去阻挡车轮前进。它不知道自己不能胜任，这是因为它把自己的力量看得太大的结果。要戒备啊！要审慎啊！你若总是夸耀自己的长处去冒犯他，那就危险了。

"你不知道那个养虎的人吗？他不敢用活着的动物去喂老虎，担心它在捕杀这些猎物时引发它凶残的天性；不敢用完整的动物去喂老虎，担心它在撕裂这些食物时会引发它凶残的天性。养虎的人深知老虎饥饿的时间，知晓老虎引发它凶残的天性的原因。老虎与人虽然不是同类，然而却亲近饲养它的人，原因就在于饲养者能顺从它的天性；虎所以伤人是因为人们逆它的天性而为。

"那爱马的人，用筐盛马屎，用大蛤壳盛马尿。偶然间有只牛虻叮在马身上，而拍打牛虻不及时，马就会发怒，咬断口勒，毁掉笼头，挣碎肚带。本意在于爱马，而这种爱的结果却适得其反，这能不小心谨慎吗！"

有个名叫石的匠人前往齐国，来到曲辕这个地方，看见一棵被世人当做社神的栎树。这棵栎树树冠大到可以遮蔽数千头牛，用绳子绕着量一量树干，足有几十丈粗，树梢高临山巅，离地面八十尺处方才分枝，用它来造船可造十余艘。观赏的人群像赶集似的涌来涌去，可是这个木匠连看也不看一眼，就不停步地往前走。他的学生站在树旁看了个够，跑步追上匠人石，说："自从我拿起斧头跟随师父以来，从来没有看到过这么好的木材。师父不屑一顾，径直向前走去，这是什么原因呢？"

匠人石说："算了，不要说了。那是毫无用处的散木，用它造船，船会沉入水中；用它做棺材，棺材很快会腐朽；用它制造用具，用具会很快毁坏；用它制造门户，门户会流出油脂；用它做梁柱，梁柱会被虫蛀。这是不成材的树，没有可用之处，因此才会如此长寿。"

匠人石回来后，夜里梦见社神栎树对他说："你要用什么和我相比呢？拿我跟有用的树比吗？比如山楂树、梨树、橘子树、柚子树及瓜果之类，果实熟了就被剥落，剥落便遭到扭折。大枝打断了，小枝也被拖了下来。这都是由于它们有用而害了自己的一生。所以不能尽享天年而中途便已经夭折，这都是自己招来的世俗的打击。世上的事物没有不是这样的。况且我追求无所可用的境地已经很久了！多次几乎被砍伐，直至现在才保全，这正是我的大用。如果我有用，我还有可能长到这么大吗？再说，你与我都是天地间的物，为什么你把我视为散木呢？你这将要死的散人，又怎能了解这无用之用的散木呢！"

匠人石醒来后把梦到的详情说给他的学生听。学生说："旨意在于求取无用，那么又做什么社树让世人瞻仰呢？"匠人石说："闭嘴，别说了！它只不过是在寄托罢了，反而招致不了解自己的人的辱骂和伤害。如果它不做社树的话，它还不遭到砍伐吗？况且，它用来保全自己的办法与众不同，而用常理来了解它，不就相去太远了吗？"

南伯子綦到商丘游览，看到一棵大树，与其他的树不同，就算集结一千辆四匹马拉的车，也可以隐蔽其下庇荫凉。子綦说："这是什么树呀？这树必定有特殊的材质吧！"仰头而望它的细枝，则弯弯曲曲而不能做栋梁，低头看树干，则轴心疏散而不能做棺椁；舔它的叶子，则嘴烂而舌伤；闻它，则使人大醉如狂，三天醒不过来。子綦说："这树果真是不成材的树木，因此它才长这么大。唉！神人也像这树一样是不材的人！"

宋国有荆氏领地，适宜种植楸、柏、桑之类的质地细密的树木，当它长到一两把以上粗时，被寻求拴猴子的小木桩的人砍掉；当长到三四围粗时，被寻求高大脊檩的人砍掉；长到七八围粗时，被贵族、富商之家寻求棺木的人砍掉。因此不能穷尽天年的寿命，而中途便夭折于斧斤之下，这就

是有用之材招来的祸患。所以古人在祭祀时，凡是白额头的牛，高鼻梁的小猪，长着痔疮的人，都不能用来祭河神。这是巫祝都知道的，以为不吉祥。而神人却以为是最大的吉祥了。

有个名叫支离疏的人，其面颊陷入到肚脐中，双肩高于头顶，后脑下的发髻指向天空，五脏的腧穴也都朝上，两条大腿和两边的胸肋并生在一起。他给人缝衣浆洗，足够糊口度日；又替人筛糠簸米，足可养活十口人。国君征兵时，支离疏捋袖扬臂在征兵人面前走来走去；国君有大的徭役，支离疏因身有残疾而免除劳役；国君向残疾人赈济米粟，支离疏还领得三钟粮食十捆柴草。像支离疏那样形体残缺不全的人，还足以养活自己，终享天年，又何况像形体残缺不全那样的不同于世俗的德行呢！

孔子去楚国，楚国的狂人接舆路过孔子馆舍门前，唱道："凤鸟啊凤鸟啊，你为什么怀着大德而到这衰乱的国家呢！未来美好的社会无法等到，过去美好的社会也再难以挽回。天下有道，圣人可以实现自己的理想抱负；天下无道，圣人只能够保全自己的生命。现在这个时代，圣人战战兢兢也只能免遭刑戮。幸福不过像羽毛那样轻，不知怎样才可以去承受；祸患重得像大地一样，不知怎样才能避免。算了吧，算了吧！不要在众人面前夸耀自己的德行。危险呵，危险呵！不要画地为牢让人盲目跟随。荆棘啊，荆棘啊！不要影响我走路。道路弯曲，不要伤害我的双脚啊。"

山上的树木自讨砍伐，带油的膏脂自讨燃烧。桂树枝可以食用，所以遭人砍伐；漆树可以用作涂料，所以遭人割取。人都知道有用的用处，而不知道无用的用处。

【义理评析】

本篇的核心是探讨为人处世之道,既体现了庄子所提倡的处人与自处的人生态度,也揭示出他的道家哲学观点。

在这里,庄子妙借孔子"心斋"论生动地阐明了道家"无为而无不为"的思想主张。道家之所以倡导无为,原因就在于顺应自然之道,也就是尊重自然本身的规律。并且,需要明白的是,无为不是让一个人什么都不做,而是在做与不做之间有一个合理的平衡点。

德充符第五

【原典欣赏】

鲁有兀者王骀①,从之游者与仲尼相若。常季问于仲尼曰:"王骀,兀者也,从之游者与夫子中分鲁。立不教,坐不议,虚而往,实而归。固有不言之教,无形而心成者邪?是何人也?"仲尼曰:"夫子,圣人也。丘也直后而未往耳!丘将以为师,而况不若丘者乎!奚假鲁国,丘将引天下而与从之。"常季曰:"彼兀者也,而王先生,其与庸亦远矣。若然者,其用心也,独若之何?"仲尼曰:"死生亦大矣,而不得与之变;虽天地覆坠,亦将不与之遗;审乎无假而不与物迁,命物之化而守其宗也。"

常季曰:"何谓也?"仲尼曰:"自其异者视之,肝胆楚越也;自其同者视之,万物皆一也。夫若然者,且不知耳目之所宜,而游心乎德之和。物,视其所一而不见其所丧,视丧其足犹遗土也。"常季曰:"彼为己,以其知得其心,以其心得其常心。物何为最之哉?"仲尼曰:"人莫鉴于流水而鉴于止水,唯止能止众止。受命于地,唯松柏独也正,在冬夏青青;受命于天,唯尧、舜独也正,在万物之首。幸能正生,以正众生。夫保始之征,不惧之实,勇士一人,雄入于九军。将求名而能自要者而犹若是,而况官天地、府万物、直寓六骸、象耳目、一知之所知而心未尝死者乎!彼且择日而登假,人则从是也。彼且何肯以物为事乎②!"

申徒嘉，兀者也，而与郑子产同师于伯昏无人。子产谓申徒嘉曰："我先出则子止，子先出则我止。"其明日，又与合堂同席而坐。子产谓申徒嘉曰："我先出则子止，子先出则我止。今我将出，子可以止乎？其未邪？且子见执政而不违，子齐执政乎？"申徒嘉曰："先生之门，固有执政

焉如此哉？子而说子之执政而后人者也。闻之曰：'鉴明则尘垢不止，止则不明也。久与贤人处则无过。'今子之所取大者，先生也，而犹出言若是，不亦过乎？"子产曰："子既若是矣，犹与尧争善。计子之德，不足以自反邪？"申徒嘉曰："自状其过，以不当亡者众；不状其过，以不当存者寡。知不可奈何而安之若命，唯有德者能之。游于羿之彀中③。中央者，中地也；然而不中者，命也。人以其全足笑吾不全足者众矣，我怫然而怒；而适先生之所，则废然而反。不知先生之洗我以善邪！吾与夫子游十九年矣，而未尝知吾兀者也。今子与我游于形骸之内，而子索我于形骸之外，不亦过乎？"子产蹴然改容更貌曰："子无乃称！"

鲁有兀者叔山无趾，踵见仲尼。仲尼曰："子不谨，前既犯患若是矣。虽今来，何及矣！"无趾曰："吾唯不知务而轻用吾身，吾是以亡足。今吾来也，犹有尊足者存，吾是以务全之也。夫天无不覆，地无不载，吾以夫子为天地，安知夫子之犹若是也！"孔子曰："丘则陋矣！夫子胡不入乎？请讲以所闻。"无趾出。孔子曰："弟子勉之！夫无趾，兀者也，犹务学以复补前行之恶，而况全德之人乎！"无趾语老聃曰："孔丘之于至人，其未邪？彼何宾宾以学子为？彼且蕲以諔诡幻怪之名闻④，不知至人之以是为己桎梏邪？"老聃曰："胡不直使彼以死生为一条，以可不可为一贯者，

解其桎梏，其可乎？"无趾曰："天刑之，安可解！"

鲁哀公问于仲尼曰："卫有恶人焉，曰哀骀它。丈夫与之处者，思而不能去也；妇人见之，请于父母曰'与为人妻，宁为夫子妾'者，十数而未止也。未尝有闻其唱者也，常和人而已矣。无君人之位以济乎人之死，无聚禄以望人之腹，又以恶骇天下，和而不唱，知不出乎四域，且而雌雄合乎前，是必有异乎人者也。寡人召而视之，果以恶骇天下。与寡人处，不至以月数，而寡人有意乎其为人也；不至乎期年，而寡人信之。国无宰，寡人传国焉。闷然而后应，氾然而若辞⑤。寡人丑乎，卒授之国。无几何也，去寡人而行。寡人恤焉若有亡也，若无与乐是国也。是何人者也？"

仲尼曰："丘也尝使于楚矣，适见独子食于其死母者。少焉眴若⑥，皆弃之而走。不见己焉尔，不得类焉尔。所爱其母者，非爱其形也，爱使其形者也。战而死者，其人之葬也不以翣资⑦；刖者之屦，无为爱之。皆无其本矣。为天子之诸御，不爪翦，不穿耳；取妻者止于外，不得复使。形全犹足以为尔，而况全德之人乎！今哀骀它未言而信，无功而亲，使人授己国，唯恐其不受也，是必才全而德不形者也。"

哀公曰："何谓才全？"仲尼曰："死生、存亡、穷达、贫富、贤与不肖、毁誉、饥渴、寒暑，是事之变，命之行也。日夜相代乎前，而知不能规乎其始者也。故不足以滑和，不可入于灵府。使之和豫通而不失于兑，使日夜无郤而与物为春，是接而生时于心者也。是之谓才全。""何谓德不形？"曰："平者，水停之盛也。其可以为法也，内保之而外不荡也。德者，成和之修也。德不形者，物不能离也。"

哀公异日以告闵子曰："始也吾以南面而君天下，执民之纪而忧其死，吾自以为至通矣。今吾闻至人之言，恐吾无其实，轻用吾身而亡其国。吾与孔丘，非君臣也，德友而已矣！"

闉跂支离无脤说卫灵公⑧，灵公说之，而视全人，其脰肩肩⑨。瓮㼜大瘿说齐桓公，桓公说之，而视全人，其脰肩肩。故德有所长而形有所忘。人不忘其所忘，而忘其所不忘，此谓诚忘。故圣人有所游，而知为孽，约为胶，德为接，工为商。圣人不谋，恶用知？不斫，恶用胶？无丧，恶用德？不货，恶用商？四者，天鬻也。天鬻者，天食也。既受食于天，又恶用人！有人之形，无人之情。有人之形，故群于人；无人之情，故是非不得于身。眇乎小哉，所以属于人也；謷乎大哉⑩，独成其天。

惠子谓庄子曰："人故无情乎？"庄子曰："然。"惠子曰："人而无情，何以谓之人？"庄子曰："道与之貌，天与之形，恶得不谓之人？"惠子曰："既谓之人，恶得无情？"庄子曰："是非吾所谓无情也。吾所谓无情者，言人之不以好恶内伤其身，常因自然而不益生也。"惠子曰："不益生，何以有其身？"庄子曰："道与之貌，天与之形，无以好恶内伤其身。今子外乎子之神，劳乎子之精，倚树而吟，据槁梧而瞑。天选子之形，子以坚白鸣。"

【玄义注释】

①兀：通作"跀"（yuè），一种断足的刑法。②肎："肯"的古本字。③彀（gòu）中：射程之中。④諔（chù）诡：奇异。⑤氾然：形容心不在焉的样子。氾，同"泛"。⑥眴（shùn）若：惊惶的样子。⑦翣（shà）：古代出殡时棺木上的饰物，形同羽扇。赍：送。⑧闉（yīn）：城的曲门。⑨脰：颈项。肩肩：细长。⑩謷（áo）：伟大。

【白话翻译】

鲁国有一个被砍掉一只脚的人，名叫王骀，可是跟从他学习的人与孔子的门徒一样多。常季问孔子："王骀是个被砍掉了一只脚的人，跟从他学习的人，与先生您一样占了鲁国学生的一半。他立不施教，坐不讲述，可是向他求学的学生们却是空怀而来，满载学识而归。难道真的有不用言语的施教，能潜移默化地寓教于无形之中吗？这王骀是个什么样的人呢？"孔子说："王骀先生是一位圣人。我的学识和品行都落后于他，只是还没来得及向他请教罢了！我要拜他为师，何况不及我的人呢！何止鲁国，我将让天下的人都去追随他。"常季说："他是个被砍掉了一只脚的人，却能超过你，如果跟平庸的人相比，差距就更大了。像这样的人，如果用心智办事会如何呢？"孔子回答说："死或生都是人生变化中的大事了，可是死或生都不能使他随之变化；即使天翻过来地坠下去，他也不会因此而丧失、毁灭。他通晓无所依凭的道理而不随物变迁，听任事物变化而信守自己的要旨。"

常季说："这是什么意思呢？"孔子说："倘若从事物千差万别的一面去看，邻近的肝与胆虽同处于一体之中，也像是楚国和越国那样相距很远；从事物都有相同的一面去看，万事万物又都是同一的。像这样的人，将不知道耳朵眼睛最适宜何种声音和色彩，而让自己的心思自由自在地遨游在平静祥和的最高境界之中。面对外物只看到了它浑然同一的方面却看不到它因失去而引起差异的一面，因而在他看来，丧失了一只脚就像是丢了一块泥巴一样。"常季说："他运用自己的智慧来提高自己的道德修养，他运用自己的心智去追求自己的理念。如果达到了平静祥和的最高境界，众多的学生为什么还聚集在他的身边呢？"孔子回答说："一个人无法在流动的水面照见自己的身影，而是到静止的水面去照，只有静止的事物才能使别的事物也静止下来。各种树木都受命于地，但只有松树、柏树无论冬夏都郁郁青青；每个人都受命于天，但只有尧、舜道德品行最为端正，成为万众的首领。幸而他们都善于端正自己的品行，因而能端正他人的品行。保全本初时的迹象，心怀无所畏惧的胆识，勇士只身一人，也敢称雄于千军万马。一心追逐名利而自我索求的人，尚且能够这样，何况那主宰天地，包藏万物，只不过把躯体当做寓所，把耳目当做一种象征性摆设，掌握了自然赋予的智慧所通解的道理，而精神世界又从不曾有过衰竭的人呢！王骀将指日飞升，与大道冥合一体，人们将紧紧地跟随着他。他还怎么会把聚合众多学生当成一回事呢！"

申徒嘉是被断去一只脚的人，他和子产同样拜伯昏无人为师。子产对申徒嘉说:"我先出去则你留下来,你先出去则我留下来。"到第二天,子产和申徒嘉又在厅堂里同席而坐。子产对申徒嘉说:"我先出去而你留下,你先出去而我留下。现在我将要出去,你可以留下吗?还是不能呢?况且,你见到我这个执政的大臣而不知道回避,你要比齐执政的大臣吗?"申徒嘉说:"在老师的门下,岂有执政的大臣呢?你得意你的执政地位就轻视别人吗?我听先生说过,'镜子明亮就不落灰尘,落上灰尘就不明亮。长久和贤人在一起就不会有过错。'现在,你所求取的是老师的广博知识,还说出这样的话,不是过错吗?"子产说:"你已经如此形残体缺,还要跟唐尧争比善心,你估量一下你的德行,受过断足之刑还不足以使你有所反省吗?"申徒嘉说:"自己陈述或辩解自己的过错,认为自己不应当形残体缺的人很多;不陈述或辩解自己的过错,认为自己不应当形整体全的人很少。懂得事物之无可奈何,安于自己的境遇并视如命运安排的那样,只有有德的人才能做到这一点。一个人来到世上就像来到善射的后羿张弓搭箭的射程之内,中央的地方也就是最容易中靶的地方,然而却没有被射中,这就是命。用完整的双脚笑话我残缺不全的人很多,我常常脸色陡变,怒气填胸;可是只要来到伯昏无人先生的寓所,我便怒气消失,回到正常的神态。真不知道先生是用什么善道来洗净我的心灵的呢!我跟随先生十九

年了,可是先生从不曾感到我是个断了脚的人。如今你跟我心灵相通、以德相交,而你却用外在的形体来要求我,这不又完全错了吗?"子产听了申徒嘉一席话深感惭愧,脸色顿改而恭敬地说:"你不要再说下去了!"

鲁国有个被砍去脚趾的人,名叫叔山无趾,用脚后跟走路来拜见孔子。孔子说:"您极不谨慎,

心如澄澈秋水，身如不系之舟

过去犯法受刑已经变成这个样子。虽然今天您来到了我这里，可是怎么能够补救以往呢？"叔山无趾说："我只因不识时务而轻率地以身试法，所以付出了失掉脚趾的代价。如今我之所以来到您这儿来，原因就在于还有比双脚更为可贵的道德良知在，因此我想竭尽全力来保全它。苍天庇护一切，大地承载一切，我以先生为天地，哪知先生竟然如此拘于形骸之见啊！"孔子说："我真是太浅薄了！先生何不进来，请给我讲授你所知晓的道理。"叔山无趾走后，孔子对他的学生说："你们要努力啊！叔山无趾是一个被砍掉脚趾的人，他尚且还努力学习以补救之前的过错，何况道德品行乃至身形体态都没有什么缺损的人呢！"叔山无趾对老子说："孔子与道德修养达到至高境界的人相比，恐怕还有所欠缺吧？他为什么不停地来向您求教呢？他还在祈求奇异虚妄的名声能传扬于外，难道不懂得道德修养至上的人总是把这一切看做是束缚自己的枷锁吗？"老子说："那么为何不让他明白生与死是一样的、可与不可是同一的道理，从而解脱他的枷锁，可以吗？"叔山无趾说："他先天造就的根器如此，怎么能够解脱！"

鲁哀公问孔子说："卫国有个面貌十分丑陋的人，名叫哀骀它。男人跟他相处，常常想念他而舍不得离去；女人见到他便向父母提出请求，说'与其做别人的妻子，不如做哀骀它先生的妾'，像这样的女人已有数十个了，并且人数还在增加。没有听说他倡导过什么，只是常常附和别人罢了。他没有居于统治者的地位而拯救他人于临近败亡的境地，他没有聚敛大量的财物而使他人吃饱肚子。他丑陋得让整个社会中的人都为之吃惊，又常常附和他人而未曾倡导什么，他所知道的东西超不出人世之外，然而接触过他的人无论是男是女都乐于亲近他。像哀骀它这样的人一定有什么不同于常人的地方。我把他召来看了看，果真相貌丑陋足以惊骇天下人。与我相处的时间还不到一个月，我便对他的为人产生了好感；时间还不到一年的时候，我就已经对他非常信任了。国家没有主持政务的官员，我便把国事委托给他。他神情淡漠地应承，漫不经心又好像在加以推辞。我深感羞愧，终于把国事交给了他。不久之后，他竟然离开我走了，我内心忧虑像丢失了什么，好像整个国家没有谁可以跟我一道共欢乐似的。这究竟是什么样的人呢？"

孔子说："我曾出使楚国，恰巧看到一群小猪在吸吮刚死去的母猪的乳汁，不一会儿又惊惶地丢弃母猪逃跑了。因为它们发现母猪对它们不再有感应，不像一头活猪的样子了。小猪所以爱它们的母亲，并不是爱它的形体，而是爱所以使其形体活着的东西。作战而死的人，下葬时用不着棺饰，断了脚的人，不会再爱惜他的鞋子。这都是由于丧失根本了。给天子当嫔妃的人，不剪指甲，不穿耳眼；娶了妻子的内侍，不能再进宫，不能再役使。形体健全的尚且如此，何况德性健全的人呢！现在哀骀它不用开口讲话就得到了信任，没有什么功业就得到人民的亲敬，能够使人把自己的国家大政托付给他，还怕他不肯接受，这一定是天性完美而道德高尚不露的人。"

鲁哀公问："什么叫做才智完备呢？"孔子说："死、生、存、亡、穷、达、贫、富，贤能与不肖、诋毁与称誉，饥、渴、寒、暑，这些都是事物的变化，都是自然规律的运行。它们日夜更替于我们的面前，而人的智慧却不能窥见它们的起始。因此它们都不足以搅乱本性的谐和，也不足以侵扰人们的心灵。要使心灵平和安适，通畅而不失怡悦，要使心境日夜不间断地跟随万物融会在春天般的生气里，这样便会接触外物而萌生顺应四时的感情。这就叫做才智完备。"鲁哀公又问："什么叫做德不外露呢？"孔子说："均平是水流止时的最佳状态。它可以作为取而效法的准绳，内心里保持静止的状态而外表就会不为外界变化所摇荡。所谓德，就是事得以成功、物得以顺和的最高修养。德不外露，外物自然就不能离开他了。"

有一天鲁哀公把孔子这番话告诉闵子，说："起初，我认为坐朝当政统治天下，掌握国家的纲纪而忧心人民的死活，便自以为是最通达的了，如今我听到至人的名言，真忧虑没有实在的政绩，轻率动用自己的身心而使国家陷于危亡。我跟孔子不是君臣关系，而是以德相交的朋友呢。"

有位守门人支离无脤向卫灵公游说，卫灵公很喜欢他，再看到形体完整的人，反而觉得脖子长得太细小了。有位脖子生大瘤子卖盆瓮的人向齐桓公游说，齐桓公很喜欢他，再看到形体完整的人，反而觉得脖子也太细小了。所以德性有所长而形体丑陋就会被人所遗忘。人如果不遗忘他所应当遗忘的残形，而遗忘他所不应遗忘的德性，那才叫做真实的遗忘。所以圣人能游于虚无之中，就会把智慧当做灾孽，把约束当做是禁锢，把所得看成是有所取，把工巧看成是商品的交换。圣人不搞权谋，哪里用得着智巧？不去雕琢，哪里用得着胶漆？德性没有丧失，哪里用得着充德？不求得利，哪里用得着通商？这四者都是禀受于天，也就是靠天养育。既然禀受于天，又哪里还用得着人为呢？有了人的形体，没有人的性情。有了人的形体，所以能和人群居；没有人的性情，所以是非就不会在他身上产生。渺小啊，与人同类的人情世故。高大啊，与天同体而成其天德！

惠子问庄子："圣人真的没有情感吗？"庄子说："对，是这样。"惠子说："人倘若没有了情感，还怎么能称其为人呢？"庄子说："大道赋予他容貌，天赋予他形体，怎能不称作是人呢？"惠子说："既然称其为人，为何会没有情感呢？"庄子说："这并非我所说的情感，我所说的情感是指人不可以因为自己的好恶之情伤害了自己的身心，要一直保持顺应自然的姿态而不要试图为自己的生命人为地添加点什么。"惠子说："不要试图为自己的生命人为地添加点什么，怎么能保全自己的身心？"庄子说："大道赋予人容貌，天赋予人形体，不要以好恶在内部伤害他自己的身心。如今你驰逐你的心神，枉费你的精力；你倚在树边高声吟咏，靠着几案绞尽脑汁苦思冥想。自然选择了你的形体，你却因为所谓的'坚白之论'而争鸣不休。"

【义理评析】

本篇主要说明了庄子的道德观，重点阐述了"德"对人们的重要性。作者通过王骀等身残而德全之人指出，一个人的相貌并不重要，完备的"德"才是为人之本。

在现实生活和人际交往中,一个人道德品质和修养的高低,是决定与他人相处得好与坏的重要因素。道德品质高尚,个人修养好,就容易赢得他人的信任与友谊;反之,就难以处理好与他人的关系,也很难交到知心的朋友。

大宗师第六

【原典欣赏】

知天之所为,知人之所为者,至矣!知天之所为者,天而生也;知人之所为者,以其知之所知,以养其知之所不知,终其天年而不中道夭者,是知之盛也。虽然,有患。夫知有所待而后当,其所待者特未定也。庸讵知吾所谓天之非人乎①?所谓人之非天乎?且有真人而后有真知。

何谓真人?古之真人,不逆寡,不雄成,不谟士②。若然者,过而弗悔,当而不自得也。若然者,登高不栗,入水不濡,入火不热。是知之能登假于道者也若此。

古之真人,其寝不梦,其觉无忧,其食不甘,其息深深。真人之息以踵,众人之息以喉。屈服者,其嗌言若哇③。其耆欲深者,其天机浅。

古之真人,不知说生,不知恶死。其出不䜣,其入不距。翛然而往,翛然而来而已矣。不忘其所始，不求其所终。受而喜之，忘而复之。是之谓不以心捐道，不以人助天，是之谓真人。若然者，其心忘，其容寂，其颡頯④。凄然似秋，暖然似春，喜怒通四时，与物有宜而莫知其极。故圣人之用兵也，亡国而不失人心；利泽施乎万世，不为爱人。故乐通物，非圣人也；有亲，非仁也；天时，非贤也；利害不通，非君子也；行名失己，非士也；亡身不真，非役人也。若狐不偕、务光、伯夷、叔齐、箕子、胥馀、纪他、申徒狄，是役人之役，适人之适，而不自适其适者也。

古之真人，其状义而不朋，若不足而不承；与乎其觚而不坚也，张乎其虚而不华也；邴邴乎其似喜也⑤，崔崔乎其不得已也。滀乎进我色也⑥，与乎止我德也，广乎其似世也，謷乎其未可制也，连乎其似好闭也，悗乎忘其言也⑦。以刑为体，以礼为翼，以知为时，以德为循。以刑为体者，绰乎其杀也；以礼为翼者，所以行于世也；以知为时者，不得已于事也；以德为循者，言其与有足者至于丘也，而人真以为勤行者也。故其好之也一，其弗好之也一。其一也一，其不一也一。其一与天为徒，其不一与人为徒，天与人不相胜也，是之谓真人。

死生，命也；其有夜旦之常，天也。人之有所不得与，皆物之情也。彼特以天为父，而身犹爱之，而况其卓乎！人特以有君为愈乎己，而身犹死之，而况其真乎！

泉涸，鱼相与处于陆，相呴以湿⑧，相濡以沫，不如相忘于江湖。与其誉尧而非桀也，不如两忘而化其道。

夫大块载我以形，劳我以生，佚我以老，息我以死。故善吾生者，乃所以善吾死也。夫藏舟于壑，藏山于泽，谓之固矣！然而夜半有力者负之而走，昧者不知也。藏小大有宜，犹有所遁。若夫藏天下于天下而不得所遁，是恒物之大情也。特犯人之形而犹喜之。若人之形者，万化而未始有极也，其为乐可胜计邪？故圣人将游于物之所不得遁而皆存。善妖善老，善始善终，人犹效之，又况万物之所系而一化之所待乎！

夫道有情有信，无为无形；可传而不可受，可得而不可见；自本自根，未有天地，自古以固存；神鬼神帝，生天生地；在太极之先而不为高，在六极之下而不为深，先天地生而不为久，长于上古而不为老。豨韦氏得之，以挈天地；伏羲氏得之，以袭气母；维斗得之，终古不忒；日月

得之，终古不息；堪坏得之，以袭昆仑；冯夷得之，以游大川；肩吾得之，以处大山；黄帝得之，以登云天；颛顼得之，以处玄宫；禺强得之，立乎北极；西王母得之，坐乎少广，莫知其始，莫知其终；彭祖得之，上及有虞，下及五伯；傅说得之，以相武丁，奄有天下，乘东维，骑箕尾，而比于列星。

南伯子葵问乎女偊曰："子之年长矣，而色若孺子，何也？"曰："吾闻道矣。"南伯子葵曰："道可得学邪？"曰："恶！恶可！子非其人也。夫卜梁倚有圣人之才而无圣人之道，我有圣人之道而无圣人之才。吾欲以教之，庶几其果为圣人乎！不然，以圣人之道告圣人之才，亦易矣。吾犹守而告之，参日而后能外天下；已外天下矣，吾又守之，七日而后能外物；已外物矣，吾又守之，九日而后能外生；已外生矣，而后能朝彻；朝彻，而后能见独；见独，而后能无古今；无古今，而后能入于不死不生。杀生者不死，生生者不生。其为物，无不将也，无不迎也，无不毁也，无不成也。其名为撄宁⑨。撄宁也者，撄而后成者也。"

南伯子葵曰："子独恶乎闻之？"曰："闻诸副墨之子，副墨之子闻诸洛诵之孙，洛诵之孙闻之瞻明，瞻明闻之聂许，聂许闻之需役，需役闻之於讴，於讴闻之玄冥，玄冥闻之参寥，参寥闻之疑始。"

子祀、子舆、子犁、子来四人相与语曰："孰能以无为首，以生为脊，以死为尻；孰知死生存亡之一体者，吾与之友矣！"四人相视而笑，莫逆于心，遂相与为友。俄而子舆有病，子祀往问之。曰："伟哉，夫造物者将以予为此拘拘也。"曲偻发背，上有五管，颐隐于齐，肩高于顶，句赘指天。阴阳之气有沴⑩，其心闲而无事，跰𨇤而鉴于井，曰："嗟呼！夫造物者又将以予为此拘拘也。"子祀曰："女恶之乎？"曰："亡，予何恶！浸假而化予之左臂以为鸡，予因以求时夜；浸假而化予之右臂以为弹，予因以求鸮炙；浸假而化予之尻以为轮，以神为马，予因以乘之，岂更驾哉！且夫得者，时也；失者，顺也。安时而处顺，哀乐不能入也，此古之所谓县解也。而不能自解者，物有结之。且夫物不胜天久矣，吾又何恶焉！"

俄而子来有病，喘喘然将死。其妻子环而泣之。子犁往问之，曰："叱！避！无怛化！"倚其户与之语曰："伟哉造化！又将奚以汝为？将奚以汝适？以汝为鼠肝乎？以汝为虫臂乎？"子来曰："父母于子，东西南北，唯命之从。阴阳于人，不翅于父母。彼近吾死而我不听，我则悍矣，彼何罪焉？夫大块载我以形，劳我以生，佚我以老，息我以死。故善吾生者，乃所以善吾死也。今大冶铸金，金踊跃曰：'我且必为镆铘！'大冶必以为不祥之金。今一犯人之形而曰：'人耳！人耳！'夫造化者必以为不祥之人。今一以天地为大炉，以造化为大冶，恶乎往而不可哉！"成然寐，蘧然觉⑪。

子桑户、孟子反、子琴张三人相与友，曰："孰能相与于无相与，相为于无相为？孰能登天游雾，挠挑无极，相忘以生，无所终穷？"三人相视而笑，莫逆于心。遂相与为友。

莫然有间，而子桑户死，未葬。孔子闻之，使子贡往侍事焉。或编曲，或鼓琴，相和而歌曰："嗟来桑户乎！嗟来桑户乎！而已反其真，而我犹为人猗！"子贡趋而进曰："敢问临尸而歌，礼乎？"二人相视而笑曰："是恶知礼意！"

子贡反，以告孔子，曰："彼何人者邪？修行无有，而外其形骸，临尸而歌，颜色不变，无以命之。彼何人者邪？"孔子曰："彼游方之外者也，而丘游方之内者也。外内不相及，而丘使女往吊之，丘则陋矣！彼方且与造物者为人，而游乎天地之一气。彼以生为附赘县疣，以死为决疴溃痈。夫若然者，又恶知死生先后之所在！假于异物，托于同体；忘其肝胆，遗其耳目；反复终始，不知端倪；芒然彷徨乎尘垢之外，逍遥乎无为之业。彼又恶能愦愦然为世俗之礼⑫，以观众人之耳目哉！"

子贡曰："然则夫子何方之依？"孔子曰："丘，天之戮民也。虽然，吾与汝共之。"子贡曰："敢问其方？"孔子曰："鱼相造乎水，人相造乎道。相造乎水者，穿池而养给；相造乎道者，无事而生定。故曰：鱼相忘乎江湖，人相忘乎道术。"子贡曰："敢问畸人？"曰："畸人者，畸于人而侔于天。故曰：天之小人，人之君子；人之君子，天之小人也。"

颜回问仲尼曰："孟孙才，其母死，哭泣无涕，中心不戚，居丧不哀。无是三者，以善处丧盖鲁国，固有无其实而得其名者乎？回壹怪之。"

仲尼曰："夫孟孙氏尽之矣，进于知矣。唯简之而不得，夫已有所简矣。孟孙氏不知所以生，不知所以死。不知就先，不知就后。若化为物，以待其所不知之化已乎！且方将化，恶知不化哉？方将不化，恶知已化哉？吾特与汝，其梦未始觉者邪！且彼有骇形而无损心，有旦宅而无情死。孟孙氏特觉，人哭亦哭，是自其所以乃。且也相与'吾之'耳矣！庸讵知吾所谓'吾之'乎？且汝梦为鸟而厉乎天，梦为鱼而没于渊。不识今之言者，其觉者乎？其梦者乎？造适不及笑，献笑不及排，安排而去化，乃入于寥天一。"

意而子见许由，许由曰："尧何以资汝？"意而子曰："尧谓我，'汝必躬服仁义而明言是非'。"许由曰："而奚来为轵？夫尧既已黥汝以仁义，而劓汝以是非矣。汝将何以游夫遥荡恣睢转徙之涂乎？"意而子曰："虽然，吾愿游于其藩。"许由曰："不然。夫盲者无以与乎眉目颜色之好，瞽者无以与乎青黄黼黻之观。"意而子曰："夫无庄之失其美，据梁之失其力，黄帝之亡其知，皆在炉捶之间耳。庸讵知夫造物者之不息我黥而补我劓，使我乘成以随先生邪？"许由曰："噫！未可知也。我为汝言其大略：吾师乎！吾师乎！䪡万物而不为义，泽及万世而不为仁，长于上古而不为老，覆载天地、刻雕众形而不为巧，此所游已。"

颜回曰："回益矣。"仲尼曰："何谓也？"曰："回忘仁义矣。"曰："可矣，犹未也。"他日复见，曰："回益矣。"曰："何谓也？"曰："回忘礼乐矣！"曰："可矣，犹未也。"他日复见，曰："回益矣！"曰："何谓也？"曰："回坐忘矣。"仲尼蹴然曰："何谓坐忘？"颜回曰："堕肢体，黜聪明，离形去知，同于大通，此谓坐忘。"仲尼曰："同则无好也，化则无常也。而果其贤乎！丘也请从而后也。"

子舆与子桑友。而霖雨十日，子舆曰："子桑殆病矣！"裹饭而往食之。至子桑之门，则若歌若哭，鼓琴曰："父邪？母邪？天乎？人乎？"有

不任其声而趋举其诗焉。子舆入,曰:"子之歌诗,何故若是?"曰:"吾思夫使我至此极者而弗得也。父母岂欲吾贫哉?天无私覆,地无私载,天地岂私贫我哉?求其为之者而不得也。然而至此极者,命也夫!"

【玄义注释】

①庸讵:何以,怎么。②谟(mó):谋划考虑。③嗌(ài)言若哇:欲言又止的样子。④颡頯(sǎng kuí):额头宽大。⑤邴(bǐng)邴:欣喜的样子。⑥滀(chù)乎:此指人的容貌和悦而有光泽。⑦悗(mèn):心不在焉。⑧呴(xǔ):张口出气。⑨撄宁:虽扰乱而安定。⑩沴(lì):错乱。此指子舆因体内阴阳之气错乱而生病。⑪蘧(qú)然:惊喜的样子。⑫愦愦:形容烦杂、烦乱的样子。

【白话翻译】

知道自然的发展规律,并且充分地了解人性,这就达到了认识的极点。知道自然的发展规律,是懂得事物皆出于自然;了解人性,就是用智慧所通晓的知识去孕育和开拓智慧所未能通晓的知识,直至寿命的尽头而不中途夭折,这恐怕就是认识的最高境界了。虽然这样,负面的问题仍然存在。人们的知识一定要依赖客观的验证才能认定是否恰当,而认识的对象却是不稳定的。怎么知道我所说的本于自然的东西不是出于人为呢,怎么知道我所说的人为的东西又不是出于自然呢?况且有了"真人"方才有真知。

什么叫做"真人"呢?古时候的"真人",不倚众凌寡,不自恃成功雄踞他人,不在小事上较真。这样的人,错过了时机不后悔,赶上了机遇不得意。这样的人,登上高处不发抖,下到水里不觉湿,进入火中不觉灼热。要达到这种境界,必须有与道相符的修养才行。

古代的真人,睡时不梦想,醒时不忧虑,饮食并不精细,呼吸则是深沉静然。真人的气息通达脚跟,普通人的气息仅存于喉咙。被人屈服的人咽在喉头的话说不出来。嗜好欲望深的人,他的天然本能就浅薄了。

古代的真人,不知道喜悦生存,不知道厌恶死亡。出生不欣喜,人死不拒绝。无拘无束地去,无拘无束地来罢了。不忘记自己从何处来,也不

追求自己的归宿。事情来了欣然承受，忘掉生死任其复返自然。这就叫做不用心智去损害道，不用人的本领去帮助自然，这就叫做真人。这样的人，心思安定，容貌寂静，额头宽大。严肃时像秋天一样冷凄，和蔼时像春天一样温暖，喜怒如同四时变化一样自然，和万物相处都适宜而不可测知他的规律。所以古代圣人使用武力，灭掉敌国却不失掉敌国的民心；利益和恩泽广施于万世，却不是为了偏爱什么人。乐于交往取悦外物的人，不是圣人；有偏爱就算不上是"仁"；伺机行事，不是贤人；不能看到利害的相通和相辅，算不上是君子；办事求名而失掉自身的本性，不是有识之士；丧失身躯却与自己的真性不符，不是能役使世人的人。像狐不偕、务光、伯夷、叔齐、箕子、胥馀、纪他、申徒狄，这样的人都是被役使，都是被安适世人的人所安适，而不是能使自己得到安适的人。

  古时候的"真人"，神情巍峨而不矜持，好像不足却又无所承受；态度安闲自然、特立超群而不执著顽固，襟怀宽阔虚空而不浮华；怡然欣喜像是格外的高兴，一举一动又像是出自不得已。容颜和悦令人喜欢接近，与人交往德性宽和让人乐于归依。气度博大像是宽广的世界。高放自得从不受什么限制，绵邈深远好像喜欢封闭自己，心不在焉的样子又好像忘记了要说的话。把刑律当做主体，把礼仪当做羽翼，用已掌握的知识去等待时机，用道德来遵循规律。把刑律当做主体的人，那么杀了人也是宽厚仁慈的；把礼仪当做羽翼的人，用礼仪的教诲在世上施行；用已掌握的知识去等待时机的人，是因为对各种事情出于不得已；用道德来遵循规律，就像是说大凡有脚的人就能够登上山丘，而人们却以为是勤于行走的人才能达到。所以真人无心好恶，喜欢和厌恶都是一样的。真人是把万物混同为

心如澄澈秋水，身如不系之舟

一的，那些同一的东西是浑一的，那些不同一的东西也是浑一的。那些同一的东西跟自然同类，那些不同一的东西跟人同类。自然与人不可能相互对立而相互超越，达到这种境界的人就叫做"真人"。

死和生，都是命中注定的；就如同昼夜交替那样永恒不息，是谁都无法改变的自然规律。人所不可能参与和干预的事，都是事物自身变化的自然属性，人们以天为生命之父，而且终身爱戴，何况深隐于事物内容的生命之"道"呢！人们总认为国君是超越自己的天之子，因而甘愿终身为国君效命，何况应引以为宗的"道"！

泉水干涸了，剩下两条鱼困在陆地上，只见它们相互依偎，大口出气互相来取得一点湿气，以唾沫相互润湿对方的身体，与其这样，它们宁愿回到江湖之中，而忘掉彼此。与其赞誉唐尧的圣明而非议夏桀的暴虐，不如把他们都忘掉而融化混同于"道"。

大地把我的形体托载，并且用生存来劳苦我，用衰老来闲适我，用死亡来安息我。所以，把生存看做是好事，也就因此而可以把死亡看做是好事。将船儿藏在大山沟里，将山藏在山谷里，可以说是十分牢靠了。然而半夜里有个大力士把它们连同山谷和河泽一块儿背着跑了，睡梦中的人们还一点儿也不知道。将小东西藏在大东西里是适宜的，不过还是会有丢失。假如把天下藏在天下里就不会丢失，这就是万物普遍的至理。人们只要获得了人的形体便十分欣喜。至于人的形体的情况，在万千变化中从不曾有过穷尽，那快乐之情难道还能够加以计算吗？所以圣人生活在各种事物都不会亡失的环境里而与大道共存亡。以少为善以老为善，以始为善以终为善，人们尚且加以效法，又何况那万物所连缀、各种变化所依托的"道"呢！

道，它是客观存在的，又是无为无形的；可以心领神会而不可以言传口授，可以感悟而不可以目见；自己为本，自己为根，没有天地之前，从古以来就存在了；是它产生了鬼神和上帝，产生了天地；它在太极之上不算高，在六极之下不算低，生于天地之前不算久，长于上古之前不算老。豨韦氏得到它，用它开辟天地；伏羲氏得到它，用以合阴阳元气；北斗星得到它，就能永远不错星位；太阳和月亮得到它，就能终始运行不息；山神堪坏得到它，用以入主昆仑；河神冯夷得到它，就能游历大河；肩吾得

庄子全编

058

到它，就能镇守泰山；黄帝得到它，就能巡游黄河大川；颛顼得到它，就能进住玄宫，成为北方之帝；禺强得到它，就能自立于北海之神；西王母得到它，就能坐守少广山上，不知道它的开始，不知道它的终了；彭祖得到它，寿数绵长上从有虞，往下活到五霸时代；傅说得到它，用以辅佐武丁，统治天下，他死后乘着东维星，骑着箕尾星，与众星并列在一起。

南伯子葵问女偊说："虽然你的年岁已高，可是面色却像小孩，这是为什么呢？"女偊回答："我得'道'了。"南伯子葵说："'道'可以学得到吗？"女偊说："不！不可以！你不是学'道'的人。卜梁倚有圣人明敏的才气却没有圣人虚淡的心境，我有圣人虚淡的心境却没有圣人明敏的才气。我想用虚淡的心境来教导他，也许他可以成为圣人吧！即使不能，把圣人虚淡的心境指导具有圣人才气的人，应是容易领悟的。我修持着，然后诱导他，持守三天后他已能遗忘天下；已经遗忘天下，我继续修持诱导，七天之后他已能遗忘万物；心灵已经不被物役，我继续修持诱导，九天之后他已能无虑于生死；已经把生死置之度外，心境便能清新明彻；心境清新明彻，而后就能感受到绝无所待的'道'了；感受到了'道'，而后就能超越古今的时限；超越古今的时限，而后便进入无所谓生、无所谓死的境界。摒除了生也就没有死，留恋于生也就不存在生。'道'之为物，无不一面有所送，无不一面有所迎；无不一面有所毁，无不一面有所成。这就叫做'撄宁'。'撄宁'的意思，就是说虽置身纷纭扰动，交争互触之地，而后才能修炼成虚寂宁静的心境。"

南伯子葵说："你从哪里听到的这些道理呢？"女偊说："我从文字那里得到的，文字是从语言那里听到的，语言又是从目见那里听到的，目见又是从耳闻那里得到的，耳闻又

是从修持那里听到的，修持又是从咏歌那里听到的，咏歌又是从静默那里听到的，静默又是从空寂那里听到的，空寂又是从疑似有始或疑似无始那里听到的。"

子祀、子舆、子犁、子来四人互相议论，说："谁能把无当做头，把生当做脊梁，把死当做尾骨；谁能认识死生存亡是一体，我们就可以同他交朋友。"四人互相看着笑了笑，默契于心，就相互交为朋友。不久，子舆得病，子祀去问候他。子舆说："伟大呵！造物者，把我的身躯变成如此拳曲的样子！"驼背而脊骨外露，五脏腧穴朝上，面颊隐藏在肚脐之下，双肩高出头顶，发髻指向天空。这是阴阳二气相克之害，可是他的心胸却十分开阔而若无其事，一瘸一拐地走到井边用井水当镜子照见自己，说："哎呀！造物者把我的身躯变成如此拳曲不伸的样子！"子祀说："你厌恶这种样子吗？"子舆说："不！我为什么要厌恶呢？假设造物者逐渐把我的左臂变成公鸡，我就用它司晨报晓；假设逐渐地造化我的右臂成为弹丸，我就用它打可以烤吃的鸮鸟；假设逐渐地造化我的尾骨成为车轮，就以精神为马，我就坐上它，我怎么还会变更驾驶别的车子呢？况且，我得到生命适时，失去生命顺应自然变化，安于时运而生处于顺应自然而死，悲哀和欢乐的情绪就不会进入胸中了。这就是古语所说的彻底地解脱了。而不能自己解脱的人，是因为有外物的束缚。况且，万物不能胜天很久了，我为什么要厌恶呢？"

不久，子来病了，呼吸急促，将要死了，他的妻子儿女围绕他哭泣。子犁前往问候他，对子来的妻子儿女说："去吧！走开！不要惊动将要死亡的人！"倚着门户对子来说："伟大呀，造物者！它将把你变成什么呢？将把你送到什么地方去呢？要把你变成老鼠肝吗？还是要把你变成虫子的臂膀？"子来说："子女对父母，不管东西南北，只有唯命是从。人对阴阳的自然，何止于子女对父母。造化者要我死而我不听，我就是违逆不顺，它有什么罪过呢？大自然给我形体，用生使我操劳，用老使我安逸，用死使我安息。因而把我生当成好事的，也就是把我死当成好事。犹如铁匠铸造一个金属器物，金属跳起来说：'一定要把我铸成莫邪宝剑！'铁匠必定以为是不吉祥的金属。现在一旦成了人的形状，就说：'成人了！成人了！'造物者必定以为是不吉祥的人。现在如果把天地当做大熔炉，把造化当做大铁匠，天地万物俱在造物者的钧陶之中，何往而不可呢！"子来既是安详地睡去，又是自得地醒来。

子桑户、孟子反、子琴张三个人在一起谈论说："谁能够不用心计地结交朋友？谁能够不露声色地帮助别人？谁能够让精神超然于物外，遨游于太虚之境，忘记生命，无视死亡？"三人说罢相视而笑，内心相通，于是结交为朋友。

没过多久，子桑户死了，还没有埋葬。孔子听说了这件事，叫子贡前去处理丧事。子贡去子桑户家时，听到一人在编挽歌，一人在弹琴，两人合唱道："哎呀桑户啊！哎呀桑户啊！如今你已经返归本真，而我们还得寄生于人间啊！"子贡快步走进屋里，说："请问你们在子桑户的尸体旁唱歌，这符合礼仪吗？"那二人相视而笑，说："这里怎会有人懂得礼仪的含义呢？"

子贡回来后，把所见所闻告诉了孔子，说道："他们是什么样的人呢？不用礼仪修行自己，而将形骸置之度外，他们还在尸体旁唱歌，面无哀色，真是说不清楚。他们到底是什么样的人呢？"孔子说："他们是超脱于尘世之外的人，而我孔丘则是个生活于尘世之中的人。尘世之外和尘世之内是两个毫不相干的世界，而我竟然叫你去吊唁，实在是我的浅陋啊！他们正在与造物主结友为伴，遨游于天地之中，他们把生命视为身上的毒瘤赘肉，把死亡视为身上的脓包烂疮。像这样的人，怎么会知道死生先后之分呢？他们凭借着万物的精华，聚合成为一个形体；他们忘记了体内肝胆，也忘记了体外的耳目；让生死在自然变化中周而复始，不去追究它们之间的分界；他们安闲地神游于尘世之外，超然地逍遥于无欲之境。他们又怎能被世俗的礼仪搞得烦乱不安，而让众人来观看听闻？"

子贡问："那先生依从的是哪一方呢？"孔子说："我生活于尘世之中受制于礼教束缚，是要遭到自然天道惩罚的人。虽然这样说，我与你还是要共同追求方外之道。"子贡问："请问用什么方法呢？"孔子说："鱼渴望水，人企盼道。渴望水的鱼，挖个池塘来供养；企盼道的人，不为俗事所困内心才得安定。所以说，鱼在水中就能安适自在，人在道中就能逍遥忘怀。"子贡问："请问什么是畸人呢？"孔子回答："所谓'畸人'就是不同于世俗而又顺合于自然的人。所以说，自然的小人，就是人世间的君子；人世间的君子，就是自然的小人。"

颜回请教孔子说："孟孙才这个人，他的母亲死了，哭泣时没有一滴眼泪，心中不觉悲伤，居丧时也不哀痛。这三个方面没有任何悲哀的表现，可是却因善于处理丧事而名扬鲁国。难道真会有无其实而有其名的情况吗？我实在觉得奇怪。"

孔子说："孟孙才处理丧事的做法确实是尽善尽美了，大大超过了懂得丧葬礼仪的人。人们总希望从简治丧却不能办到，而孟孙才已经做到从简办理丧事了。孟孙才不过问人因为什么而生，也不去探寻人因为什么而死；不知道趋赴生，也不知道靠拢死。他顺应自然的变化而成为他应该变成的物类，以期待那些自己所不知晓的变化！况且即将出现变化，怎么知道不变化呢？即将不再发生变化，又怎么知道已经有了变化呢！只有我和你呀，才是做梦似的没有一点儿觉醒的人呢！那些死去了的人惊扰了自身形骸却无损于他们的精神，犹如精神的寓所朝夕改变却并不是精神的真正死

亡。唯独孟孙才觉醒，人们哭他也跟着哭，这就是他如此居丧的原因。况且人们交往总借助形骸而称述自我，又怎么知道我所称述的躯体一定就是我呢？而且你梦中变成鸟便振翅直飞蓝天，你梦中变成鱼便摇尾潜入深渊。不知道今天我们说话的人，算是醒悟的人呢，还是做梦的人呢？心境快适却来不及笑出声音，表露快意发出笑声却来不及排解和消泄，只有听任自然的安排而且忘却死亡的变化，于是就进入到寂寥虚空的自然而浑然成为一体。"

　　意而子去见许由。许由说："尧给你什么指教呢？"意而子说："尧教导我，'你必须身体力行仁义而明辨是非'。"许由说："你为什么到这里来呢？尧既然像黥刑一样施以仁义，像劓刑一样施以是非，你怎么能遨游于逍遥放荡、无拘无束的变化境界呢？"意而子说："虽然如此，我还是愿意遨游于大道的门墙。"许由说："不是这样，蒙眼的人无法辨别眉目颜面的好坏，瞎子无法观赏衣服上绣的华丽花纹。"意而子说："美人无庄忘掉了自己的美貌，大力士据梁忘掉了自己的力气，黄帝忘掉了自己的智慧，都在造物者的一炉一锤的掌控之下。你怎么能知道造物者不会长我黥刑的皮肉，补我劓刑的鼻子，使我载有完整的形体跟随先生呢？"许由说："唉！这是无法知道的。我给你说说它的大概吧：我的大宗师呵！我的大宗师呵！调和万物却不以为义，恩泽于万代却不以为仁，生在上古却不算老，覆天载地雕刻万物的形状也不算巧，这就是大宗师所达到的游心境界。"

　　颜回说："我的修养和境界得到进一步提升了。"孔子问道："此话怎讲？"颜回说："我已经忘却仁义了。"孔子说："好哇，不过还不够。"过了几天颜回再次拜见孔子，说："我又进步了。"孔子问："你的进步指的是什么？"颜回说："我忘却礼乐了。"孔子说："好哇，不过还不够。"过了几天颜回又再次拜见孔子，说："我又进步了。"孔子问："你的进步指的是什么？"颜回说："我'坐忘'了"。孔子惊奇不安地问："什么叫'坐忘'？"颜回答道："忘却强健的肢体，退除了灵敏的听觉和清晰的视力，脱离了身躯并抛弃了智慧的束缚，从而与大道混同相通为一体，这就叫静坐心空物我两忘的'坐忘'。"孔子说："与万物同一就没有偏好，顺应变化就不滞常理。你果真成了贤人啊！我作为老师也希望能跟随学习而追随你的身后。"

子舆和子桑结为朋友。一连下了十天大雨，子舆说："子桑大概饿坏了吧！"于是包了饭前往子桑住处给他吃。到子桑的门口，就听到子桑好像在唱歌，又好像在啼哭，弹着琴唱道："父亲啊！母亲啊！天啊！人啊！"声音衰弱而又急促地念着自己的诗。子舆进去，说："你唱歌念诗，为什么这样？"子桑说："我在思索使我达到如此贫困地步的是谁而得不到答案。难道父母让我贫困吗？天无偏私覆盖着，地无偏私负载着，难道天地的偏私让我贫困吗？探求造成这种情况的原因而得不到答案。然而我达到这种绝境，是命运吧！"

【义理评析】

"大宗师"意即最值得敬仰的老师。在这里，庄子指出，道是天地间的最高法则，万物皆应效法。因此，这里的"大宗师"实指"道"。

本文前半部分主要讲述了庄子顺"道"而行的思想。即我们应该善待环境，同时摒弃自以为能够对自然为所欲为的科技迷信以及对人自身的盲目崇拜。这样才会"得之者生，顺之者成"。

在后半部分，庄子论述了"道"和"命"之间的关系，认为唯有了悟生死才能真正体悟到"道"的境界。于此，庄子强调，生与死对于个体而言只是一个符号，更重要的意义在于整个过程。受到这种人生无常的哲学思想熏陶之后，人们就会理解心平气和是悟道的表现，也就能够平心应物地生活下去。

应帝王第七

【原典欣赏】

啮缺问于王倪，四问而四不知。啮缺因跃而大喜，行以告蒲衣子。蒲衣子曰："而乃今知之乎？有虞氏不及泰氏。有虞氏其犹藏仁以要人，亦得人矣，而未始出于非人。泰氏其卧徐徐，其觉于于；一以己为马，一以己为牛；其知情信，其德甚真，而未始入于非人。"

肩吾见狂接舆。狂接舆曰："日中始何以语女？"肩吾曰："告我：君人者以己出经式义度，人孰敢不听而化诸？"狂接舆曰："是欺德也。其于治天下也，犹涉海凿河，而使蚊负山也。夫圣人之治也，治外乎？正而后行，确乎能其事者而已矣。且鸟高飞以避矰弋之害①，鼹鼠深穴乎神丘之下以避熏凿之患②，而曾二虫之无知？"

天根游于殷阳，至蓼水之上③，适遭无名人而问焉，曰："请问为天下。"无名人曰："去！汝鄙人也，何问之不豫也！予方将与造物者为人，厌则又乘夫莽眇之鸟，以出六极之外，而游无何有之乡，以处圹埌之野④。汝又何帠以治天下感予之心为？"又复问，无名人曰："汝游心于淡，合气于漠，顺物自然而无容私焉，而天下治矣。"

阳子居见老聃，曰："有人于此，向疾强梁，物彻疏明，学道不倦。如是者，可比明王乎？"老聃曰："是于圣人也，胥易技系，劳形怵心者也。且也虎豹之文来田，猨狙之便、执狸之狗来藉。如是者，可比明王乎？"阳子居蹴然曰⑤："敢问明王之治。"老聃曰："明王之治：功盖天下而似不自己，化贷万物而民弗恃；有莫举名，使物自喜；立乎不测，而游于无有者也。"

郑有神巫曰季咸，知人之死生、存亡、祸福、寿夭，期以岁月旬日，若神。郑人见之，皆弃而走。列子见之而心醉，归，以告壶子，曰："始吾以夫子之道为至矣，则又有至焉者矣。"壶子曰："吾与汝既其文，未既其实，而固得道与？众雌而无雄，而又奚卵焉？而以道与世亢，必信，夫故使人得而相汝。尝试与来，以予示之。"

明日，列子与之见壶子。出，而谓列子曰："嘻！子之先生死矣！弗活矣！不以旬数矣！吾见怪焉，见湿灰焉。"列子入，泣涕沾襟以告壶子。壶子曰："乡吾示之以地文，萌乎不震不止。是殆见吾杜德机也。尝又与来。"

明日，又与之见壶子。出，而谓列子曰："幸矣，子之先生遇我也。有瘳矣⑥，全然有生矣，吾见其杜权矣。"列子入，以告壶子。壶子曰："乡吾示之以天壤，名实不入，而机发于踵。是殆见吾善者机也。尝又与来。"

明日，又与之见壶子。出，而谓列子曰："子之先生不齐，吾无得而相焉。试齐，且复相之。"列子入，以告壶子。壶子曰："乡吾示之以太冲莫胜，是殆见吾衡气机也。鲵桓之审为渊，止水之审为渊，流水之审为渊。渊有九名，此处三焉。尝又与来。"

明日，又与之见壶子。立未定，自失而走。壶子曰："追之！"列子追之不及。反，以报壶子曰："已灭矣，已失矣，吾弗及已。"壶子曰："乡吾示之以未始出吾宗。吾与之虚而委蛇，不知其谁何，因以为弟靡，因以为波流，故逃也。"

然后列子自以为未始学而归。三年不出，为其妻爨⑦，食豕如食人。于事无与亲，雕琢复朴，块然独以其形立。纷而封哉，一以是终。

无为名尸，无为谋府，无为事任，无为知主。体尽无穷，而游无朕。尽其所受乎天，而无见得，亦虚而已。至人之用心若镜，不将不迎，应而不藏，故能胜物而不伤。

南海之帝为儵⑧，北海之帝为忽，中央之帝为浑沌。儵与忽时相与遇于浑沌之地，浑沌待之甚善。儵与忽谋报浑沌之德，曰："人皆有七窍以视听食息，此独无有，尝试凿之。"日凿一窍，七日而浑沌死。

【玄义注释】

①矰（zēng）弋：捕鸟的工具。矰，鸟网。弋，带有丝绳射鸟的短箭。②鼷（xī）鼠：小老鼠。③蓼水：虚拟的河流名字。④圹（kuàng）埌（làng）：无边无际的样子。⑤蹴：惊恐的样子。⑥瘳（chōu）：病愈，这里指病兆大大减轻。⑦爨（cuàn）：烧火行炊。⑧儵（shū）：虚构的天神。

【白话翻译】

啮缺向王倪请教，连问四个问题，王倪都说"不知道"。于是啮缺高兴得一跃而起，跑去将此事告诉给了蒲衣子。蒲衣子说："你现在终于知道啦？虞舜是比不上伏羲氏的。虞舜心怀仁义以笼络人心，这样做虽然也赢得了百姓的拥护，但是他仍旧没有能摆脱外物——仁义的牵累。而伏羲氏睡时宽缓安适，醒后悠然闲得，能容忍他被别人看做马牛。他的心智真实无伪，他的品德纯真可信，因此从未受到外物的牵累。"

肩吾见到狂接舆。狂接舆说："往日你的老师日中始都教导你些什么？"肩吾说："他告诉我：统治臣民的人要根据自己的意志去制定各种法规制度，臣民谁敢不听从而归从呢？"狂接舆说："这是欺诳的做法。他通过这种手段来治理天下，就如同在海里开凿河道，使蚊子背山一样不合情理。圣人治理天下，岂是凭借那些外在的法规制度来迫使百姓就范的吗？圣人首先是端正了自己而后才去推行教化，使人们做一些力所能及的事情而已。况且鸟高飞以逃避罗网弓箭的祸患，小鼠在神坛的下面打深洞以避免烟熏和挖掘的祸患，而你能说鸟和鼠是无知的吗？"

天根闲游殷山的南面，来到蓼水河边，刚好遇到了无名人，于是请教他说："请问治理天下的办法。"无名人说："走开，你这个见识浅薄的人，为何要问这种让人不愉快的事情！我正准备与造物者结伴而行，厌烦时便又乘坐那状如飞鸟的清虚之气，超脱于人世之外，而生活在什么也不存在的地方，居处于旷达无垠的环境。你又怎么能用梦呓般的所谓治理天下的话语来撼动我的心思呢？"天根又再次提问。无名人说："你要秉持本性、清静无为，顺应事物的自然本性而没有半点儿个人的偏私，那么天下也就可以安定了。"

心如澄澈秋水，身如不系之舟

阳子居拜见老聃，说："倘若现在有这样一个人，他办事迅疾敏捷、强干果决，对待事物洞察准确、了解透彻，学'道'专心勤奋从不厌怠。像这样的人，可以跟圣明之王相比吗？"老聃说："这样的人在圣人看来，不过就像有才智的小吏，被自己的技艺职守所困，终身劳其形体，担惊受怕罢了。况且像虎豹由于皮有花纹而招来捕猎，猕猴由于灵便、猎狗由于会捉狐狸而被人拴住。像这样的情况，能够和圣明之王相比拟吗？"阳子居惭愧地说："请问圣明之王是怎么治理天下的？"老聃说："圣明之王治理天下，功盖天下而不归功于自己，教化施及万物而人民却不觉得有所依赖，他虽有功德却不能用名称说出来，他使万物各得其所，而自己立于高深莫测的地位，游于虚无缥缈的境界。"

郑国有个占卜识相十分灵验的巫师，名叫季咸，他能够预测人的生死存亡和祸福寿夭，所预卜的年、月、旬、日都准确应验，仿佛是神人。郑国人见到他，都害怕知道自己的死亡和凶祸而急忙跑开。列子见到他却内心折服如醉如痴，回来后把见到的情况告诉老师壶子，说："起先我总以为先生的道行最为高深，如今又有更为高深的巫术了。"壶子说："我教给你的还全是道的外在的东西，还未能教给你道的实质，你难道认为自己已经得道了吗？就像有众多的雌性鸟可是却无雄性鸟，又怎么能生出受精的卵呢？你用所学到的道的皮毛就跟世人相匹敌，而且一心求取别人的认可，因而让人洞察底细而替你看相。你试着跟他一块儿来，让他给我看看相吧。"

第二天，列子跟神巫季咸一道拜见壶子。季咸出来后，对列子说："呀！你的先生快要死了！活不了了，过不了十来天了！我观察到他临死前的怪异形色，神情像遇水的灰烬一样毫无生机。"列子进到屋里，泪水弄湿了衣襟，伤心地把季咸的话告诉给壶子。壶子说："刚才我将如同地表那样寂然不动的心境显露给他看，茫茫然既没有震动也没有止息。这样恐怕只能看到我闭塞的生机。试试再让他来看看。"

第三天，列子又跟神巫季咸一道拜见壶子。季咸走出门来后，对列子说："幸运啊，你的先生遇上了我！病情有所好转，完全有救了，我已经观察到闭塞的生机中神气微动的情况。"列子进到屋里，把季咸的话告诉了壶子。壶子说："刚才我将天与地那样相对而又相应的心态显露给他看，名声和实利等一切杂念都排除在外，而生机从脚跟发至全身。这样恐怕他已看到了我的一线生机。试着再跟他一块儿来看看。"

第四天，列子又跟神巫季咸一道拜见壶子。季咸走出门后，对列子说："你的先生心迹不定，神情恍惚，我无法给他看相。等到他心迹稳定，再来给他看相。"列子进到屋里，把季咸的话告诉了壶子。壶子说："刚才我把阴阳二气均衡而又和谐的心态显露给他看。这样他恐怕看到了我内气持平、相应相称的生机。大鱼盘桓逗留的地方叫做深渊，静止的河水聚积的地方叫做深渊，流动的河水滞留的地方叫做深渊。渊有九种称呼，这里只提到了上面三种。试着再跟他一块儿来看看。"

第五天，列子又和季咸一起来见壶子。季咸脚跟还没站稳，就自行逃跑了。壶子对列子说："追赶他！"列子没追上，返回来，把情况告诉给壶子，说："已经没影了，跑掉了，我也追不上了。"壶子说："刚才我展示的是万象虚空，还没表现出根本的大道来。我跟他随顺应变，使他不了解我究竟是什么样的人，随顺外物的变化而变化，好像随波逐流一样，所以他逃跑了。"

从此以后，列子才认识到自己什么也没有学到，便回家了，三年不出家门。给他的妻子烧火做饭，喂猪如同侍奉人一样，对事物无亲无疏，扬弃浮华，返回质朴，安然地把自己的形体立于世间，在纷繁的事物中不失去自己的常态，终身如此而已。

不要成为名誉的寄托，不要成为谋略的场所，不要成为世事的负担，不要成为智慧的主宰。深刻体会无穷无尽的大道境界，逍遥自在，游于无物之初。任其所能秉承自然，从不表露也从不自得，也就心境清虚淡泊而无所求罢了。修养高尚的圣人心思就像一面镜子，对于外物是来者即照去者不留，迎合事物本身从不有所隐藏，所以能够反映外物而又不因此损心劳神。

南海的帝王叫儵，北海的帝王叫忽，中央的帝王叫浑沌。儵和忽时常在浑沌的地方见面，浑沌特别好地款待他们。儵和忽共同商量报答浑沌的美德，说："人人都有眼耳口鼻七个孔窍，用以看、听、吃喝、呼吸，唯独浑沌没有，我们尝试着给他开凿出七个孔窍吧。"于是他们每天给浑沌开凿出一个孔窍，可谁知凿到第七天浑沌就死了。

【义理评析】

本篇主要探讨帝王如何治理天下的问题。在庄子看来,天下想要得到很好的治理,最关键的在于顺应天道,无为而治;顺乎民情,行不言之教。

其实,帝王治理天下也好,为人处世也罢,其本质都是相通的,就是必须遵道而行。

外篇

骈拇第八

【原典欣赏】

骈拇枝指出乎性哉①，而侈于德；附赘县疣出乎形哉②，而侈于性；多方乎仁义而用之者，列于五藏哉，而非道德之正也。是故骈于足者，连无用之肉也；枝于手者，树无用之指也；骈枝于五藏之情者，淫僻于仁义之行，而多方于聪明之用也。

是故骈于明者，乱五色，淫文章，青黄黼黻之煌煌非乎？而离朱是已！多于聪者，乱五声，淫六律，金石丝竹黄钟大吕之声非乎？而师旷是已！枝于仁者，擢德塞性以收名声③，使天下簧鼓以奉不及之法非乎？而曾、史是已！骈于辩者，累瓦结绳窜句，游心于坚白同异之间，而敝跬誉无用之言非乎？而杨、墨是已！故此皆多骈旁枝之道，非天下之至正也。

彼至正者，不失其性命之情。故合者不为骈，而枝者不为歧；长者不为有馀，短者不为不足。是故凫胫虽短，续之则忧；鹤胫虽长，断之则悲。故性长非所断，性短非所续，无所去忧也。意仁义其非人情乎！彼仁人何其多忧也？

且夫骈于拇者，决之则泣；枝于手者，龁之则啼。二者，或有余于数，或不足于数，其于忧一也。今世之仁人，蒿目而忧世之患；不仁之人，决性命之情而饕贵富。故曰仁义其非人情乎！自三代以下者，天下何其嚣嚣也！

且夫待钩绳规矩而正者，是削其性者也；待绳约胶漆而固者，是侵其德者也；屈折礼乐，呴俞仁义，以慰天下之心者，此失其常然也。天下有常然。常然者，曲者不以钩，直者不以绳，圆者不以规，方者不以矩，附离不以胶漆，约束不以缪索④。故天下诱然皆生，而不知其所以生；同焉皆得，而不知其所以得。故古今不二，不可亏也。则仁义又奚连连如胶漆缪索而游乎道德之间为哉！使天下惑也！

夫小惑易方，大惑易性。何以知其然邪？自虞氏招仁义以挠天下也，天下莫不奔命于仁义。是非以仁义易其性与？故尝试论之：自三代以下者，天下莫不以物易其性矣。小人则以身殉利，士则以身殉名，大夫则以身殉家，圣人则以身殉天下。故此数子者，事业不同，名声异号，其于伤性以身为殉，一也。

臧与谷二人，相与牧羊而俱亡其羊。问臧奚事，则挟策读书；问谷奚事，则博塞以游。二人者，事业不同，其于亡羊均也。伯夷死名于首阳之下，盗跖死利于东陵之上。二人者，所死不同，其于残生伤性均也。奚必伯夷之是而盗跖之非乎？天下尽殉也，彼其所殉仁义也，则俗谓之君子；其所殉货财也，则俗谓之小人。其殉一也，则有君子焉，有小人焉；若其残生损性，则盗跖亦伯夷已，又恶取君子小人于其间哉？

且夫属其性乎仁义者，虽通如曾、史，非吾所谓臧也；属其性于五味，虽通如俞儿，非吾所谓臧也；属其性乎五声，虽通如师旷，非吾所谓聪也；属其性乎五色，虽通如离朱，非吾所谓明也。吾所谓臧者，非仁义之谓也，臧于其德而已矣；吾所谓臧者，非仁义之谓也，任其性命之情而已矣；吾所谓聪者，非谓其闻彼也，自闻而已矣；吾所谓明者，非谓其见彼也，自见而已矣。夫不自见而见彼，不自得而得彼者，是得人之得而不自得其得者也，适人之适而不自适其适者也。夫适人之适而不自适其适，虽盗跖与伯夷，是同为淫僻也。余愧乎道德，是以上不敢为仁义之操，而下不敢为淫僻之行也。

【玄义注释】

①骈（pián）：并列，此指合在一起。骈拇：指足大趾与二趾长在一起，合为一趾。枝指：多出的手指。②附赘悬疣：身体上肉瘤之类的多余之物。③擢德塞性：拔高扩充其德行而蔽塞自然本性。④纆（mò）：绳索。

【白话翻译】

并生的脚趾和旁生的手指，都超出了人的本来模样，多于应有的形体；附着于人体的赘瘤，超出了人天然的本体，多于人的本来面目；采用多种方法推行仁义，强加在身体不可或缺的五脏之上，看似道貌岸然，却不是道德的本来面目。因此，脚趾并生的，是连接了一块无用之肉；手上歧生的，只是长了一根无用的手指；各种并生、歧生的多余的东西对于人天生的品性和欲念来说，好比迷乱而又错误地推行仁义，这是多方地滥用了聪明。

超出本体的"多余"对于一个视觉明晰的人来说，是搞乱了五色，混淆了文采，绣制出青黄相间的华丽服饰而炫人眼目不就是如此吗？而离朱正是这类人的代表！超出本体的"多余"对于听觉灵敏的人来说，是搞乱了五音、混淆了六律，用金、石、丝、竹、黄钟、大吕制成的各种乐声令人沉迷不就是如此吗？而师旷正是这类人的代表！超出本体的"多余"对于倡导仁义的人来说，是矫擢道德、闭塞真性来捞取名声，使天下的人们争相鼓噪信守不可能做到的礼法不就是如此吗？而曾参和史鳅正是这类人的代表！超出本体的"多余"对于善于言

辞的人来说，是堆砌辞藻、穿凿文句，将心思驰骋于"坚白"诡辩的是非之中，而艰难疲惫地罗列无数废话去追求短暂的声誉不就是如此吗？而杨朱和墨翟正是这类人的代表！因此说，这些都是多余的，矫造而成的不正之法，绝不是天下的至理和正道。

那些合乎自然之理的事物，不会违背真实的本性。所以自然并生于一体的不算是无用的连接，旁生的手指不算是多余，长的不算有余，短的不算不足。因此野鸭的腿虽然短，但为它续上一段就会成为忧患；鹤的腿虽然长，将其截去一段就会带来痛苦。因此，本性该长的，不去截短它；本性该短的，不去续长它，各任其自然则无忧愁需要去掉。噫，仁义也许不合乎人之本性吧！那些仁人为什么有那么多忧愁呢？

再说，脚趾并生在一起的，切开就要悲泣；手上长出六指的，咬断它就会让人啼哭。上述两种情形，有的是手指多于众人之数目，有的是脚趾不足于众人之数目，无论有余还是不足，由此引起的忧愁却是一致的。当今世上之仁人，高瞻远瞩而忧世人之祸患；不仁的人，溃乱遗弃真实本性而刻意贪求富贵。因此仔细想一想，莫非仁义不合乎人之本性？否则，自从夏、商、周提倡仁义以来，天下为什么会因为这些而喧闹不已呢！

依靠钩绳规矩来使物归于正，这就削损毁坏了物之本性；依靠绳索胶漆强使物固定，是侵夺了物之自然本性。曲身折体以行礼乐，宣扬仁义的合理性，用来慰藉天下人之心，这就失掉了固有不变的自然本性。天下之物各有其自然本性。所谓自然本性，就是弯曲的不靠钩来矫正，直的不靠绳，圆的不靠规，方的不靠矩，黏合在一起不靠胶漆，约束起来不靠绳索。所以，天下之物都是自然而然生出，却不知因何而生；同样都获得各自本性，又不知怎样得到的。因此，古今之理都是同一的，不可使其亏缺，然而仁义又何以连续不断如胶漆绳索般缠绕于道德之间呢！这真使天下人大惑不解呀！

小的迷惑会使人迷失方向，大的迷惑会使人改变本性。为什么说会造成这样的后果呢？自从虞舜推行仁义以主宰天下，世人皆为行仁义之道而疲于奔命，这岂不是用仁义来改变自然本性吗？现在姑且议论一下：自夏商周三代以来，天下没有不用外物来改变自然本性的。小人为利而丢掉性命，士人为求名而丢掉性命，大夫为家族兴旺而丢掉性命，圣人为天下而丢掉性命。这几种人，功业不同，名声各异，但他们为求所得丢掉性命而损伤本性，这一点是一样的。男仆和童仆一起放羊，都把羊弄丢了。问男仆当时在做什么，男仆说在执卷读书；问童仆当时在做什么，童仆说在玩掷骰子的游戏。这两个人，做着不同的事，可是他们同样弄丢了羊。伯夷在首阳山下为名而死，盗跖在东陵之上为利而亡，这两个人，死因不同，但却同样地丢了性命，伤了本性。何必去评说伯夷的对和盗跖的错呢？天下人都在丢弃性命，为仁义而死的，被世俗称为君子；为财物而死的，被世俗称为小人。他们的死是一样的，而有的是君子，有的是小人；就丢掉性命损伤本性来看，盗跖和伯夷是一样的，又怎么会有君子和小人之分呢？

改变自己的天性去追求仁义，即使如同曾参和史䲡那样精通，也不是我所认为的完美；改变自己的天性去探究甜、酸、苦、辣、咸五味，即使如同俞儿那样精通，也不是我所认为的完善；改变自己的天性去研习宫、商、角、徵、羽五声，即使如同师旷那样通晓音律，也不是我所认为的聪敏；改变自己的天性去探究赤、黄、青、白、黑五色，即使如同离朱那样通晓色彩，也不是我所认为的视觉敏锐。我所说的完美，绝非仁义之类的东西，而是妥善地保护好自己的天性罢了；我所说的完善，绝不是所谓的仁义，而是放任天性、保持真情罢了。我所说的聪敏，不是说能听到身外的什么声音，而是指能够内审自己罢了。我所说的视觉敏锐，不是说能看见身外的什么颜色，而是指能够看清自己罢了。不能看清自己而只能看清别人，不能安于自得而向别人索求的人，这就是索求别人之所得而不能安于自己所应得的人，也就是贪图达到别人所达到而不能安于自己所应达到的境界的人。贪图达到别人所达到而不安于自己所应达到的境界，无论盗跖与伯夷，都同样是过分和偏颇的。我有愧于宇宙万物本体的认识和事物变化规律的理解，所以就上一层说我不能奉行仁义的节操，就下一层说我不愿从事过分和偏颇的行径。

【义理评析】

本篇提倡顺性无为、因任自然的思想，反对以仁义等人为的枷锁去破坏人的天性。

全篇分四个层次：先讲仁义对人性来说如同骈拇枝指、附赘悬疣一样，不仅是多余的，而且是有害的，会迷乱本性。其次讲对合于性命之正的东西不要妄加干预，如果随意加以改变，就会破坏其自然本性，造成灾祸，仁义对人自然性情的约束，后果即是如此。第三，由于人的本性为仁义所改变，人们为义利相争不已，致使社会动乱不止。最后，摈弃仁义智辩，回复自然本性，就能止息纷争和罪恶。

本篇内容发挥了老子自然无为、返朴归真的思想。

马蹄第九

【原典欣赏】

马，蹄可以践霜雪，毛可以御风寒。龁草饮水①，翘足而陆，此马之真性也。虽有义台、路寝，无所用之。及至伯乐，曰："我善治马。"烧之，剔之，刻之，雒之。连之以羁馽②，编之以皁栈，马之死者十二三矣！饥之，渴之，驰之，骤之，整之，齐之，前有橛饰之患，而后有鞭筴之威，而马之死者已过半矣！陶者曰："我善治埴。圆者中规，方者中矩。"匠人曰："我善治木。曲者中钩，直者应绳。"夫埴木之性，岂欲中规矩钩绳哉？然且世世称之曰："伯乐善治马，而陶匠善治埴木。"此亦治天下者之过也。

吾意善治天下者不然。彼民有常性，织而衣，耕而食，是谓同德。一而不党，命曰天放。故至德之世，其行填填，其视颠颠。当是时也，山无蹊隧，泽无舟梁；万物群生，连属其乡；禽兽成群，草木遂长。是故禽兽可系羁而游，鸟鹊之巢可攀援而窥。夫至德之世，同与禽兽居，族与万物并，恶乎知君子小人哉？同乎无知，其德不离；同乎无欲，是谓素朴。素朴而民性得矣。

及至圣人，蹩躠为仁③，踶跂为义④，而天下始疑矣；澶漫为乐⑤，摘僻为礼，而天下始分矣。故纯朴不残，孰为牺尊！白玉不毁，孰为珪璋！

道德不废，安取仁义！性情不离，安用礼乐！五色不乱，孰为文采！五声不乱，孰应六律！夫残朴以为器，工匠之罪也；毁道德以为仁义，圣人之过也。

夫马，陆居则食草饮水，喜则交颈相靡，怒则分背相踶，马知已此矣。夫加之以衡扼，齐之以月题，而马知介倪、闉扼、鸷曼、诡衔、窃辔⑥。故马之知而态至盗者，伯乐之罪也。夫赫胥氏之时，民居不知所为，行不知所之，含哺而熙，鼓腹而游，民能以此矣。及至圣人，屈折礼乐以匡天下之形，县跂仁义以慰天下之心，而民乃始踶跂好知，争归于利，不可止也。此亦圣人之过也。

【玄义注释】

①龁：咬。②羁馽（jī zhí）：马络头和绊马足的绳索。③蟄蟄：形容勉力行走的样子。④踶跂：足跟上提、竭力向上的样子。⑤澶（dàn）漫：尽力的样子。⑥窃辔：偷偷地挣脱马笼头。

【白话翻译】

马这种动物，其四蹄可以践踏霜雪，其皮毛可以抵御风寒。饿了食草，渴了饮水，兴起时扬蹄在旷野上自由狂奔，这便是马的天性。即使有高台大室，对于马而言没有任何价值。然而当伯乐出世，他说："我善于驯马。"于是用烙铁打上印记，修剪马鬃，凿削蹄甲，戴上笼头。又用缰头和绊绳拴锁，用马槽和马棚来编排约束，如此一来，马就死掉十分之二三了！为了训练它们，使其忍受饥饿、经受干渴，同时还对它们快速驱驰，让它们急骤奔跑，让它们步伐整齐，让它们行动划一，前有马嚼子和马辔装饰的牵制，后有皮鞭和竹条的威逼，如此一来，马已经死去了一大半！制陶工匠说："我善于陶艺。用黏土制成的器具，圆的合乎圆规的标准，方的应于角尺的规范。"木匠说："我善于制作木器。用木材制成的器皿，弯曲的线条合于钩弧的要求，笔直的棱角与墨线吻合。"黏土和木材的本性，难道就是为了迎合圆规、角尺、钩弧、墨线吗？虽然如此，人们世世代代仍然称赞他们说："伯乐通晓马的本性，善于识马，而陶匠、木匠善于整治黏土和木材。"这也是治理天下之人的过错啊！

在我看来，善于治理天下之人便不会如此。人民有自己的天性，织布而后穿衣，耕种而后吃饭，这便是人类所共有的天性。人们的思想和行为浑然一体没有一点儿偏私，这就叫做任其自然。因此在人类天性保持得最完美的时代，人们的行动总是那么持重自然，人们的目光又是那么专一而无所顾盼。

在这样一个年代里，山中不曾有路径通道，水上不曾有船只桥梁；各种物类共同生活，居处彼此相连；飞禽走兽成群结队，青草绿树自由生长。所以飞禽走兽可以用绳子牵引着游玩，鸟鹊的巢窠可以攀登上去探望。在这样一个年代里，人类与禽兽同居，跟各种物类相互聚合并存，哪里知道什么君子、小人呢？大家都不用智巧，因此人的天性也没有丧失；大家都没有私欲，这就叫做纯真朴实。人人都纯真朴实，也就能够永葆人的自然本性了。

等到圣人出现之后，殚精竭虑地去推行仁，不遗余力地去达到义，而天下从此开始产生种种猜疑迷惑；纵情欢乐，讲究繁琐的礼仪，而天下由此开始产生尊卑贵贱种种区分。因此说，天然的木料不被剖开，哪里来的酒器！白玉不被毁坏，哪里来的玉器！大道不被废弃，哪里用得着仁义呢！自然本性不离失，哪里用得着礼乐呢！五色不相混相间，哪里来的图案花纹！五声不打乱重组，哪里来的与六律相应的乐曲！毁坏天然木料用以造成器具，是工匠的罪过；毁坏道德以推行仁义，这是圣人的罪过。

马在陆地上生活，吃草饮水，高兴时就互相依偎，彼此摩擦脖子，生气时，背对而立，相互踢踏。马的智慧仅此而已了。等到加上了衡木颈轭，把配着月牙形佩饰的辔头戴在它头上，马就懂得了抗拒轭木，暴戾不驯，或诡谲地吐出嘴里的勒口，或偷偷地脱掉头上的马缰。所以，马的智巧竟能做出与人对抗的态度，这完全是伯乐的罪过。在上古帝王赫胥氏的时代，人们习惯随意，不知道做些什么，走动也没有一定目标，口里含着食物嬉戏，鼓着吃饱的肚子游玩，人们所能做的就只是这样了。等到圣人出现，矫造礼乐来匡正天下百姓的形象，标榜不可企及的仁义来慰藉天下百姓的心，于是人们便开始崇尚智巧，争先恐后地去争名夺利，而一发不可收拾。这也是圣人的罪过啊！

【义理评析】

本篇表现了庄子反对束缚和羁绊，提倡一切返归自然的政治主张。在庄子的眼里，当世社会的纷争动乱都源于所谓圣人的"治"，因而他主张摒弃仁义和礼乐，取消一切束缚和羁绊，让社会和事物都回到它的自然和本性上去。文章对于仁义、礼乐的虚伪性、蒙蔽性进行了深刻的剖析。

胠箧第十

【原典欣赏】

将为胠箧、探囊、发匮之盗而为守备①，则必摄缄縢②，固扃鐍③，此世俗之所谓知也。然而巨盗至，则负匮、揭箧、担囊而趋，唯恐缄縢扃鐍之不固也。然则乡之所谓知者，不乃为大盗积者也？

故尝试论之：世俗之所谓知者，有不为大盗积者乎？所谓圣者，有不为大盗守者乎？何以知其然邪？昔者齐国，邻邑相望，鸡狗之音相闻，罔罟之所布，耒耨之所刺，方二千馀里。阖四竟之内，所以立宗庙社稷，治邑屋州闾乡曲者，曷尝不法圣人哉？然而田成子一旦杀齐君而盗其国，所盗者岂独其国邪？并与其圣知之法而盗之。故田成子有乎盗贼之名，而身处尧舜之安。小国不敢非，大国不敢诛，十二世有齐国。则是不乃窃齐国并与其圣知之法，以守其盗贼之身乎？

尝试论之：世俗之所谓至知者，有不为大盗积者乎？所谓至圣者，有不为大盗守者乎？何以知其然邪？昔者龙逢斩，比干剖，苌弘胣④，子胥靡。故四子之贤而身不免乎戮。故跖之徒问于跖曰："盗亦有道乎？"跖曰："何适而无有道邪？夫妄意室中之藏，圣也；入先，勇也；出后，义也；知可否，知也；分均，仁也。五者不备而能成大盗者，天下未之有也。"由是观之，善人不得圣人之道不立，跖不得圣人之道不行。天下之善人少而不善人多，则圣人之利天下也少而害天下也多。故曰：唇竭则齿寒，鲁酒薄而邯郸围，圣人生而大盗起。掊击圣人⑤，纵舍盗贼，而天下始治矣。

夫川竭而谷虚，丘夷而渊实。圣人已死，则大盗不起，天下平而无故矣。圣人不死，大盗不止。虽重圣人而治天下，则是重利盗跖也。为之斗斛以量之，则并与斗斛而窃之；为之权衡以称之，则并与权衡而窃之；为之符玺以信之，则并与符玺而窃之⑥；为之仁义以矫之，则并与仁义而窃之。何以知其然邪？彼窃钩者诛，窃国者为诸侯。诸侯之门而仁义存焉，则是非窃仁义圣知邪？故逐于大盗，揭诸侯，窃仁义，并斗斛权衡符玺之利者，虽有轩冕之赏弗能劝，斧钺之威弗能禁。此重利盗跖而使不可禁者，是乃圣人之过也。

故曰："鱼不可脱于渊，国之利器不可以示人。"彼圣人者，天下之利器也，非所以明天下也。故绝圣弃知，大盗乃止；摘玉毁珠⑦，小盗不起；焚符破玺，而民朴鄙；掊斗折衡，而民不争；殚残天下之圣法，而民始可与论议。擢乱六律，铄绝竽瑟，塞师

旷之耳，而天下始人含其聪矣；灭文章，散五采，胶离朱之目，而天下始人含其明矣；毁绝钩绳而弃规矩，攦工倕之指，而天下始人含其巧矣。削曾、史之行，钳杨、墨之口，攘弃仁义，而天下之德始玄同矣。彼人含其明，则天下不铄矣；人含其聪，则天下不累矣；人含其知，则天下不惑矣；人含其德，则天下不僻矣。彼曾、史、杨、墨、师旷、工倕、离朱，皆外立其德而以爚乱天下者也⑧，法之所无用也。

子独不知至德之世乎？昔者容成氏、大庭氏、伯皇氏、中央氏、栗陆氏、骊畜氏、轩辕氏、赫胥氏、尊卢氏、祝融氏、伏羲氏、神农氏，当是时也，民结绳而用之，甘其食，美其服，乐其俗，安其居，邻国相望，鸡狗之音相闻，民至老死而不相往来。若此之时，则至治已。今遂至使民延颈举踵，曰"某所有贤者"，赢粮而趣之，则内弃其亲而外去其主之事，足迹接乎诸侯之境，车轨结乎千里之外。则是上好知之过也！

上诚好知而无道，则天下大乱矣！何以知其然邪？夫弓、弩、毕、弋、机变之知多，则鸟乱于上矣；钩饵、网罟、罾笱之知多，则鱼乱于水矣；削格、罗落、罝罘之知多，则兽乱于泽矣；知诈渐毒、颉滑坚白、解垢同异之变多，则俗惑于辩矣。故天下每每大乱，罪在于好知。故天下皆知求其所不知，而莫知求其所已知者；皆知非其所不善，而莫知非其所已善者，是以大乱。故上悖日月之明，下烁山川之精，中堕四时之施，惴耎之虫，肖翘之物，莫不失其性。甚矣，夫好知之乱天下也！自三代以下者是已！舍夫种种之民，而悦夫役役之佞，释夫恬淡无为，而悦夫啍啍之意，啍啍已乱天下矣。

【玄义注释】

①胠箧（qū qiè）：打开箱子。发匮（guì）：打开柜子。②摄缄縢：捆紧绳索。③扃：插闩。鐍：锁钥。④胣（chǐ）：一种刑罚，剖肠。⑤掊（pǒu）击：打倒。⑥符玺（xǐ）：古代用作凭证的信物。⑦擿（zhì）：掷，抛弃。⑧爚（yuè）乱：扰乱；迷乱。

【白话翻译】

如果想要防备开箱子、掏口袋、撬柜子的盗贼作案，就一定要扎牢自己的口袋，把门窗箱柜加上牢固的锁，这是世俗公认的明智之举。可是真正的大盗来了，则背起柜子、提起箱子、担起口袋，快步离去，唯恐绳子锁钮不牢固。既然如此，从前所说的明智者，他们的做法不就是为大盗积聚财物吗？

对此试作论述，世俗所说的智者，有不为大盗积聚财物的吗？所说的圣人，有不为大盗守护财物的吗？何以知道是这样呢？从前的齐国，相邻城邑间遥遥相望，鸡鸣狗叫之声相闻，渔猎网具遍及之处，犁锄农具耕作之地，方圆两千余里。统括四境之内，所用来建立宗庙社稷，治理邑闾州乡等区域的方法，何尝不是效法圣人呢？可是，田成子一旦杀掉齐君，就窃取了齐国。所窃取的仅仅是这个国家吗？连同治理国家的圣知之法也一并窃取了。而田成子虽然有盗贼的名声，却仍处于尧舜那样安稳的地位。小的国家不敢非议他，大的国家不敢讨伐他，世世代代窃据齐国。那么，这不就是盗窃了齐国并连同那里圣明的法规和制度，从而用来守卫他的盗贼之身吗？

所以我曾试图讨论这种情况。世俗的所谓聪明人，有不替大盗积聚财物的吗？所谓的圣人，有不替大盗守护财物的吗？为什么要这样说呢？从前龙逢被斩首，比干被剖胸，苌弘被刳肠，子胥被抛尸江中任其腐烂。即使像上面四个人那样的贤能之士，仍不能免于遭到杀戮。因而盗跖的门徒向盗跖问道："做强盗也有规矩和准绳吗？"盗跖回答说："到什么地方会没有规矩和准绳呢？凭空推测屋里储藏着什么财物，这就是圣明；率先进到屋里，这就是勇敢；最后退出屋子时主动断后，这就是义气；能知道可否采取行动，这就是智慧；事后分赃公平，这就是仁爱。以上五样不能具备，却能成为大盗的人，天下是没有的。"从这一点来看，善人不能通晓圣人之道便不能立业，盗跖不能通晓圣人之道便不能行窃。天下的善人少，而不善的人多，那么圣人给天下带来的好处也就少，而给天下带来的祸患也就多。所以说：嘴唇向外翻开牙齿就会外露受寒，鲁侯奉献的酒味道淡薄致使赵国都城邯郸遭到围困，圣人出现了因而大盗也就兴起了。抨击圣人，释放盗贼，天下方才能太平无事。

河流干涸，溪谷就随之空虚；把山丘铲平，深渊随之被填实；圣人死去了，大盗就不再兴起，天下也就太平无事了。只要还有圣人的存在，大盗就不会止息。所以倚重圣人以治理天下，就是使跖一类大盗获得重利。人们制造出斗斛用来计量多少，于是就使斗斛徒有虚名，以此骗人的现象；制造出是用来权衡称量轻重，于是就使权衡徒有虚名，以此骗人的现象；造出官符大印本来是作为取信于人的凭证，于是就产生了使符印徒有虚名，以此骗人的现象；造出仁义规范本是用以矫正人的过失，于是就产生了使仁义徒有虚名的现象。何以知道是这样呢？那些偷窃腰带环等不值钱物件的小贼，捉住了要被诛杀，而盗窃国家的大盗却成了诸侯。诸侯门前都打着仁义的招牌，这不就是把仁义圣知一起"盗窃"了吗？所以那些追随于大盗之后，把自己抬举为诸侯，窃取了仁义和斗斛、权衡、官符大印以谋利的人，即使用高官显爵之赏赐也不能劝止他们，纵然有砍头重刑之威慑也不能禁止他们。如此重利使跖一类大盗屡禁不止，这都是圣人的过错啊。

所以说："鱼不能脱离深潭水源，治国的利器也不能随便昭示天下。"那些所谓的圣人，就是治理天下的利器，是不可以用来明示天下的。所以，断绝圣人摒弃智慧，大盗就能中止；弃掷玉器毁坏珠宝，小的盗贼就会消失；焚烧符记破毁玺印，百姓就会朴实浑厚；打破斗斛折断秤杆，百姓就会没有争斗；尽毁天下的圣人之法，百姓方才可以谈论是非曲直。打乱六律，毁折各种乐器，并且堵住师旷的耳朵，天下人方能保全他们原本的听觉；消除纹饰，离散五彩，粘住离朱的眼睛，天下人方才能保全他们原本的视觉；毁坏钩弧和墨线，抛弃圆规和角尺，弄断工倕的手指，天下人方才能保有他们原本的智巧。削除曾参、史䲡的忠孝，钳住杨朱、墨翟善辩的嘴巴，摒弃仁义，天下人的德行方才能混同而齐一。人人都保有原本的视觉，那么天下就不会出现毁坏；人人都保有原本的听觉，那么天下就不会出现忧患；人人都保有原本的智巧，那么天下就不会出现迷惑；人人都保有原本的秉性，那么天下就不会出现邪恶。那曾参、史䲡、杨朱、墨翟、师旷、工倕和离朱，都外露并炫耀自己的德行，而且用来惑乱天下之人，这是正法所不取的。

你难道不知道德行最高尚的时代是什么样子吗？从前有容成氏、大庭氏、伯皇氏、中央氏、栗陆氏、骊畜氏、轩辕氏、赫胥氏、尊卢氏、祝融氏、伏羲氏、神农氏，在那个时代，人们用结绳方法记事，以其所食为甘美，以其所衣为漂亮，以其习俗为快乐，以其居处为安适，相邻之国互相望得到，民众直到老死也不互相交往。像那样的时代，就是治理得最好的了。当今之世，竟然要让民众伸长脖子、踮起脚跟企盼，听说"某地方有贤人"，就带足食粮，奔往贤人之处，搞得在家里抛弃了亲人，在外面丢掉了所主管之政事，他们的足迹踏遍诸侯国土，车子的辙印交错于千里之外。这都是君主崇尚智慧的过错。

君主诚心崇尚智慧而无道心，天下就要大乱了。何以知道是这样呢？弓箭、罗网、机关方面的智巧多了，空中的飞鸟就要被扰乱；钓具、渔网、鱼篓方面的智巧多了，水中的鱼类就要被扰乱；削木桩布成各类网具的智巧多了，山泽中的野兽就要被扰乱；运用智谋欺骗，使人不知不觉中深受毒害，把坚白之辩纠结在一起，把同异之辩加以曲说诡辩，这类智巧多了，故风遗俗就要受其迷惑。所以，天下常常发生大乱，罪过就在于崇尚智慧。天下人都只知道去探求他所不知道的，却不懂得去探求他所知道的；都知道责难他认为恶的，却不知批判他认为善的，所以天下就大乱了。因此，这样做就会上遮蔽日月之光明，下销毁山川之精气，中破坏四季之正常运行，蠕动爬行的小虫，微小的飞虫，都无不因此而丧失其本性。崇尚智慧之祸乱天下，如此之厉害呀！从夏商周三代以来就是这样。舍弃淳厚朴实之民而喜爱奔波劳碌、喋喋不休的奸佞，废弃恬淡无为的风尚而喜欢多言不倦的教化，多言不倦的教化已经把天下搞得大乱了。

【义理评析】

本篇的主旨与上一篇基本相同。但相比而言，本篇论述更为生动和细致，言辞也更为直接、猛烈。在庄子看来，圣人、圣治给社会带来的祸害远远大于它们所带来的益处。因此,他强烈呼吁要"绝圣弃智",摒弃所有人为的智巧,恢复人类的淳朴天性,返归自然原始的至德之世。

在古代社会,人们对圣人膜拜至极,正如当今我们一味对权威的迷信和推崇。这二者的过错就在于将原本简单的事情复杂化了。根据庄子的观点,我们可以得出这样的结论:行事精简是我们提高效率、克服困难的有效途径之一。为此,不要将事情弄得过于复杂,否则我们的思维和行动都将被束缚。

在宥第十一

【原典欣赏】

闻在宥天下,不闻治天下也。在之也者,恐天下之淫其性也;宥之也者,恐天下之迁其德也。天下不淫其性,不迁其德,有治天下者哉?昔尧之治天下也,使天下欣欣焉人乐其性,是不恬也;桀之治天下也,使天下瘁瘁焉人苦其性①,是不愉也。夫不恬不愉,非德也。非德也而可长久者,天下无之。

人大喜邪,毗于阳②;大怒邪,毗于阴。阴阳并毗,四时不至,寒暑之和不成,其反伤人之形乎!使人喜怒失位,居处无常,思虑不自得,中道不成章。于是乎天下始乔诘卓鸷,而后有盗跖、曾、史之行。故举天下以赏其善者不足,举天下以罚其恶者不给。故天下之大,不足以赏罚。自三代以下者,匈匈焉终以赏罚为事,彼何暇安其性命之情哉!

而且说明邪,是淫于色也;说聪邪,是淫于声也;说仁邪,是乱于德也;说义邪,是悖于理也;说礼邪,是相于技也;说乐邪,是相于淫也;说圣邪,是相于艺也;说知邪,是相于疵也。天下将安其性命之情,之八者,存可也,亡可也;天下将不安其性命之情,之八者,乃始脔卷狯囊而乱天下也。而天下乃始尊之惜之。甚矣!天下之惑也!岂直过也而去之邪!乃齐戒以言之,跪坐以进之,鼓歌以儛之。吾若是何哉!

故君子不得已而临莅天下,莫若无为。无为也,而后安其性命之情。

故贵以身于为天下，则可以托天下；爱以身于为天下，则可以寄天下。故君子苟能无解其五藏，无擢其聪明，尸居而龙见，渊默而雷声，神动而天随，从容无为，而万物炊累焉。吾又何暇治天下哉！

崔瞿问于老聃曰："不治天下，安藏人心？"老聃曰："女慎，无撄人心。人心排下而进上，上下囚杀，淖约柔乎刚彊，廉刿雕琢③，其热焦火，其寒凝冰，其疾俯仰之间而再抚四海之外。其居也渊而静，其动也县而天。偾骄而不可系者，其唯人心乎！昔者黄帝始以仁义撄人之心，尧、舜于是乎股无胈④，胫无毛，以养天下之形，愁其五藏以为仁义，矜其血气以规法度。然犹有不胜也。尧于是放謹兜于崇山，投三苗于三峗，流共工于幽都，此不胜天下也。夫施及三王而天下大骇矣。下有桀、跖，上有曾、史，而儒墨毕起。于是乎喜怒相疑，愚知相欺，善否相非，诞信相讥，而天下衰矣；大德不同，而性命烂漫矣；天下好知，而百姓求竭矣。于是乎钅斤锯制焉，绳墨杀焉，椎凿决焉。天下脊脊大乱，罪在撄人心。故贤者伏处大山嵁岩之下⑤，而万乘之君忧栗乎庙堂之上。今世殊死者相枕也，桁杨者相推也⑥，形戮者相望也，而儒墨乃始离跂攘臂乎桎梏之间。意，甚矣哉！其无愧而不知耻也甚矣！吾未知圣知之不为桁杨椄槢也，仁义之不为桎梏凿枘也，焉知曾、史之不为桀、跖嚆矢也！故曰：绝圣弃知，而天下大治。"

黄帝立为天子十九年，令行天下，闻广成子在于空同之山，故往见之，曰："我闻吾子达于至道，敢问至道之精。吾欲取天地之精，以佐五谷，以养民人。吾

又欲官阴阳，以遂群生，为之奈何？"广成子曰："而所欲问者，物之质也；而所欲官者，物之残也。自而治天下，云气不待族而雨，草木不待黄而落，日月之光益以荒矣，而佞人之心翦翦者，又奚足以语至道！"

黄帝退，捐天下，筑特室，席白茅，闲居三月，复往邀之。广成子南首而卧，黄帝顺下风，膝行而进，再拜稽首而问曰："闻吾子达于至道，敢问治身，奈何而可以长久？"广成子蹶然而起⑦，曰："善哉问乎！来，吾语女至道：至道之精，窈窈冥冥；至道之极，昏昏默默。无视无听，抱神以静，形将自正。必静必清，无劳女形，无摇女精，乃可以长生。目无所见，耳无所闻，心无所知，女神将守形，形乃长生。慎女内，闭女外，多知为败。我为女遂于大明之上矣，至彼至阳之原也；为女入于窈冥之门矣，至彼至阴之原也。天地有官，阴阳有藏。慎守女身，物将自壮。我守其一，以处其和。故我修身千二百岁矣，吾形未尝衰。"黄帝再拜稽首曰："广成子之谓天矣！"

广成子曰："来！余语女：彼其物无穷，而人皆以为有终；彼其物无测，而人皆以为有极。得吾道者，上为皇而下为王；失吾道者，上见光而下为土。今夫百昌皆生于土而反于土。故余将去女，入无穷之门，以游无极之野。吾与日月参光，吾与天地为常。当我，缗乎⑧！远我，昏乎！人其尽死，而我独存乎！"

云将东游，过扶摇之枝，而适遭鸿蒙。鸿蒙方将拊髀雀跃而游。云将见之，倘然止，贽然立，曰："叟何人邪？叟何为此？"鸿蒙拊髀雀跃不辍，对云将曰："游！"云将曰："朕愿有问也。"鸿蒙仰而视云将曰："吁！"云将曰："天气不和，地气郁结，六气不调，四时不节。今我愿合六气之精，

以育群生，为之奈何？"鸿蒙拊髀雀跃掉头曰："吾弗知！吾弗知！"云将不得问。

又三年，东游，过有宋之野，而适遭鸿蒙。云将大喜，行趋而进曰："天忘朕邪？天忘朕邪？"再拜稽首，愿闻于鸿蒙。鸿蒙曰："浮游不知所求，猖狂不知所往，游者鞅掌，以观无妄。朕又何知！"云将曰："朕也自以为猖狂，而民随予所往；朕也不得已于民，今则民之放也！愿闻一言。"鸿蒙曰："乱天之经，逆物之情，玄天弗成，解兽之群而鸟皆夜鸣，灾及草木，祸及止虫。意！治人之过也。"云将曰："然则吾奈何？"鸿蒙曰："意！毒哉！僊僊乎归矣⑨！"云将曰："吾遇天难，愿闻一言。"鸿蒙曰："意！心养！汝徒处无为而物自化。堕尔形体，吐尔聪明，伦与物忘，大同乎涬溟⑩。解心释神，莫然无魂。万物云云，各复其根，各复其根而不知。浑浑沌沌，终身不离。若彼知之，乃是离之。无问其名，无窥其情，物故自生。"云将曰："天降朕以德，示朕以默。躬身求之，乃今也得。"再拜稽首，起辞而行。

世俗之人，皆喜人之同乎己，而恶人之异于己也。同于己而欲之，异于己而不欲者，以出乎众为心也。夫以出乎众为心者，曷常出乎众哉！因众以宁所闻，不如众技众矣。而欲为人之国者，此揽乎三王之利，而不见其患者也。此以人之国侥幸也，几何侥幸而不丧人之国乎！其存人之国也，无万分之一；而丧人之国也，一不成而万有余丧矣！悲夫，有土者之不知也！夫有土者，有大物也。有大物者，不可以物，物而不物，故能物物。明乎物物者之非物也，岂独治天下百姓而已哉！出入六合，游乎九州，独往独来，是谓独有。独有之人，是之谓至贵。

大人之教，若形之于影，声之于响。有问而应之，尽其所怀，为天下配。处乎无响，行乎无方。挈汝适复之挠挠，以游无端，出入无旁，与日无始。颂论形躯，合乎大同，大同而无己。无己，恶乎得有有。睹有者，昔之君子；睹无者，天地之友。

贱而不可不任者，物也；卑而不可不因者，民也；匿而不可不为者，事也；麤而不可不陈者，法也；远而不可不居者，义也；亲而不可不广者，仁也；节而不可不积者，礼也；中而不可不高者，德也；一而不可不易者，道也；神而不可不为者，天也。故圣人观于天而不助，成于德而不累,出于道而不谋,会于仁而不恃,薄于义而不积,应于礼而不讳,接于事而不辞,齐于法而不乱,恃于民而不轻,因于物而不去。物者莫足为也,而不可不为。不明于天者,不纯于德;不通于道者,无自而可;不明于道者,悲夫!何谓道?有天道,有人道。无为而尊者,天道也;有为而累者,人道也。主者,天道也;臣者,人道也。天道之与人道也,相去远矣,不可不察也。

【玄义注释】

①瘁瘁焉:形容痛苦不堪的样子。②毗:损伤、伤害。③廉刿雕琢:此指一个人饱受折磨。④股无胈(bá):大腿上瘦得没有肉,此处形容尧舜终年奔波劳苦。⑤嵁(kān)岩:深山峻崖。⑥桁(háng)杨:一种加在犯人颈上和脚上的刑具。⑦蹶(jué)然:急速、快速的样子。⑧缗(mín):不在意,不放在心上。下文"昏"与此同。⑨僊僊(xiān):形容轻扬的样子。"僊"为"仙"的异体字。⑩涬溟(xìng míng):大自然中的一种元气,鸿蒙的另一种称谓。

【白话翻译】

只听说让天下百姓自由自在生活,没听说非要想尽一切办法,动用一切手段对天下人加以治理。之所以让人们都自由自在地生活,是怕扰乱了他们的本性;之所以让人们无拘无束,是怕改变他们原有的德性。如果天下人能不超出本性,不改变德性,又何须加以治理呢!从前尧治理天下的时候,使天下人都高高兴兴,各乐其本性,这是使本性不得安静啊;从前桀治理天下,使天下人都疲劳病苦,各苦其本性,这是使本性不得愉悦啊。不管是使本性不得安静或不得愉悦,都不是恒常之德性。不是恒常之德而可维持长久的,天下没有这种事。

人过分高兴,则伤害阳气;过分愤怒,则伤害阴气。阴阳二气都受到伤害,四时不能按序而至,寒暑不能调和以成,岂不是反而要伤害人的身体么!如果使人喜怒失常,居处无定所,思虑不自得于其性,行事半途而废不能完成。于是天下开始有了自大,孤高猛厉喜怒随心等不和谐的现象,而后有了像盗跖、曾参、史鳅之类的行为。这样一来,就是尽天下

之力用于奖赏也不足以劝善，尽天下之力用于惩罚也不足以止恶。因此，尽天下之大用于赏罚还是不足的。自夏商周三代以后的治世者，喧扰不宁，始终把赏善罚恶作为奉行之大事，他们哪里还有空闲使百姓的本性安于其本来状态呢！

喜好目明，那势必要沉溺于美色；喜好耳聪，那势必要沉溺于声乐；喜好仁爱，那势必要扰乱人的自然常态；喜好道义，那势必要违反事物的常理；喜好礼仪，那势必要助长了烦琐的技巧；喜好音乐，那势必要助长了淫乐；喜好圣智，那势必要助长了技艺；喜好智巧，那势必要助长了琐细之差的争辩。天下人想要安定自然赋予的真情和本性，这八种做法，存留可以，丢弃也可以；天下人不想安定自然赋予的真情和本性，这八种做法，就会成为拘束不伸、扰攘纷争的因素而迷乱天下了。可是，天下人竟然会尊崇它，珍惜它，天下人为其所迷惑竟达到如此地步！这种种现象岂止是一代一代地流传下来呀！人们还虔诚地谈论它，恭敬地传颂它，欢欣地宣扬它。对此我又能够怎么样呢！

因此，君子不得已而去治理天下，莫不如任性无为。任性无为而后才能使天下人的自然本性得到安宁。所以说把身体看得比天下更贵重，才可以把天下托付给他；把身体看得比天下更值得爱惜，才可以把天下寄托给他。因此，君子假如能不放纵五脏之性，不炫耀聪明，安坐如尸而神游如龙，似深渊般睦静而蕴涵惊雷般巨响，从容无为而万物如炊气积累自熟，我又何必多此一举去治理它呢！

崔瞿子向老聃请教："不治理天下，怎么能使人心向善？"老聃回答说："你应审慎而不要随意扰乱人心。人们的心情总是压抑便消沉颓丧，而得志便趾高气扬，不过消沉颓丧或者趾高气扬都像是受到拘禁和伤害一样自累自苦，唯有柔弱顺应能软化刚强。一个人饱受折磨，情绪激烈时像熊熊大火，情绪低落时像凛凛寒冰。内心变化格外迅速，转眼间就能巡游四海之外。静处时深幽宁寂，活动时腾跃高天。骄矜不禁而无所拘系的，恐怕就只是人的内心活动吧！当年黄帝开始用仁义来扰乱人心，尧和舜依样效法疲于奔波而使大腿上无肉、小腿上不长毛，用以养育天下众多形体，并耗费心血来制定法度。然而还是未能治理好天下。此后尧将谨兜放逐到南方的崇山，将三苗放逐到西北的三峗，将共工放逐到北方的幽都，这些就是没能治理好天下的明证。延续到夏、商、周三代，更是多方面地惊扰了天下人。下有夏桀、盗跖之流，上有曾参、史鲻之流，而儒家和墨家的争辩又全面展开。这样一来或喜或怒相互猜疑，或愚或智相互欺诈，或善或恶相互责难，或妄或信相互讥刺，因而天下的人性也就逐渐衰败了；基本观念和生活态度如此不同，人类的自然本性散乱了，天下都追求智巧，百姓中便纷争迭起。于是君主用斧锯之类的刑具来制裁他们，用礼法来规范他们，用椎凿之类的肉刑来惩处他们。天下的人们相互践踏而大乱，罪在扰乱了人心。因此贤能的人隐居于高山深谷之下，而帝王诸侯忧心如焚战栗在朝堂之上。当今之世，遭受杀害的人尸体一个压着一个，戴着脚镣手铐而坐大牢的人一个挨着一个，受到刑具伤害的人更是举目皆然，而儒家墨家竟然在囚徒中挥手舞臂，奋力争辩。唉，真是太过分了！他们不知心愧、不识羞耻竟然到这等地步！我不知道那所谓的圣智不是脚镣手铐上用作连接左右两部分的插木，我也不明白那所谓的仁义不是枷锁上用作加固的孔穴和木栓，又怎么知道曾参和史鲻之流不是夏桀和盗跖的先导！所以说：断绝圣人，抛弃智慧，天下就会得到治理而太平无事。"

　　黄帝做了十九年天子，诏令通行天下，听说广成子居住在空同山上，特意前往相见，说："我听说先生通达至道，所以冒昧地前来请教至道的精义。我衷心想获取天地的灵气，用来帮助五谷生长，从而使百姓得以养育。我还希望能够主宰阴阳，从而使天下的生灵能随心所欲地自在成长，这该如何去做呢？"广成子说："你所想知道的，是万物的根本；你所想主宰的，是万物的末节。自从你治理天下，天上的云气不等到聚集在一起就下起雨来，地上的草木不等到枯黄就飘落凋零，太阳和月亮的光芒也渐渐地晦暗下来，你的心如此浅薄，又怎么能够同你谈论至道呢！"

黄帝便退了回来，弃置朝政，构筑起清心寂智的静室，铺着洁白的茅草，谢绝交往独居三月，再次前往求教。广成子头朝南躺卧着，黄帝则顺着下风，双膝着地匍匐向前，再次行过叩拜大礼后问道："听说先生已经通晓至道，请问，如何修养自身才能活得长久？"广成子急速地挺身而起，说："问得好啊！来，我告诉你至道：至道的精髓，幽深邈远；至道的极微，晦暗沉寂。什么也不看，什么也不听，持守精神保持宁静，形体自然顺应正道。必须保持内心的宁静与透明，不要使身形疲累劳苦，不要使心神动荡恍惚，这样就可以长生。眼睛不看多余的东西，耳朵不听多余的声音，内心什么忧虑也没有，让你的心神守护着你的形体，形体也就可以得到长生。小心谨慎地摒除一切思虑，封闭起对外的一切感应，智计太多必定招致败亡。自我的意识将帮助你达到最光明的境地，直达至阳的本原；自我的意识也将帮助你进入幽深缈远的生命之门，抵达至阴的本原。天地各有主宰，阴阳各有府藏，谨慎地守护你的身心，感应万物自然的成长。让自我持守着浑一的大道，而处于阴阳和谐的境界。这就是我修身至今已经一千二百多年了，而我的身体至今健康不衰的养生之道。"黄帝再次叩行大礼说："先生真可说是达到天人合一的境界了！"

　　广成子说："来，我告诉你：天地间的事物没有穷尽，然而人们却认为事物都有终结；天地间的事物变幻莫测，然而人们却认为事物都有极限。彻悟了我所说的道的人，上可以尊为皇帝，下可以贵为王侯；不能体悟、理解我所说的道的人，上只能见到日月的光亮，下则化为泥土。然而万物昌盛，却都源于土地最终又返归土地。所以我将离你而去，进入那没有穷尽的大道之门，遨游于没有极限的境地。我与日月同辉，我与天地共存。向我走来，我无所觉察！背我而去，我也无所在意！人们的生命是有限的，都将死去，而我独存啊！"

　　云将漫游去东方，经过神木的旁边恰好碰到鸿蒙。鸿蒙正在拍着大腿跳跃着游玩。云将看见了，惊疑地停下来，站立不动说："老先生是谁呀？老先生为何这样欢喜跳跃？"鸿蒙依然拍腿跳跃不止，对云将说："去游玩！"云将说："我打算向您请教一些问题。"鸿蒙仰面望着云将说："啊！"云将说："天气不调和，地气不通畅，六气不能协调，四时变化不合时序。现在我打算调和六气之精华来养育万物，要怎样去做呢？"鸿蒙拍着大腿背转过头去说:"我不知道呀!我不知道呀!"云将没有得到问题的回答。

又过了三年,云将再次去东方漫游,经过宋国的原野,恰好碰见鸿蒙。云将特别高兴,快步走向前去说:"您忘记我了吗?您忘记我了吗?"再次叩拜,以首着地,希望聆听鸿蒙指教。鸿蒙说:"元气上下飘浮不定,不知其有何追求;元气任性无心而动,没有预定目标,不知其意欲何往;邀游的人随心任性而为,不拘礼仪,以观察万物的本然状态。此外,我又知道什么呢!"云将说:"我自以为是任性无心而游,然而民众追随我的行动,我也不忍心抛开他们。现在我已从忧国忧民之心的约束中获得解放。希望听您指教。"鸿蒙说:"扰乱自然之常道,违背万物之实情,玄妙莫测之天也不能使你有所成;兽群离散而鸟类夜鸣不安,草木受灾,祸及昆虫。唉!这都是治理天下之人的过错呀!"云将说:"那么我该怎么办呢?"鸿蒙说:"唉,你受治世之毒太深了!我要飘扬凌空而去了。"云将说:"我遇见您很不容易,希望听您指教。"鸿蒙说:"啊,那就修养自心持守自性吧!你只要处无为之境,而万物就会自行生化。废弃你的形体,闭塞你的聪明,把理与物全忘掉,与自然元气完全同一。去掉心神作用,麻木无知如同枯木死灰。万物纷纭众多,千变万化又各复归其本根,各复

本根而不自知。混混沌沌,而终身不离自性。如果万物自知复归其根而有意追求,就是背离自性。不必过问万物之名,不要窥探万物之实,万物本来是自行生化的。"云将说:"老天降给我天德,教导我要静默;我亲身实行,现在才算得到了。"再次叩拜以首触地,起身辞别而去。

世俗的人都有这样的喜好，喜欢别人跟自己相同而讨厌别人跟自己不一样。这些人总是把出人头地当做自己主要的内心追求。那些一心只想出人头地的人，何尝又能够真正超出众人呢！随顺众人之意当然能够得到安宁，可是个人的所闻总不如众人的技艺多才智高。希图治理邦国的人，必定是贪取夏、商、周三代帝王之利而又看不到这样做的后患的人。这样做是凭借统治国家的权力贪求个人的侥幸，而贪求个人的侥幸而不至于丧失国家统治权力的又有多少呢！他们中能够保存国家的，不到万分之一；而丧失国家的，自身一无所成而且还会留下许多祸患。可悲呀，拥有国土的统治者不懂得这个道理！拥有土地的国君，必然拥有很多物品。拥有很多物品却不可以受外物所役使，使用外物而不为外物所役使，所以能够主宰天下万物。明白了拥有外物又不被物用的道理，岂止是治理天下百姓而已啊！这样的人已经能往来于天地四方，游乐于整个世界，独自无拘无束地去，又自由自在地来，这样的人就叫做拥有万物而又超脱于万物。拥有万物而又超脱于万物的人，这就称得上是至高无上的贵人。

得道大人的教诲，就好像躯体对于身影，声音对于回响。有提问就有应答，竭尽自己所能，为天下人的提问作出应答。处心于没有声响的境界，活动在变化不定的地方。引领着万物往返于纷扰的世界，从而遨游在无始无终的浩渺之境，或出或进都无须依傍，像跟随太阳那样周而复始地没有尽头。容颜、谈吐和身形躯体均和众人一样，大家都是一样也就无所谓自身。无所谓自身，哪里用得着具有各种物象！看到了自身和各种物象的存在，这是过去的君子；看不到自身的各种物象的存在，这才是自然造化的朋友。

轻贱而又不可不加以利用的，就是世间万物；地位低下而又不能不顺从其性的，就是世间百姓；微细而又不能不去做的，就是事；粗疏而又不能不加陈述的，就是法；疏远而又不能不执守的，就是义；亲爱亲人而不可不推而广之的，就是仁；奉行礼节仪式而不可不加以积累的，就是礼；顺性而又不可不加以提高的，就是德；恒常统一而又不可不随时更新变化的，就是道；神妙莫测而又不能不显示作为的，就是天。所以圣人观察天道顺乎自然而不协助，任性成德而不费力追求，出处进退合乎道而不须有意谋划，与仁相合不以此自恃，与义迫近而不有意积累，与礼应合而不有意回避，与世事接触而不推辞，与法齐一而不乱行，依赖于民而不轻易使用民力，顺物性加以利用而不抛弃。对于物不可违性强为，又不可不为。不明达天道之人，多么可悲呀！什么是道？有天道，有人道。无为而尊贵的，是天道；有力而劳累的，是人道。处于主宰地位的，是天道；臣于从属地位的，是人道。天道与人道之间相去甚远，不可以不明察。

【义理评析】

庄子在本篇着重强调了人们过分追名逐利所带来的危害，这不仅不利于修身养性，更不利于治国、立业。

在庄子看来，世俗之人太过注重眼前的利益，因此，当有尊宠利益降临时，便迫不及待地迎上去，哪怕为此趋炎附势丢掉自己的尊严也在所不惜。然而，当人们为了这些利益而宠辱若惊的时候，就已经失掉了平常心，也就无法看清事物运行的方向，当然也就不能够规避祸患。因此，我们真的不必因为顾忌世俗的眼光而把自己安排进一场场争名逐利的闹剧里去，相比之下保持心的清静才是更重要的。

天地第十二

【原典欣赏】

天地虽大，其化均也；万物虽多，其治一也；人卒虽众，其主君也。君原于德而成于天，故曰：玄古之君天下，无为也，天德而已矣。以道观言而天下之君正，以道观分而君臣之义明，以道观能而天下之官治，以道汎观而万物之应备①。故通于天地者，德也；行于万物者，道也；上治人者，事也；能有所艺者，技也。技兼于事，事兼于义，义兼于德，德兼于道，道兼于天。故曰：古之畜天下者，无欲而天下足，无为而万物化，渊静而百姓定。《记》曰："通于一而万事毕，无心得而鬼神服。"

夫子曰："夫道，覆载万物者也，洋洋乎大哉！君子不可以不刳心焉。

无为为之之谓天，无为言之之谓德，爱人利物之谓仁，不同同之之谓大，行不崖异之谓宽，有万不同之谓富。故执德之谓纪，德成之谓立，循于道之谓备，不以物挫志之谓完。君子明于此十者，则韬乎其事心之大也，沛乎其为万物逝也。若然者，藏金于山，藏珠于渊；不利货财，不近贵富；不乐寿，不哀夭；不荣通，不丑穷；不拘一世之利以为己私分，不以王天下为己处显。显则明，万物一府，死生同状。"

夫子曰："夫道，渊乎其居也，漻乎其清也。金石不得无以鸣，故金石有声，不考不鸣。万物孰能定之！夫王德之人，素逝而耻通于事，立之本原而知通于神，故其德广。其心之出，有物采之。故形非道不生，生非德不明。存形穷生，立德明道，非王德者邪？荡荡乎！忽然出，勃然动，而万物从之乎！此谓王德之人。视乎冥冥，听乎无声。冥冥之中，独见晓焉；无声之中，独闻和焉。故深之又深而能物焉，神之又神而能精焉。故其与万物接也，至无而供其求，时骋而要其宿，大小、长短、修远。"

黄帝游乎赤水之北，登乎昆仑之丘而南望。还归，遗其玄珠。使知索之而不得，使离朱索之而不得，使喫诟索之而不得也。乃使象罔②，象罔得之。黄帝曰："异哉，象罔乃可以得之乎？"

尧之师曰许由，许由之师曰啮缺，啮缺之师曰王倪，王倪之师曰被衣。尧问于许由曰："啮缺可以配天乎？吾藉王倪以要之。"许由曰："殆哉，圾乎天下！啮缺之为人也，聪明叡知③，给数以敏，其性过人，而又乃以人受天。彼审乎禁过，而不知过之所由生。与之配天乎？彼且乘人而无天，方且本身而异形，方且尊知而火驰，方且为绪使，方且为物絯④，方且四顾而物应，方且应众宜，方且与物化而未始有恒。夫何足以配天乎？虽然，有族有祖，可以为众父，而不可以为众父父。治，乱之率也，北面之祸也，南面之贼也。"

尧观乎华。华封人曰："嘻，圣人！请祝圣人，使圣人寿。"尧曰："辞。""使

圣人富。"尧曰:"辞。""使圣人多男子。"尧曰:"辞。"封人曰:"寿、富、多男子,人之所欲也,女独不欲,何邪?"尧曰:"多男子则多惧,富则多事,寿则多辱。是三者,非所以养德也,故辞。"封人曰:"始也我以女为圣人邪,今然君子也。天生万民,必授之职。多男子而授之职,则何惧之有!富而使人分之,则何事之有?夫圣人,鹑居而鷇食,鸟行而无彰。天下有道,则与物皆昌;天下无道,则修德就闲。千岁厌世,去而上僊;乘彼白云,至于帝乡;三患莫至,身常无殃;则何辱之有?"封人去之,尧随之,曰:"请问。"封人曰:"退已!"

尧治天下,伯成子高立为诸侯。尧授舜,舜授禹,伯成子高辞为诸侯而耕。禹往见之,则耕在野。禹趋就下风,立而问焉,曰:"昔尧治天下,吾子立为诸侯。尧授舜,舜授予,而吾子辞为诸侯而耕,敢问,其故何也?"子高曰:"昔尧治天下,不赏而民劝,不罚而民畏。今子赏罚而民且不仁,德自此衰,刑自此立,后世之乱自此始矣。夫子阖行邪?无落吾事!"挹挹乎耕而不顾⑤。

泰初有无,无有无名;一之所起,有一而未形。物得以生,谓之德;未形者有分,且然无间,谓之命;留动而生物,物成生理,谓之形;形体保神,各有仪则,谓之性。性修反德,德至同于初。同乃虚,虚乃大。合喙鸣,喙鸣合,与天地为合。其合缗缗,若愚若昏,是谓玄德,同乎大顺。

夫子问于老聃曰:"有人治道若相放,可不可,然不然。辩者有言曰:'离坚白,若县宇。'若是则可谓圣人乎?"老聃曰:"是胥易技系,劳形怵心者也。执留之狗成思,猿狙之便自山林来。丘,予告若,而所不能闻与而所不能言。凡有首有趾、无心无耳者众,有形者与无形无状而皆存者尽无。其动止也,其死生也,其废起也,此又非其所以也。有治在人,忘乎物,忘乎天,其名为忘己。忘己之人,是之谓入于天。"

将闾葂见季彻曰:"鲁君谓葂也曰:'请受教。'辞不获命。既已告矣,未知中否,请尝荐之。吾谓鲁君曰:'必服恭俭,拔出公忠之属而无阿私,民孰敢不辑!'"季彻局局然笑曰:"若夫子之言,于帝王之德,犹螳螂之怒臂以当车轶,则必不胜任矣。且若是,则其自为处危,其观台多物,将往投迹者众。"将闾葂觊觊然惊曰⑥:"葂也汒若于夫子之所言矣。虽然,愿先生之言其风也。"季彻曰："大圣之治天下也，摇荡民心，使之成教易俗，举灭其贼心而皆进其独志，若性之自为，而民不知其所由然。若然者，岂足尧、舜之教民，溟涬然弟之哉？欲同乎德而心居矣！"

子贡南游于楚，反于晋，过汉阴，见一丈人方将为圃畦，凿隧而入井，抱瓮而出灌，搰搰然用力甚多而见功寡⑦。子贡曰："有械于此，一日浸百畦，用力甚寡而见功多，夫子不欲乎？"为圃者卬而视之曰："奈何？"曰："凿木为机，后重前轻，挈水若抽，数如泆汤，其名为槔⑧。"为圃者忿然作色而笑曰："吾闻之吾师，有机械者必有机事，有机事者必有机心。机心存于胸中，则纯白不备；纯白不备，则神生不定；神生不定者，道之所不载也。吾非不知，羞而不为也。"子贡瞒然惭，俯而不对。有间，为圃者曰："子奚为者邪？"曰："孔丘之徒也。"为圃者曰："子非夫博学以拟圣，於于以盖众，独弦哀歌以卖名声于天下者乎？汝方将忘汝神气，堕汝形骸，而庶几乎！而身之不能治，而何暇治天下乎！子往矣，无乏吾事。"子贡卑陬失色⑨，顼顼然不自得，行三十里而后愈。

其弟子曰："向之人何为者邪？夫子何故见之变容失色，终日不自反邪？"曰："始吾以为天下一人耳，不知复有夫人也。吾闻之夫子，事求可，功求成，用力少，见功多者，圣人之道。今徒不然。执道者德全，德

全者形全，形全者神全，神全者，圣人之道也。托生与民并行而不知其所之，汇乎淳备哉！功利机巧，必忘夫人之心。若夫人者，非其志不之，非其心不为。虽以天下誉之，得其所谓，謷然不顾⑩；以天下非之，失其所谓，傥然不受。天下之非誉，无益损焉，是谓全德之人哉！我之谓风波之民。"反于鲁，以告孔子。孔子曰："彼假修浑沌氏之术者也。识其一，不知其二；治其内，而不治其外。夫明白入素，无为复朴，体性抱神，以游世俗之间者，汝将固惊邪？且浑沌氏之术，予与汝何足以识之哉？"

谆芒将东之大壑，适遇苑风于东海之滨。苑风曰："子将奚之？"曰："将之大壑。"曰："奚为焉？"曰："夫大壑之为物也，注焉而不满，酌焉而不竭，吾将游焉。"苑风曰："夫子无意于横目之民乎？愿闻圣治。"谆芒曰："圣治乎？官施而不失其宜，拔举而不失其能，毕见情事而行其所为，行言自为而天下化，手挠顾指，四方之民莫不俱至，此之谓圣治。""愿闻德人。"曰："德人者，居无思，行无虑，不藏是非美恶。四海之内共利之之谓悦，共给之之为安；怊乎若婴儿之失其母也⑪，傥乎若行而失其道也。财用有馀而不知其所自来，饮食取足而不知其所从，此谓德人之容。""愿闻神人。"曰："上神乘光，与形灭亡，此谓照旷。致命尽情，天地乐而万事销亡，万物复情，此之谓混冥。"

门无鬼与赤张满稽观于武王之师。赤张满稽曰："不及有虞氏乎！故离此患也。"门无鬼曰："天下均治而有虞氏治之邪？其乱而后治之与？"赤张满稽曰："天下均治之为愿，而何计以有虞氏为！有虞氏之药疡也，秃而施髢⑫，病而求医。孝子操药以修慈父，其色燋然，圣人羞之。至德之世，不尚贤，不使能，上如标枝，民如野鹿，端正而不知以为义，相爱而不知以为仁，实而不知以为忠，当

而不知以为信，蠢动而相使，不以为赐。是故行而无迹，事而无传。"

孝子不谀其亲，忠臣不谄其君，臣、子之盛也。亲之所言而然，所行而善，则世俗谓之不肖子；君之所言而然，所行而善，则世俗谓之不肖臣。而未知此其必然邪？世俗之所谓然而然之，所谓善而善之，则不谓之道谀主人也。然则俗故严于亲而尊于君邪？谓己道人，则勃然作色；谓己谀人，则怫然作色。而终身道人也，终身谀人也，合譬饰辞聚众也，是终始本末不相坐。垂衣裳，设采色，动容貌，以媚一世，而不自谓道谀；与夫人之为徒，通是非，而不自谓众人，愚之至也。知其愚者，非大愚也；知其惑者，非大惑也。大惑者，终身不解；大愚者，终身不灵。三人行而一人惑，所适者犹可致也，惑者少也；二人惑则劳而不至，惑者胜也。而今也以天下惑，予虽有祈向，不可得也。不亦悲乎！大声不入于里耳，《折杨》《皇荂》，则嗑然而笑。是故高言不止于众人之心，至言不出，俗言胜也。以二缶钟惑，而所适不得矣。而今也以天下惑，予虽有祈向，其庸可得邪！知其不可得也而强之，又一惑也，故莫若释之而不推。不推，谁其比忧！厉之人夜半生其子，遽取火而视之，汲汲然唯恐其似己也。

百年之木，破为牺尊，青黄而文之，其断在沟中。比牺尊于沟中之断，则美恶有间矣，其于失性一也。跖与曾、史，行义有间矣，然其失性均也。且夫失性有五：一曰五色乱目，使目不明；二曰五声乱耳，使耳不聪；三曰五臭熏鼻，困惾中颡⑬；四曰五味浊口，使口厉爽；五曰趣舍滑心，使性飞扬。此五者，皆生之害也。而杨、墨乃始离跂自以为得，非吾所谓得也。夫得者困，可以为得乎？则鸠鸮之在于笼也，亦可以为得矣。且夫趣舍声色以柴其内，皮弁、鹬冠、搢笏、绅修以约其外。内支盈于柴栅，外重纆缴，睆睆然在纆缴之中而自以为得，则是罪人交臂历指，而虎豹在于囊槛，亦可以为得矣！

【玄义注释】

①汎观：遍观一切事物。汎："泛"的异体字。②象罔：恍惚迷离，若有若无。这里指虚拟的人名。③叡（ruì）："睿"的异体字，聪慧。④絯（gāi）：束缚、拘束。⑤挹（yì）挹：低下头，这里形容专心的样子。⑥觑觑（xì）然：形容吃惊的样子。⑦搰（gǔ）搰：同汩汩，用以形容水

从瓮中流出的响声。⑧槔（gāo）：桔槔，古代利用杠杆原理制作的提水机械。⑨卑陬（zōu）：形容局促不安的样子。⑩謷（ào）：通"傲"，孤高。⑪怊乎：形容悲哀怅惘的样子。⑫髢（dì）：假发。⑬困惾（zōng）中颡（sǎng）：气味上逆，由鼻孔达于额头，伤害头脑。

【白话翻译】

天地虽然广大无边，但其发展变化却是一致的；万物虽然众多，但其治理方法却是相同的；民众虽然众多，但其主宰者却仅有君主一人。作为君主，应该通晓万物的天性并尽力去保全它。因此说：远古时代的君主治理天下，行无为而治，是顺应万物的天性罢了。从道的角度来观察名谓称呼，则天下君主行无为之道而归于正；从道的角度来观察名分，则君臣各按其名分尽职责，则君臣之义大明；从道的角度来观察才能，则天下之官皆得其人而事治；从道的角度来观察万物，则物尽其用而供应齐备。因此贯穿于天地的是顺应自得的"德"；通行于万物的是顺其自然的"道"；善于治理天下的是各尽其能各任其事；能够让能力和才干充分发挥的就是各种技艺。技艺应当统属于事，行事要受义支配，义统属于德，德应合于道，道合于自然，因此说：古代治理天下的明君，个人不曾有私欲而使天下人富足，行无为而治，任万物循性自行生化，深沉静默而百姓安定。《记》这本古书说："通达大道则使万事成功，心无贪欲则鬼神敬服。"

夫子说："道，是承载和包纳万物的，多么广阔而盛大啊！所以君子也一定要敞开心胸，排除一切有为的杂念。用无为的态度去行事就称为顺应自然，用无为的态度去讲话就称为顺应天性，给人以爱或给物以利就称为仁爱，让各个不同的事物生存并和谐相处，就称为大度，行为不排斥异己的事物称为宽容，心里包容着万物差异就称为富有。因此持守自然赋予的禀性就称为纲纪，德行形成就叫做建功济物，遵循于道就称为修养完备，不因外物而毁誉就称为完美无缺。君子通晓了这十大道理，也就把握住了修心养性的根本，德泽沛然任万物自由生长。如此则是无为，珍藏财富于大山，沉珍珠于深渊，不贪图财物，也不追求富贵；不为长寿而快乐，不为夭折而悲哀，不为通达而荣耀，不为穷困而羞耻；不把谋求举世之利作为自己的职分，不把统治天下看做自己居处于显赫的地位。显赫就会彰明，然而万物最终却归结于同一，死与生也并不存在区别。"

夫子还说："道处于一种幽远静默的状态，如同碧水一般澄澈透明。金石制成钟、磬的器物如果没有外力的撞击，就不可能发出声响，因此钟磬之类的器物即使本身有发音的机能，不去敲的话也不会响。万物都是如此，但是有多少人能作出准确的判定呢？那些具有王者德行的人，秉持朴素的真性情来行事，将通达事务看做耻辱，立身于大道，而其智慧通达神妙莫测。所以他的德行广大无所不包。他的心志表现出来，形之于外，就会为外物所采纳接受。所以形体没有道就不能生出，生而无德则是糊涂不明的。保存身体，享尽天年，确立德行，明晓大道，这不就是具有王者之德的人么！大道看起来幽深暗昧，听起来没有声音。然而幽暗深渺之中却能见到光明的真迹，寂然无声之中却能听到万窍唱和的共鸣。幽深而又幽深能够从中产生万物，玄妙而又玄妙能够从中产生精神。所以道与万物相依存，虚寂却能满足万物的需求，时时驰骋纵放而自然归于天成，无论是大还是小，是长还是短，是高还是远。"

黄帝在赤水以北漫游，登上昆仑山而向南眺望，返回时丢失了玄珠。于是派智慧过人的人前去寻找，却未能找到；接着派视觉敏锐的离朱前去寻找，也未能找到；再派能言善辩的喫诟前去寻找，仍旧未能找到。到了最后，只好派混混沌沌、没有思虑之忧的象罔前去寻找，象罔竟然找到了。黄帝说："多么奇怪啊！为什么只有象罔能找到呢？"

尧的老师叫许由，许由的老师叫啮缺，啮缺的老师叫王倪，王倪的老师叫被衣。尧向许由请教："啮缺可以做天子吗？我想借助于他的老师来请他做天子。"许由说："这样做恐怕天下也就危险了！啮缺这个人的为人，耳聪目明，智慧超群，行动办事快捷机敏，他天赋过人，而且用人为的心智去对应并调和自然的禀赋。他明了该怎样禁止过失，不过他不知晓过失产生的原因。让他做天子吗？他将借助于人为而抛弃天然，将会把自身看做万物归向的中心而着意改变万物天性，将会尊崇才智而急急忙忙地为求知和驭物奔走驰逐，将会被细末的琐事所役使，将会被外物所拘束，将会环顾四方，目不暇接地跟外物应接，将会应接万物而又奢求处处合宜，将会参与万物的化育而从不曾有什么能坚持下来。那样的人怎么能够做天子呢？虽然这样，他可使同族人聚集，奉祭共同的祖先；可以成为一方百姓的统领,却不能成为诸方统领的君主。治理天下,必将是天下大乱的先导,这就是臣子的灾害,国君的祸根。"

尧到华地巡视,华地一个守卫边疆的官员说:"啊,圣人来了!请让我们为您祝福,首先祝您长寿。"尧说:"不必这样。""祝您富有。"尧说:"不必这样。""祝您多子多福。"尧说:"其实子孙不必太多。"守卫边疆的官员说:"长寿、富有、多生儿子,是人们都愿意得到的福祉,唯独您不愿得到,这是什么原因呢?"尧说:"多生儿子就会使人有更多忧虑,富有就会添加麻烦,长寿就会多受困辱。这三项无助于培养无为之德行,所以没必要。"守卫边疆的官员说:"刚才我还认为您是一位圣人,如今看来,只是一位君子罢了。上天养育了成千上万的人,势必会给他们安排合适的职业。多生了儿子而给他们安排合适的职业,这有什么可忧虑的呢!富有了而将财物分给他人,这有什么麻烦呢!那些圣人,像鸟一样居不求安,食不求美,行动不留下形迹。天下有道之时,就与万物一起昌盛;天下昏乱无道之世,就遁世隐居修养德行;活上千岁,对世俗生活厌倦了,就升仙而去;乘上白云,到达天帝之处;病、老、死三种祸患不来,身体常久无灾殃;那样还有什么困辱呢!"守卫边疆的官员离开了尧,尧却跟在他的后面,说:"希望能得到你的指教。"守卫边疆的官员说:"你还是回去吧!"

尧治理天下时,伯成子高被封立为诸侯。尧把帝位禅让给了舜,舜又把帝位禅让给了禹,伯成子高便辞去诸侯的爵位而去从事耕作。夏禹前去拜见他,伯成子高正在地里耕作。夏禹快步上前居于下方,恭敬地站着问伯成子高道:"当年尧统治天下,先生被封立为诸侯。尧把帝位禅让给了舜,舜又把帝位禅让给了我,可是先生却辞去了诸侯的爵位而来从事耕作。我冒昧地请问,这是为什么呢?"伯成子高说:"当年帝尧统治天下,不需奖励而百姓自然勤勉,不需惩罚而人民自然敬畏。如今你施行赏罚的办法而百姓还是不仁不爱,德行从此衰败,刑罚从此建立,后世之乱也就从此开始了。先生你怎么不走开呢?不要耽误我的耕作!"于是低下头去用力耕地而不再理睬。

宇宙诞生的最初阶段只有虚无,没有存在物,没有名称;混饨未分的"一"出现,只有这个整体的"一"而没有呈现任何形状。万物得一而生,称之为德；没有形状的混沌中包含有矛盾对立之区分，而且又浑然一体，没有间隙，称之为命；混一之体运动变化的暂时静止，就生成物，物生成而具有条理属性，称之为形；形体与精神合一，又各有条理准则，称之为性。自性经过修养而返于德，至于德的境界，就与泰初同一了。同泰初同一就是虚无，虚无而无所不包就是大。混合无心之言，无心之言的混合，便和天地融合。这种相合是无心的，如同愚笨糊涂的样子，这就是幽深玄远之天德，与大道同一而无所不通。

孔子向老聃请教："有人研修和体验大道却好像跟大道相悖逆，把不能认可的看做可以认可的，把不正确的认为是正确的。善于辩论的人说：'我能够离析驳斥坚白之论，使之原形毕露，就如高悬于天空的日月一般醒目。'像这样的人可以称作圣人吗？"老聃说："这只不过是以是非更相以夺，以语言技巧自缚，劳苦身躯担惊受怕的情况。被拘系的猎狗向往自由，猿猴的敏捷缘于山林的自在。孔丘，我告诉你，告诉给你闻所未闻的道理。大凡人有了头和脚等具体的形体而无知无闻的很多，有形体的人跟没有形体、没有形状的道并存的却完全没有。或是运动或是静止，或是死亡或是生存，或是衰废或是兴盛，这六种情况全都出于自然而不可能探知其所以然。倘若果真存在着什么治理，那也是人们遵循本性和真情的各自活动，忘掉外物，忘掉自然，它的名字就叫做忘掉自己。忘掉自己的人，这就可以说是与自然融为一体。"

将闾葂见季彻说："鲁君对我说：'请您授予治理国家的教诲。'我推辞不得，就告知他了，不知道讲得正确与否，请让我说给你听听。我对鲁君说：'一定要执持恭敬节俭之道，选拔录用公正尽心尽力之类的人才，而不要偏袒私情，这样做人民谁敢不和睦呢！'"季彻笑道："如先生这样的话，用于达到帝王之德业，如同螳螂举臂阻挡车轮前进一样，必定是不能胜任的。而且这样做，就是自己使自己身处危境。看台上陈列的物品多，将要前往观看的人就多。"将闾葂十分震惊地说："我对先生所说的话茫然无知。虽然如此，愿先生讲说其端倪。"季彻说："大圣人的治理天下，使民心振荡鼓舞，使其完成教化，改变习俗尽灭其贼害自性之心，而使他们都进入无己无待绝对逍遥之心态，做到这些如循性自为，而民并不知道为什么要这样，如果能这样，哪里用得着尧舜之教民法则，而迷迷糊

心如澄澈秋水，身如不系之舟

糊追随于其后呢？愿天下人有共同之德而心神安定啊！"

　　子贡到南边的楚国游历，返回晋国，经过汉水的南岸，见一老丈正在菜园里整地开畦，开凿了一条地道直通到井边，抱着水瓮浇水灌地，吃力地来来往往用力甚多而功效甚少。子贡见了说："如今有一种机械，每天可以浇灌上百个菜畦，用力很少而功效颇多，老先生你不想试试吗？"种菜的老人抬起头来看着子贡说："应该怎么做呢？"子贡说："用木料加工成机械，后面重而前面轻，提水就像从井中抽水似的，快速犹如沸腾的水向外溢出一样，它的名字就叫做桔槔。"种菜的老人变了脸色讥笑着说："我从我的老师那里听说，有了机械之类的东西必定会出现机巧之类的事，有了机巧之类的事必定会出现机变之类的心思。机变的心思存留在胸中，那么不曾受到世俗沾染的纯洁空明的心境就不完整齐备；纯洁空明的心境不完备，那么精神就不会专一安定；精神不能专一安定的人，大道也就不会充实他的心田。我不是不知道你所说的办法，只是不屑于用它而已。"子贡满面羞愧，低下头去不能作答。隔了一会儿，种菜的老人说："你是干什么的呀？"子贡说："我是孔丘的学生。"种菜的老人说："你不就是那具有广博学识并处处仿效圣人，夸诞矜持盖过众人，自唱自和哀叹世事之歌以周游天下卖弄名声的人吗？你要抛弃你的精神和志气，废置你的身形体骸，恐怕就可以逐步接近于道了吧！你自身都不善于修养和调理，哪里还有闲暇去治理天下呢！你走吧，不要在这里耽误我的事情！"子贡大感惭愧神色顿改，怅然若失而不能自持，走出三十里外方才逐步恢复常态。

他的弟子们问："刚才那个人是做什么的？先生为什么见了他变容失色，整天不能使自己恢复常态？"子贡回答说："开始我以为天下只有先生一位圣人，不知道还有这类人。我听先生说，行事要求合理，事业要求成功，用的力气少，所见功效多，就是圣人之道。而今这些人却不是这样。执守大道的人德行完备，德行完备的人形体健全，形体健全的人精神完全专一，精神完全专一，才是圣人之道。与民众一样生活在世界上，而不知要往哪里去，茫昧深远而德行淳和完备啊！功利机巧必然被这种人从心里忘掉。像这样的人，不合乎他的志向就不去，不合乎他的心意就不做。即使天下人都称誉他，而这些称誉又与他的心志相符合，也高傲地不予理睬；天下人都责备他，这些责备与他的心志不符合，他也不在意不理会，不去接受。天下人对他的非难和称誉，对他不会增加和减少什么，这就是全德之人呐！我不过是受世间毁誉左右而摇摇晃晃的人。"回到鲁国后，子贡把这些告诉孔子。孔子说："他是寄托修习浑沌氏之道术的人。只知浑一之大道，不知有其他；只知治理自身，不知治理外界。这样的人心地清明至于纯洁无瑕，无为返朴，体悟自性而执守精神专一，以悠游于世俗生活之中，你对这样人本来就该表示惊异呀！而且浑沌氏的道术，以我和你的境界还不足以认识啊！"

谆芒向东到大海去，恰巧在东海之滨遇到苑风。苑风问谆芒："你打算去哪儿呢？"谆芒说："打算去大海。"苑风又问："去做什么呢？"谆芒说："大海作为一种物象，江河注入它不会满溢，不停地舀取它不会枯竭，因而我将到大海游乐。"苑风说："那么，先生无意关心庶民百姓吗？希望能听到圣人之治。"谆芒说："圣人之治吗？设置官吏施布政令但处处合宜得体；举贤任才而不遗忘一个能人，让每个人都能看清事情的真情实况去做自己应该做的事,行为和谈吐人人都享有平等和自由而自然顺化,挥挥手示示意,四方的百姓没有谁不汇聚而来,这就叫圣人之治。"苑风说:"我想知道顺应外物凝神自得的人是什么样的。"谆芒说:"顺应外物凝神自得的人,居处时没有思索,行动时没有谋虑,心里不留存是非美丑。四海之内人人共得其利就是喜悦,人人共享财货便是安定;那悲伤的样子像婴儿失去了母亲,那怅然若失的样子又像行路时迷失了方向。财货使用有余却不知道自哪里来,饮食取用充足却不知道从哪儿出。这就是顺应外物凝神自得的人的仪态举止。"苑风说:"我想知道什么是神人。"谆芒说:"精神超脱物外的神人,其智慧照临万物,所有事物的形迹,这就叫普照万物。穷尽天命和变化的真情,与天地同乐因而万事都自然消亡,万物也就自然回复真情,这就叫混同玄合。"

门无鬼和赤张满稽观看周武王伐纣之军队。赤张满稽说:"不及虞舜禅让好啊,所以遭受这样祸患。"门无鬼说:"天下完全治理安定之后才有虞舜之治呢?还是动乱而后才有虞舜之治呢?"赤张满稽说:"天下完全治理是人们的愿望,又何需有虞氏再来治理!有虞氏治天下犹如给人治疗头疮,秃了头才给戴假发,病重了才给找大夫。孝子拿药给生病的父亲服用,脸色因忧愁而憔悴,圣人以此为羞。至德的时代,不必崇尚贤才,不必任用能者,君主如同树梢上的细枝,民众如山野中自由奔跑的野鹿,行为端正而不自知是义,彼此相爱而不自知是仁,诚实不欺而不自知是忠,言行得当而不自知是信,无目的任性而动又彼此相互依存,相互为用,而不自以为是赐予。因此所行没有形迹,事迹当做就做,无须传扬。"

孝子不奉承他的父母,忠臣不谄媚他的国君,这可以称得上是最好的孝子、忠臣了。大凡为父母所说就都予以肯定,为父母所做就都给予赞扬,这便是世俗之人眼中的"不肖之子";大凡为国君所说就都加以肯定,大凡为国君所做就都给予赞扬,这便是世俗之人眼中的"不良之臣"。然而,人们不曾想过,世俗之人的看法就必定是正确的吗?世俗之人认为是正确的他便去肯定,世俗之人认为是好的他便去赞扬,这就不算是谄谀之人?这样,世俗的观念和看法岂不比父母更可崇敬、比君王更可尊崇了吗?说自己是个谗谄的人,定会勃然大怒颜容顿改;说自己是个阿谀的人,也定会愤恨填胸面色剧变。可是一辈子谗谄的人,一辈子阿谀的人,又只不过看做是用巧妙的譬喻和华丽的辞藻以博取众人的欢心，却始终不知道这样的做法于理是不相符合的。穿上华美的衣裳，绣制斑斓的纹彩，打扮艳丽的容貌，讨好献媚于举世之人，却不自认为那就是谗谄与阿谀，跟世俗之人为伍，与他们有着一样的是非标准，却又不认为自己是世俗之人，这真是愚昧到了极点。知道自己愚昧的人，并不是最大的愚昧；知道自己迷惑的人，并不是最大的迷惑。最迷惑的人，一辈子也不会醒悟；最愚昧的人，一辈子也不会明白。三个人在一起行走其中一个人迷惑，他们还是可以到达目的地的，原因就在于迷惑的人毕竟占少数；三个人中两人迷惑就徒劳而无法到达，原因就在于迷惑的人占了优势。就现在而言，整个天下都是糊涂人，我即使祈求导向，也不可能有所帮助。这不是很可悲吗！高雅的音乐不入于市井里巷下层人之耳，听了《折杨》《皇荂》之类的民间小曲，世俗之人就会心而笑。因此不同于世俗的言论是不为众人所接受的，至道之言无法传扬开来，世俗之言胜过一切。用两个土缶的俗音扰乱一只乐钟的正音，那么听者就无所适从了。如今整个天下都是糊涂人，我虽然有祈求向往，又怎么能达到呢！明知其不能达到还要强求，又是一大迷惑，故而与其追求自己的理想，倒不如选择放弃。不去追求无法实现的理想，谁又与你一道忧思呢！丑陋的人半夜里生个儿子，急速取灯火来照看，匆忙急迫，唯恐孩子像自己一样丑陋。

百年的大树，砍伐后被制成精美的酒器，再用青、黄二色彩绘出美丽的花纹，而余下的木料便被丢弃在山沟中。拿精美酒器与弃置在山沟中的木料作比较，美丑就有了天壤之别，不过对于失去了原有的本性来说却是一样的。盗跖与曾参、史鳅，行为和道义上存在着很大差别，但在失去了人类天性这一点上却是相同的。人类丧失天性的情形有以下五种：一是五色扰乱视觉，使眼睛看不明晰；二是五音扰乱听力，使耳朵听不真切；三是五种气味熏扰嗅觉，使鼻腔乃至额头受到困扰和堵塞；四是五种滋味秽浊味觉，使口舌受到严重伤害；五是取舍的欲念迷乱心神，使心性驰竞不息、轻浮躁动。以上五种情形都是生命的祸害。然而，杨朱、墨翟却还在殚精竭虑地宣扬与此有关的思想主张，并且自以为做得十分恰当，不过这却不是我所说的悠然自得。自以为做事恰当反而为其所困，这也可以说是悠然自得吗？那么，斑鸠、鸮鸟被关于鸟笼之中，也可以算是悠然自得了。况且取舍于声色的欲念像柴草一样堆满内心，皮帽羽冠、朝板、宽带和长裙捆束于外，内心里充满柴草栅栏，外表上被绳索捆了一层又一层，却瞪着大眼在绳索束缚中自以为做得十分悠然自得，那么罪犯反绑着双手或者受到挤压五指的酷刑以及虎豹被关在圈栅、牢笼中，也可以算是悠然自得了。

【义理评析】

本篇与《天道》《天运》为一组，表述的仍是庄子的政治思想。

纵览全篇，庄子首先提出天德就是无为，远古之君顺应天德，无欲无为而万物自化。这一论述可视为全文的总纲。接下来通过几个寓言故事，阐明大道深奥玄妙的含义，并借此指出居于统治地位的人要想无为而治就得通晓大道。最后发出了世人迷惑于有为之见、终生不觉悟的慨叹。

天道第十三

【原典欣赏】

天道运而无所积，故万物成；帝道运而无所积，故天下归；圣道运而无所积，故海内服。明于天，通于圣，六通四辟于帝王之德者①，其自为也，昧然无不静者矣。圣人之静也，非曰静也善，故静也；万物无足以铙心者②，故静也。水静则明烛须眉，平中准，大匠取法焉。水静犹明，而况精神！圣人之心静乎！天地之鉴也，万物之镜也。夫虚静、恬淡、寂漠、无为者，天地之平而道德之至也，故帝王、圣人休焉。休则虚，虚则实，实者伦矣。虚则静，静则动，动则得矣。静则无为，无为也，则任事者责矣。无为则俞俞③。俞俞者，忧患不能处，年寿长矣。夫虚静恬淡寂漠无为者，万物之本也。明此以南乡，尧之为君也；明此以北面，舜之为臣也。以此处上，帝王、天子之德也；以此处下，玄圣素王之道也。以此退居而闲游，江海、山林之士服；以此进为而抚世，则功大名显而天下一也。静而圣，动而王，无为也而尊，朴素而天下莫能与之争美。

夫明白于天地之德者，此之谓大本大宗，与天和者也；所以均调天下，与人和者也。与人和者，谓之人乐；与天和者，谓之天乐。

庄子曰："吾师乎，吾师乎！䪠万物而不为戾④，泽及万世而不为仁，长于上古而不为寿，覆载天地、刻雕众形而不为巧。此之谓天乐。故曰：'知天乐者，其生也天行，其死也物化。静而与阴同德，动而与阳同波。'故知天乐者，无天怨，无人非，无物累，无鬼责。故曰：'其动也天，其静也地，一心定而王天下；其鬼不祟，其魂不疲，一心定而万物服。'言以虚静，推于天地，通于万物，此之谓天乐。天乐者，圣人之心，以畜天下也。"

夫帝王之德，以天地为宗，以道德为主，以无为为常。无为也，则用天下而有余；有为也，则为天下用而不足。故古之人贵夫无为也。上无为也，下亦无为也，是下与上同德，下与上同德则不臣；下有为也，上亦有为也，是上与下同道，上与下同道则不主⑤。上必无为而用天下，下必有为为天下用，此不易之道也。故古之王天下者，知虽落天地，不自虑也；辩虽彫万物，不自说也；能虽穷海内，不自为也。天不产而万物化，地不长而万物育，帝王无为而天下功。故曰莫神于天，莫富于地，莫大于帝王。故曰帝王之德配天地。此乘天地驰万物，而用人群之道也。

本在于上，末在于下，要在于主，详在于臣。三军五兵之运，德之末也；赏罚利害，五刑之辟，教之末也；礼法度数，形名比详，治之末也；钟鼓之音，羽旄之容，乐之末也；哭泣衰绖⑥，隆杀之服，哀之末也。此五末者，须精神之运，心术之动，然后从之者也。

末学者，古人有之，而非所以先也。君先而臣从，父先而子从，兄先而弟从，长先而少从，男先而女从，夫先而妇从。夫尊卑先后，天地之行也，故圣人取象焉⑦。天尊地卑，神明之位也；春夏先，秋冬后，四时之序也。万物化作，萌区有状，盛衰之杀，变化之流也。夫天地至神，而有尊卑先后之序，而况人道乎！宗庙尚亲，朝廷尚尊，乡党尚齿，行事尚贤，大道之序也。语道而非其序者，非其道也；语道而非其道者，安取道！

是故古之明大道者，先明天而道德次之，道德已明而仁义次之，仁义已明而分守次之，分守已明而形名次之，形名已明而因任次之，因任已明而原省次之，原省已明而是非次之，是非已明而赏罚次之。赏罚已明而愚知处宜，贵贱履位⑧，仁贤不肖袭情。必分其能，必由其名。以此事上，以此畜下，以此治物，以此修身；知谋不用，必归其天，此之谓太平，治之至也。

故书曰："有形有名。"形名者，古人有之，而非所以先也。古之语大道者，五变而形名可举⑨，九变而赏罚可言也。骤而语形名，不知其本也；骤而语赏罚，不知其始也。倒道而言，迕道而说者，人之所治也，安能治人！骤而语形名赏罚，此有知治之具，非知治之道；可用于天下，不足以用天下，此之谓辩士，一曲之人也。礼法数度，形名比详，古人有之，此下之所以事上，非上之所以畜下也。

昔者舜问于尧曰："天王之用心何如？"尧曰："吾不敖无告，不废穷民，苦死者，嘉孺子而哀妇人，此吾所以用心已。"舜曰："美则美矣，而未大也。"尧曰："然则何如？"舜曰："天德而出宁，日月照而四时行，若昼夜之有经，云行而雨施矣！"尧曰："胶胶扰扰乎⑩！子，天之合也；我，人之合也。"夫天地者，古之所大也，而黄帝、尧、舜之所共美也。故古之王天下者，奚为哉？天地而已矣。

孔子西藏书于周室。子路谋曰："由闻周之征藏史有老聃者，免而归居，夫子欲藏书，则试往因焉。"孔子曰："善。"往见老聃，而老聃不许，于是繙六经以说⑪。老聃中其说，曰："大谩⑫，愿闻其要。"孔子曰："要在仁义。"老聃曰："请问，仁义，人之性邪？"孔子曰："然。君子不仁则不成，不义则不生。仁义，真人之性也，又将奚为矣？"老聃曰："请问，何谓仁义？"孔子曰："中心物恺，兼爱无私，此仁义之情也。"老聃曰："意，几乎后言！夫兼爱，不亦迂乎！无私焉，乃私也。夫子若欲使天下无失其牧乎？则天地固有常矣，日月固有明矣，星辰固有列矣，禽兽固有群矣，树木固有立矣。夫子亦放德而行，循道而趋，已至矣！又何偈偈乎揭仁义⑬，若击鼓而求亡子焉？意，夫子乱人之性也！"

士成绮见老子而问曰："吾闻夫子圣人也，吾固不辞远道而来愿见，百舍重趼而不敢息。今吾观子，非圣人也。鼠壤有馀蔬，而弃妹之者，不仁也！生熟不尽于前，而积敛无崖。"老子漠然不应。士成绮明日复见，曰:"昔者吾有刺于子,今吾心正却矣,何故也?"老子曰:"夫巧知神圣之人,吾自以为脱焉。昔者子呼我牛也而谓之牛,呼我马也而谓之马。苟有其实,人与之名而弗受,再受其殃。吾服也恒服,吾非以服有服。"士成绮雁行避影,履行遂进而问:"修身若何?"老子曰:"而容崖然,而目冲然,而颡颒然,而口阚然⑭,而状义然,似系马而止也。动而持,发也机,察而审,知巧而睹于泰,凡以为不信。边竟有人焉,其名为窃。"

夫子曰:"夫道,于大不终,于小不遗,故万物备。广广乎其无不容也,渊渊乎其不可测也。形德仁义,神之末也,非至人孰能定之!夫至人有世,不亦大乎!而不足以为之累。天下奋棅而不与之偕⑮,审乎无假而不与利迁,极物之真,能守其本,故外天地,遗万物,而神未尝有所困也。通乎道,合乎德,退仁义,宾礼乐,至人之心有所定矣。"

世之所贵道者,书也。书不过语,语有贵也。语之所贵者意也,意有所随。意之所随者,不可以言传也,而世因贵言传书。世虽贵之,我犹不足贵也,为其贵非其贵也。故视而可见者,形与色也;听而可闻者,名与声也。悲夫,世人以形色名声为足以得彼之情!夫形色名声果不足以得彼之情,则知者不言,言者不知,而世岂识之哉!

桓公读书于堂上，轮扁斫轮于堂下，释椎凿而上，问桓公曰："敢问，公之所读者，何言邪？"公曰："圣人之言也。"曰："圣人在乎？"公曰："已死矣。"曰："然则君之所读者，古人之糟魄已夫！"桓公曰："寡人读书，轮人安得议乎！有说则可，无说则死！"轮扁曰："臣也以臣之事观之。斫轮，徐则甘而不固，疾则苦而不入。不徐不疾，得之于手而应于心，口不能言，有数存焉于其间。臣不能以喻臣之子，臣之子亦不能受之于臣，是以行年七十而老斫轮。古之人与其不可传也死矣，然则君之所读者，古人之糟魄已夫！"

【玄义注释】

①六通四辟：极言处处精通。②挠：通"挠"，搅乱。③俞俞：形容从容不迫的样子。④齑（jī）：打碎。⑤不主：不成为君主。⑥衰绖：丧服冠带。⑦取象：效法。⑧履：履行，担当。⑨五变：论述演绎的五个层次。⑩胶胶：黏结在一起无法解开。⑪繙（fān）：演绎发挥。⑫谩：冗长，烦琐。⑬偈（jiá）偈：用力的样子。⑭阚（hǎn）然：张口辩论的样子。⑮棅（bǐng）：通"柄"，权柄。

【白话翻译】

天道运行而不停滞，因此万物得以生成；帝王之道运行畅通无阻，因此天下百姓归顺；圣人不断地修习大道而从未曾中断，因此海内之民无人不敬服。明于天道，通于圣道，精通并具备了帝王美德的人，便会让万物自由发展，而自己却对这一切暗昧不觉而执守虚静之心。圣人执守虚静，并非由于知道虚静了有好处才去这样做，而是万物不足以搅乱他的心，所以心虚静。水在静止时便能清晰地照见人的须眉，水的平面合乎水平测定的标准，高明的木匠师傅就是取法于此而造成水平仪器的。水在静止时还能如此明察，更何况是人的精神呢！圣人之心虚静，可以成为大地的镜子、万物的镜子。虚静、恬淡、寂寞、无为，是大自然的基本准则，是道德修养的最高境界，因此，帝王和圣人都秉持这种思想境界。秉持这种思想境界便能使内心虚静，内心虚静便可以掌握道，掌握了道便会合于自然之理，内心虚静就会使自己安静下来，唯有使自己安静下来才会有得当的行为，行为得当便会有所得。帝王内心虚静便能遵循自然的法则来推行政治，遵循自然的法则来推行政治就能使担任具体事务的人各尽其责。遵循自然的法则来推行政治也就可以让自己生活在一个从容自得的状态之中，从容自得的人便不会身藏忧愁与祸患，年寿也就长久了。虚静、恬淡、寂寞、无为，是万物的根本。明白这个道理而居于帝王之位，便可以像唐尧做君主那般成功；明白这个道理而居于臣下之位，便可以像虞舜做臣子那般顺利。凭借这个道理而处于尊上的地位，就是帝王治世的盛德；凭借这个道理而处于庶民百姓的地位，就是通晓了虽无帝王之位而精神崇高之人的原则。凭借这个道理退居闲游于江海、山林的隐士就推心折服；凭借这个道理进身仕林而安抚世间百姓，就能功业卓著，名扬四海而使天下统一。像这样的人在安居不动之时堪称圣人，有所行动就会成为帝王，他们清净无为却地位尊尚，保持淳厚素朴的天性而天下没有什么东西可以与其媲美。

　　明白天地以无为为本的规律，这就叫做把握住了最重要、最根本的原则，而成为跟自然谐和的人；用此来均平万物、顺应民情，便是跟众人和谐的人。跟人和谐的，就叫做人间的快乐；跟自然和谐的，就叫做天然的快乐。

　　庄子说："我的宗师啊！我的宗师啊！大道之行变化万物不是出于暴戾，恩泽惠及千秋万代不是存心施仁，比上古更年长不称为长寿，覆盖承载天地、创生万物的多种形态而不称为巧妙，这就叫做天然的快乐。因此说：'懂得天然的快乐的人，他活在世上能够顺应自然而行事，死后也能够顺利地转变为其他事物；他平静时与地阴同隐寂，运动时与天阳共波动。'所以懂得天然的快乐的人，不抱怨天，不非难人，不受外物牵累，不会受到鬼神的责罚。因此说：'这样的人动时如天之运行无滞，静时如地之虚静充实，内心非常安定，将天下治理得井井有条；鬼神不会带给灾祸，精神也不会疲劳，其心安定而万物顺服。'这些话都是说把虚静无为推行于天地，通达万物，这就叫天然的快乐。天然的快乐是圣人用来畜养天下的。"

　　帝王的品德，以天地为根本，以道德为纲领，以顺应无为作为常法。遵循无为的原则，就能轻松地任用天下的力量。如果有意人为，就会阻碍

心如澄澈秋水，身如不系之舟

天下万物自然成长，导致天下百姓离心离德，物用人心会欠缺。所以古代人重视无为。君上无为，臣下仿效，臣下和君上同心同德的话，也就消除了君臣的区别，臣下也就没有了卑下的感觉。臣下有为，君上一样有为，这倒能使君上与臣下志同道合，但君臣上下完全不分的话，君王就失去了君王应有的权威。君上一定要实行无为才能有效治理天下，臣下一定要有为而为天下使用。这是天经地义不能改变的道理。所以，古代统治天下的人，智慧即使能笼络天地，也从不亲自去思虑；办事能力虽然能造就万物，但自己不去说；才能即使能雄踞海内，也从不亲自去做。上天并不着意要产生什么而万物却自然变化产生，大地并不着意要长出什么而万物却自然繁衍生长，帝王能够无为天下就会自然得到治理。所以说没有什么比上天更为神妙，没有什么比大地更为富饶，没有什么比帝王更为伟大。因此说帝王的德行能跟天地相合。这就是驾驭天地、驱使万物而任用天下人的办法。

无为是根本，应该由君主掌握和运用；有为是枝叶，应该由臣下所掌握和运用；纲目由君主掌控，细则由臣下去执行。军队和各种武器的运用，是道德的末节；赏罚的施行，利益的分配，刑法的设立，是教化的末节；

礼法的实行和程度的把握，名与实的详细比较考察，是治理的末节；钟鼓的声音，用鸟羽兽毛装饰的仪容，这是礼乐的末节；痛哭流涕披麻戴孝，不同规格的隆重或省简的丧服，这是哀丧的末节。这五种微末之举，等待精神的自然运行和心智的正常活动，方才能排除骄矜、率性而生。

追求末节的情况，古人中已经存在，但并不是用它来作为根本。国君为主而臣下从属，父亲为主而子女从属，兄长为主而弟弟从属，年长为主而年少从属，男子为主而妇女从属，丈夫为主而妻子从属。尊卑、先后，这都是天地运行的规律，所以古代圣人取而效法之。上天尊贵，大地卑下，这是神明的位次；春夏在先，秋冬在后，这是四季的序列。万物变化而生，萌生之初便存在差异而各有各的形状；盛与衰的次第，这是事物变化的流别。天与地是最为神圣而又玄妙的，尚且存在尊卑、先后的序列，何况是社会的治理呢！宗庙崇尚血缘，朝廷崇尚尊贵，乡里崇尚年长，办事崇尚贤能，这是永恒的大道所安排下的秩序。谈论大道却非议大道安排下的秩序，这就不是真正在尊崇大道；谈论大道却非议体悟大道的人，怎么能真正获得大道！

因此，古代通晓大道的人，先通晓自然然后通晓道德；先通晓道德然后通晓仁义；先通晓仁义然后通晓职守；职守明确然后责任要求次之；责任要求明确后才是依其才而任其职；依才任职明确后才是恕免或废除；恕免或废除明确后才是是非，是非明确后才是赏罚。赏罚明确因而愚钝与聪颖的人都能相处合宜，尊贵和卑贱的人也都能各安其位；仁慈贤能和不良的人也才能有合情合理的位置。必须区分各自不同的才能，必须遵从各自不同的名分。用这样的办法来侍奉帝王，用这样的办法来养育百姓，用这样的办法来管理万物，用这样的办法来修养自身；抛弃智谋，一定回归朴素和自然，这才叫做天下太平，也才是治理的最高境界。

所以古书上曾经说："有实际的能力才会有相应的名声。"名实的观念在古人那里就有了，但没有置于根本的地位。古时候谈论大道的人，从说明事物自然规律开始经过五个阶段方才按名分责任要求实绩，经过九个阶段方才可以谈论关于赏罚的问题。一开始就提出按名分责任要求实绩，不可能了解"形名"问题演绎的根本；一开始就讨论赏罚问题，不可能知晓赏罚问题的开始。把上述演绎顺序倒过来讨论，或者违背上述演绎顺序而辩说的人，只能是为别人所统治，怎么能去统治别人！离开上述顺序而唐突地谈论"形名"和"赏罚"，这样的人即使知晓治世的办法，也不会懂得治世的规律；可以用于天下，而不足以用来治理天下；这种人就称做辩士，即只能认识事物一隅的浅薄之人。礼法和讲求礼法程度的把握，名和实的细致考核比较，古代人已经这样做了，但这是臣下用来侍奉君主的做法，不是君主用来养育臣下的做法。

过去舜曾向尧问道："你作为天子用心在什么方向？"尧说："我从不侮慢庶民百姓，也不抛弃生活无计、走投无路的穷苦人民，为死者苦苦焦虑，很好地对待留下的幼子并悲悯那些妇人。这些就是我用心尽力的事情。"舜说："这样做当然是很好了，不过还说不上伟大。"尧说："那要怎么办呢？"舜说："自然而成内心安宁，像日月照耀，四季运行，像昼夜交替，形成常规，像云彩随风飘动，雨点布施万物。"尧说："整日里纷纷扰扰啊！你，跟自然相合；我，跟人事相合。"天和地，自古以来是最为伟大的，黄帝、尧、舜都共同赞美它。所以，古时候统治天下的人，做些什么呢？仿效天地罢了。

孔子要西去把书藏于周王室。学生子路出主意说："我听说周王室有位掌管典籍的史官老聃，现已辞官在家隐居，先生想藏书周室，不如请老聃出面帮助。"孔子说："好吧。"前往拜见老聃，而老聃不同意，于是孔子申述所藏经书的要义，想说服老聃。在讲述中老聃插言说："太冗长烦琐，愿意听听要点。"孔子说："要点在仁义。"老聃说："请问，仁义是人的本性吗？"孔子说："是的，君子没有仁就不能成长，没有义就不能立身生存。仁义，确实是人的本性，舍弃仁义，人又将何为呢？"老聃说："请问，什么叫仁义？"孔子说："心中正无偏私，与物和乐而不毁伤，兼爱万物而无私心，这就是仁义的实质。"老聃说："唉，这些话也太肤浅了！讲兼爱不是太迂远了么！讲无私就包含了私。先生是要想使天下不失去其养育吗？则天地原本就有恒常之规则，日月本来就是光明的，星辰本来就排列有序，禽兽本来就是群居的，树木本来就有植立之处。先生也循性而行，遵道而进，就达到了理想境界！又何必用力去倡导仁义，像击鼓聚众去寻找丢失小孩那般急切呢？唉，先生是在扰乱人性啊。"

士成绮见到老子而问道："听说先生是个圣人，我便不辞路途遥远而来，一心希望能见到你，走了上百天，脚掌上结了厚厚的老茧也不敢停下来休息休息。如今我看先生，竟不像是个圣人。你家老鼠洞里掏出的泥土中有许多剩余的食物，如此丢弃不顾，不能算合乎仁的要求；你粟帛饮食享用不尽，却还聚敛财物却没有限度。"老子好像没有听见似的不作回答。第二天士成绮再次见到老子，说："昨日我用言语刺伤了你，今天我已有所省悟而且改变了先前的嫌隙，这是什么原因呢？"老子说："巧智神圣的评价，我自以为早已脱离了这种人的行列。过去你叫我牛我就称作牛，叫我马我就称作马。假如存在那样的外形，人们给他相应的称呼却不愿接受，将会第二次受到祸殃。我顺应外物总是自然而然，我并不是因为要顺应而有所顺应。"士成绮像雁一样侧身而行不敢正视自己羞愧的身影，蹑手蹑脚地走向前来问道："修身之道是怎样的呢？"老子说："你容颜伟岸高傲，你目光突视，你头额矜傲，你口张舌利，你身形巍峨，好像奔马被拴住身虽休止而心犹奔腾。你行为暂时有所强制，一旦行动就像箭发弩机，你明察而又精审，自恃智巧而外露骄恣之态，凡此种种都不能看做是人的真实本性。边远闭塞的地方有过这样的人，他们的名字就叫做窃贼。"

夫子说："道，就其大的方面而言则没有穷尽，就其小的方面而言则没有遗漏，因此万物都无法离开它。道真是博大广阔啊，它无所不包、无所不容；道真是幽深玄远啊，它的奥妙不可测知。在道面前，刑罚、德化和仁义都属枝节末流，除了至人，还有谁能知晓这个道理啊！至人治理天下，其责任不是非常重大吗！然而不足以为其牵累。天下人都在奋力争夺统治权柄，而至人从不参与其中，审慎持守真性而不随外利引诱迁变，穷尽物之真性，持守其根本，故而把天地置之度外，遗忘万物，而精神未曾受到困扰。至人精通大道，顺应天性，摈除仁义，抛弃礼乐，至人之心就能有安定祥和了。"

世人所推崇和称道的莫过于书。书中所记载的不过是些言语而已，而言语确有其可贵之处。言语的可贵之处就在于它所表达的意思，其意义是有所寄托的，言语的意义的寄托是无法用语言表达的，然而世人却因为看重言语而流传书籍。世人虽然看重它，但我还是认为它不值得看重，因为世人所看重的并非真的值得看重的。所以，用眼睛看而可以看见的，是形和色；用耳朵听而可以听到的，是名和声。可悲啊，世上的人们以为形、色、名、声就足以得到大道的实情！形、色、名、声实在是不足以明了大道的本质，故而真正明白大道的人是不会用语言去描述大道的，而那些喋喋不休的人并不明白大道，世人怎会通晓这个道理呢！

　　齐桓公在堂上读书，轮扁在堂下砍削车轮。轮扁放下椎子和凿子走上朝堂，问齐桓公说："冒昧地请问，您所读的书说的是些什么呢？"齐桓公说："是圣人的话语。"轮扁说："圣人还在世吗？"齐桓公说："已经死了。"轮扁说："这样，那么国君所读的书，不过是古人的糟粕啊！"齐桓公说："寡人读书，制作车轮的人怎么敢妄加评议呢！如果你能说出了理由，还可以免去责罚，没有道理可说那就得处死。"轮扁说："我用我所从事的工作观察到这个道理。就说砍削车轮吧，动作慢了松缓而不坚固，动作快了涩滞而不入木。只有做工不慢不快，得心应手，才能恰到好处，口里虽然不能言说，却有技巧存在其间。这心术，我无法明示使我的儿子明白其中的奥妙，我的儿子也不能从我这儿接受这一奥妙的技巧，所以我活了七十岁如今还在制造车轮。古时候的人跟他们不可言传的道理一块儿死亡了，那么国君所读的书，不就是古人的糟粕吗！"

【义理评析】

　　本篇与《天地》篇一样，依然倡导"无为而治，遵循天道"的中心思想。其中重点阐述了"道"无所不包又幽深莫测的观点。

　　那么，怎样才能达到持守本真、保持内心安定的境界呢？在庄子看来，就是要将后天的种种欲望、成见、算计等加以控制与消除，因为正是它们的存在，让人原本清净、纯洁的心灵变得躁动不安、浑浊邪恶，从而使人远离了清静。

　　简而言之，面对世间种种的纷纷扰扰，人们更应该保持一颗纯净的心灵，修养自身，致虚守静，这样才能够看清楚事物运转的规律，规避祸患，找到生活的快乐。

天运第十四

【原典欣赏】

"天其运乎？地其处乎？日月其争于所乎？孰主张是？孰维纲是？孰居无事推而行是？意者其有机缄而不得已邪？意者其运转而不能自止邪？云者为雨乎？雨者为云乎？孰隆施是？孰居无事淫乐而劝是？风起北方，一西一东，在上彷徨，孰嘘吸是？孰居无事而披拂是？敢问何故？"巫咸袑曰："来！吾语女。天有六极五常，帝王顺之则治，逆之则凶。九洛之事，治成德备，监照下土，天下戴之，此谓上皇。"

商大宰荡问仁于庄子。庄子曰："虎狼，仁也。"曰："何谓也？"庄子曰："父子相亲，何为不仁？"曰："请问至仁。"庄子曰："至仁无亲。"大宰曰："荡闻之，无亲则不爱，不爱则不孝。谓至仁不孝，可乎？"庄子曰："不然。夫至仁尚矣，孝固不足以言之。此非过孝之言也，不及孝之言也。夫南行者至于郢，北面而不见冥山，是何也？则去之远也。故曰：以敬孝易，以爱孝难；以爱孝易，以忘亲难；忘亲易，使亲忘我难；使亲忘我易，兼忘天下难；兼忘天下易，使天下兼忘我难。夫德遗尧、舜而不为也，利泽施于万

世，天下莫知也，岂直太息而言仁孝乎哉！夫孝悌仁义忠信贞廉，此皆自勉以役其德者也，不足多也。故曰：至贵，国爵并焉；至富，国财并焉；至愿，名誉并焉。是以道不渝。"

北门成问于黄帝曰："帝张《咸池》之乐于洞庭之野，吾始闻之惧，复闻之怠，卒闻之而惑，荡荡默默，乃不自得。"帝曰："汝殆其然哉！吾奏之以人，征之以天，行之以礼义，建之以太清。四时迭起，万物循生；一盛一衰，文武伦经；一清一浊，阴阳调和，流光其声；蛰虫始作，吾惊之以雷霆；其卒无尾，其始无首；一死一生，一偾一起①；所常无穷，而一不可待。汝故惧也。

"吾又奏之以阴阳之和，烛之以日月之明。其声能短能长，能柔能刚，变化齐一，不主故常；在谷满谷，在阬满阬②；涂郤守神，以物为量。其声挥绰，其名高明。是故鬼神守其幽，日月星辰行其纪。吾止之于有穷，流之于无止。子欲虑之而不能知也，望之而不能见也，逐之而不能及也；傥然立于四虚之道，倚于槁梧而吟。目知穷乎所欲见，力屈乎所欲逐，吾既不及已夫！形充空虚，乃至委蛇。汝委蛇，故怠。

"吾又奏之以无怠之声，调之以自然之命，故若混逐丛生，林乐而无形；布挥而不曳，幽昏而无声。动于无方，居于窈冥③；或谓之死，或谓之生；或谓之实，或谓之荣；行流散徙，不主常声。世疑之，稽于圣人。圣也者，达于情而遂于命也。天机不张而五官皆备，此之谓天乐，无言而心说。故有焱氏为之颂曰：'听之不闻其声，视之不见其形，充满天地，苞裹六极。'汝欲听之而无接焉，而故惑也。

"乐也者，始于惧，惧故祟；吾又次之以怠，怠故遁；卒之于惑，惑故愚；愚故道，道可载而与之俱也。"

孔子西游于卫，颜渊问师金曰："以夫子之行为奚如？"师金曰："惜乎，而夫子其穷哉！"颜渊曰："何也？"师金曰："夫刍狗之未陈也，盛以箧衍，巾以文绣，尸祝斋戒以将之。及其已陈也，行者践其首脊，苏者取而爨之而已④。将复取而盛以箧衍，巾以文绣，游居寝卧其下，彼不得梦，必且数眯焉。今而夫子，亦取先王已陈刍狗，聚弟子游居寝卧其下。故伐树于宋，削迹于卫，穷于商周，是非其梦邪？围于陈蔡之间，七日不火食，死生相与邻，是非其眯邪？夫水行莫如用舟，而陆行莫如用车。以舟之可行于水也，而求推之于陆，则没世不行寻常。古今非水陆与？周鲁非舟车与？今蕲行周于鲁，是犹推舟于陆也！劳而无功，身必有殃。彼未知夫无方之传，应物而不穷者也。

"且子独不见夫桔槔者乎？引之则俯，舍之则仰。彼，人之所引，非引人者也，故俯仰而不得罪于人。故夫三皇五帝之礼义法度，不矜于同而矜于治。故譬三皇五帝之礼义法度，其犹柤梨橘柚邪！其味相反而皆可于口。故礼义法度者，应时而变者也。今取猨狙而衣以周公之服，彼必龁啮挽裂，尽去而后慊⑤。观古今之异，犹猨狙之异乎周公也。故西施痛心而矉其里，其里之丑人见之而美之，归亦捧心而矉其里⑥。其里之富人见之，坚闭门而不出；贫人见之，挈妻子而去走。彼知矉美而不知矉之所以美。惜乎，而夫子其穷哉！"

孔子行年五十有一而不闻道，乃南之沛见老聃。老聃曰："子来乎？吾闻子，北方之贤者也，子亦得道乎？"孔子曰："未得也。"老子曰："子恶乎求之哉？"曰："吾求之于度数，五年而未得也。"老子曰："子又恶乎求之哉？"曰："吾求之于阴阳，十有二年而未得。"老子曰："然，使道而可献，则人莫不献之于其君；使道而可进，则人莫不进之于其亲；使道而可以告人，则人莫不告其兄弟；使道而可以与人，则人莫不与其子孙。然

而不可者，无它也，中无主而不止，外无正而不行。由中出者，不受于外，圣人不出；由外入者，无主于中，圣人不隐。名，公器也，不可多取。仁义，先王之蘧庐也⑦，止可以一宿而不可久处，觏而多责。

"古之至人，假道于仁，托宿于义，以游逍遥之墟，食于苟简之田，立于不贷之圃。逍遥，无为也；苟简，易养也；不贷，无出也。古者谓是采真之游。以富为是者，不能让禄；以显为是者，不能让名；亲权者，不能与人柄。操之则栗，舍之则悲，而一无所鉴，以窥其所不休者，是天之戮民也。怨、恩、取、与、谏、教、生、杀，八者，正之器也，唯循大变无所湮者为能用之。故曰，正者，正也。其心以为不然者，天门弗开矣。"

孔子见老聃而语仁义。老聃曰："夫播糠眯目，则天地四方易位矣；蚊虻嗜肤，则通昔不寐矣。夫仁义憯然⑧，乃愤吾心，乱莫大焉。吾子使天下无失其朴，吾子亦放风而动，总德而立矣，又奚杰然，若负建鼓而求亡子者邪？夫鹄不日浴而白，乌不日黔而黑。黑白之朴，不足以为辩；名誉之观，不足以为广。泉涸，鱼相与处于陆，相呴以湿，相濡以沫，不若相忘于江湖。"

孔子见老聃归，三日不谈。弟子问曰："夫子见老聃，亦将何规哉？"孔子曰："吾乃今于是乎见龙！龙，合而成体，散而成章，乘云气而养乎阴阳。予口张而不能嗋⑨，予又何规老聃哉？"子贡曰："然则人固有尸居而龙见，雷声而渊默，发动如天地者乎？赐亦可得而观乎？"遂以孔子声见老聃。老聃方将倨堂而应，微曰："予年运而往矣，子将何以戒我乎？"子贡曰："夫三皇五帝之治天下不同，其系声名一也。而先生独以为非圣人，如何哉？"老聃曰："小子少进！子何以谓不同？"对曰："尧授舜，舜授禹。禹用力而汤用兵，文王顺纣而不敢逆，武王逆纣而不肯顺，故曰不同。"老聃曰："小子少进！余语汝三皇五帝之治天下：黄帝之治天下，使民心一，民有其亲死不哭而民不非也。尧之治天下，使民心亲，民有为其亲杀其杀而民不非也。舜之治天下，使民心竞，民孕妇十月生子，子生五月而能言，不至乎孩而始谁，则人始有夭矣。禹之治天下，使民心变，人有心而兵有顺，杀盗非杀，人自为种而天下耳，是以天下大骇，儒墨皆起。其作始有伦，而今乎妇女，何言哉！余语汝：三皇五帝之治天下，名曰治之，而乱莫甚焉。三皇之知，上悖日月之明，下睽山川之精⑩，中堕四时之施。其知僭于蛎蚕之尾，鲜规之兽，莫得安其性命之情者，而犹自以为圣人，不可耻乎？其无耻也！"子贡蹴蹴然立不安。

孔子谓老聃曰："丘治《诗》《书》《礼》《乐》《易》《春秋》六经，自以为久矣，孰知其故矣；以奸者七十二君，论先王之道而明周、召之迹，一君无所钩用。甚矣！夫人之难说也？道之难明邪？"老子曰："幸矣，子之不遇治世之君也！夫六经，先王之陈迹也，岂其所以迹哉！今子之所言，犹迹也。夫迹，履之所出，而迹岂履哉！夫白鹢之相视⑪，眸子不运而风化；虫，雄鸣于上风，雌应于下风而风化；类自为雌雄，故风化。性不可易，命不可变，时不可止，道不可壅。苟得于道，无自而不可；失焉者，无自而可。"孔子不出三月，复见曰："丘得之矣。乌鹊孺，鱼傅沫，细要者化，有弟而兄啼。久矣，夫丘不与化为人！不与化为人，安能化人！"老子曰："可。丘得之矣！"

【玄义注释】

①偾（fèn）：用力仆倒。②阬（kēng）：同"坑"。③窈冥：幽远深暗之境。④爨（cuàn）：炊火做饭。⑤慊（qiè）：满足。⑥矉（pín）：同"颦"。⑦蘧（qú）庐：用茅草搭成的有脊无柱的茅舍。⑧憯然：凄惨恶毒。"憯"同"惨"。⑨嗋（xié）：嘴的合拢状态。⑩睽（kuí）：违背。⑪白鹢（yì）：一种水鸟。

【白话翻译】

"天是自己在运行吗？大地是自己在静止吗？日月在争着回到各自处所吗？谁主宰而安排这些？谁维系这些？谁闲居无事推动而使它们运行？或者是有机关控制使它们不得已才这样的吗？或者是它们运行起来而不能自行停止吗？云变成的雨吗？雨变成的云吗？是谁在兴云降雨？是谁闲居无事为享乐而助长此事？风从北方兴起，一会吹向东，一会吹向西，又上升空中盘旋环绕，是谁在大口吸气呼气造成的？是谁闲居无事鼓动出来的大风？请问这些都是怎么回事？"巫咸袑说："来吧！我讲给你。天具有六极五常，帝王顺应它则天下得到治理，违背它就有灾祸。遵行自然之理，则天下太平道德完备，光辉照临天下，受到万民拥戴，这就叫至上之君王。"

宋国的大宰荡向庄子请教仁爱的问题。庄子说："虎和狼也具有仁爱。"大宰荡说："这是什么意思呢？"庄子说："虎狼也能父子相互亲爱，为什么不能叫做仁呢？"大宰荡又问："请教最高境界的仁。"庄子说："最高境界的仁就是没有亲情。"大宰荡说："我听说，没有亲情就不会有爱，没有爱就不会有孝，说最高境界的仁就是不孝，这样说可以吗？"庄子说："不是这样。最高境界的仁实在值得推崇，孝本来就不足以说明它。这并不是要责备行孝的言论，而是不涉及行孝的言论。向南方走的人到了楚国都城郢，面朝北方看不见冥山，这是为什么呢？距离冥山越发的远了。所以说，用恭敬的态度来行孝容易，以爱的本心来行孝困难；用爱的本心来行孝容易，用虚静淡泊的态度对待双亲困难；虚静淡泊地对待双亲容易，使双亲也能虚静淡泊地对待自己困难；使双亲虚静淡泊地对待自己容易，能一并虚静淡泊地对待天下人困难；一并虚静淡泊地对待天下之人容易，使天下之人能一并忘却自我困难。盛德遗忘了尧舜因而尧舜方才能任物自得，利益和恩泽施给万世，天下人却没有谁知道，难道偏偏需要深深慨叹而大谈仁孝吗！孝、悌、仁、义、忠、信、贞、廉，这些都是用来劝勉自身而拘执真性的，不值得推崇。所以说，最为珍贵的，一国的爵位都可以随同忘却自我而弃除；最为富有的，一国的资财都可以随同知足的心态而弃置；最大的心愿，名声和荣誉都可以随同通适本性而泯灭。如此一来，就能做到持守大道而不改变。"

北门成问黄帝说："帝王在广漠的旷野上演奏《咸池》乐章，我开始听时感到惊惧，再听下去则心情松弛，听到最后感到自我消失，恍惚暗昧中不由自主地消融在音乐意境中。"黄帝说："大概就是你说的这样吧！我用人间的形式演奏，用天道加以验证，以礼义来发展演进，以太清天籁为根基。四时更迭兴起，万物顺应自然而生长；音乐节奏忽强忽弱，文舞与武舞队列纵横分合；乐声忽高忽低，阴声与阳声相互调和，乐声流动而明快；犹如冬眠之虫开始活动，我用雷声和闪电惊醒它们；其声终止而无尾，开始而无头；其声忽死忽生，忽起忽伏；变化无穷，容不得你丝毫迟疑喘息，所以你听了这种音乐故而惊惧。

"我又用阴阳的和谐来演奏，犹如日月之光来照耀。于是乐声能短能长，能柔能刚，变化虽然遵循着一定的条理，却并不拘泥于故态和常规；

流播于山谷，山谷满盈，流播于坑洼，坑洼充实；堵塞心灵的孔隙而使精神宁寂持守，受益大小浅深因人因物而异。乐声悠扬广远，可以称作高如上天、明如日月。因此连鬼神也能持守幽暗，日月星辰也能运行在各自的轨道上。我时而把乐声停留在一定的境界里，而乐声的寓意却流播在无穷无尽的天地中。你想寻思乐曲的妙处却又无从下手，你观望它却不能看见，你追赶它却总不能赶上；只得无心地伫立在通达四方而无涯际的衢道上，依着几案吟咏。目光和智慧困窘于一心想要见到的事物，力气竭尽于一心想要追求的东西，你追赶我不上了！形体充盈却又好像不复存在，方才能够随应变化。你随应变化，惊恐不安的情绪就会慢慢平息下来。

"我又演奏无怠之声，调和以自然之规律，所以这时的音乐犹如禽兽混同相追逐，草木丛杂并生，相与群乐而又浑然一体的意境；声音布散振扬，不受牵制而余音绕梁，最后消失于幽暗中而不可闻。其声发动无方所，而居止于幽远暗昧之境；或称之为生，或称之为死；或称之结果，或称之开花；乐曲在演进推移，舞蹈在分合进退，不固守老调。世人对此乐有疑惑不解，可以求教于圣人。所谓圣人，就是通达万物之情而又遂顺自然之规律的人。自然之机能不动而五官就全部齐备，这就叫天乐，不用语言表达的内心愉悦。所以神农氏歌颂它说：'用耳去听不闻其声，用眼去看不见其形，而又光满天地，包括六极。'你想要听它而又听不到，故而失去自我。

"《咸池》之乐，开始使人惊惧，惊惧故而警戒；我又接着使人心情松弛，心情松弛故而想弃世；最后使人迷失自我，迷失自我故而混沌愚昧；混沌愚昧则与大道合一，大道就可以负载它而与之永存。"

孔子向西边游历到卫国。颜渊问师金道："你认为夫子此次卫国之行怎么样？"师金说："可怜呀，你的先生一定会遭遇困厄啊！"颜渊说："为什么呢？"师金说："用草扎成的狗还没有用于祭祀时，一定会用竹制的箱笼来装着，用绣有图纹的饰物来披着，祭祀主持人斋戒后护送到神位。等到献祭完毕，行路人踩踏它的头颅和脊背，拾草的人捡回去用于烧火煮饭罢了；如果有人把它捡来，想要再次取来用于祭祀而拿竹筐装着它，拿绣有图纹的饰物披着它，游乐居处于它的身旁，即使他们不做噩梦，也会一次又一次地感受到梦魇似的压抑。如今你的先生，也是在取法先王已经用于祭祀的草扎之狗，并聚集众多弟子游乐居处于他的身边。所以在宋国大树下讲习礼法而大树被砍伐，在卫国游说被禁止居留，在殷地和东周游历遭到困厄，这不就是那样的噩梦吗？师徒们在陈国和蔡国之间遭到围困，整整七天没有能生火就食，与死亡相伴，这不就是那压得喘不过气来的梦魇吗？在水上通行莫如用舟船，而在陆上通行莫如用车子。以舟船可通行于水上，而要求在陆上推行它，则一辈子也不能行走丈八尺远。古代与今天的差别不就像水上和陆上吗？周鲁治道之区别不就像舟船与车子吗？现今希求推行周道于鲁国，这就如同推舟于陆上啊！劳而无功，自身还必有灾祸。孔子不懂得事物总是运动发展着，没有一成不变的事物，只能不断地顺应万物的变化。

"况且您难道没见过用桔槔汲水的情形吗？用手去拉它就落下来，松开手它就仰起去。桔槔是由人牵引的，不是牵引人的，所以一起一落都不得罪人。所以三皇五帝的礼义法度，不贵其相同，而贵其能使天下得到治理。故而三皇五帝的礼义法度，就好比是山楂、梨、桔和柚等水果，它们味道不同而都能合乎人的口味。所以作为礼义法度，要适应时代的要求而不断变化。现在如果把猴子抓来给它穿上周公时代的服饰，它一定会将其咬破撕碎，完全脱去而后才满足。观察古与今之不同，就像猿猴与周公之相异一样。西施有心口痛的毛病，常在邻里们面前皱起眉头，邻里中一位相貌丑陋的女人看了觉得很美，回去也模仿西施，双手抚着胸口对邻里人皱起眉头。其邻里之富人看见了，紧闭屋门不肯出来；穷人看见了，带着妻子儿女跑开。她只知皱眉很美，却不知皱眉之所以美的原因。可怜呀，您的老师将遭受困厄啊！"

孔子活了五十一岁还没有领悟大道，于是从鲁国往南去到楚国沛地拜见老聃。老聃说："你来了吗？我听说你是北方的贤者，你恐怕已经领悟了大道吧？"孔子说："还未能得道。"老子说："你是怎样寻求大道的呢？"孔子说："我在规范、法度方面寻求大道，用了五年的功夫还未得道。"老子说："你又怎样寻求大道呢？"孔子说："我又从阴阳的变化来寻求，十二年了还是未能得道。"老子说："会是这样的。假使道可以用来进献，那么人们没有谁不会向国君进献大道；假使道可以用来奉送，那么人们没有谁不会向自己的双亲奉送大道；假使道可以传告他人，那么人们没有谁不会告诉给他的兄弟；假使道可以给予人，那么人们没有谁不会用来给予他的子孙。然而不可以这样做的原因，没有别的，内心不能自持因而大道不能停留，对外没有什么相对应因而大道不能推行。从内心发出的东西，倘若不能为外者所接受，圣人也就不会有所传教；从外部进入内心的东西，倘若心中无所领悟而不能自持，圣人也就不会有所怜惜。名声，乃是人人都可使用的器物，不可过多猎取。仁义，乃是前代帝王的旅舍，可以住上一宿而不可以久居，否则必然会生出许多责难。

"古代的至人，借路于仁，寄宿于义，以遨游于绝对自由自在的无限虚空，饮食生活于苟且简略的田地，立在不损己益人，自满自足的园圃上。绝对的自由自在，就是无为；苟且简易，就容易养活；不损己益人，故无所出。古时把这称为保持真性的生活。以富有为正道的人，不肯让出俸禄；以名声显赫为正道的人，不肯让出名誉；贪恋权势的人，不能把权力让给他人。他们一旦把富贵、尊荣、权力握在手中，就会唯恐丧失而战栗，一旦丧失则悲伤不已，而对上述危害都不能引为鉴戒，为夺取其所求而不肯休止，这是在经受自然之诛杀。憎恶、慈爱、剥夺、赐给、谏止、教诲、使之得生、处死，这八项是规正人的手段，只有能遵循天道变化而无所窒碍的人才能正确运用它。所以说自己正，方能正人正物。内心以为不对的，大道之门就不会打开。"

孔子拜见老聃讨论有关仁义的问题。老聃说："随风飞扬的微小尘粒进入眼睛，也会颠倒天地四方，蚊虻之类的小虫叮咬皮肤，也会通宵不能入睡。仁义给人的毒害就更为惨痛乃至令人昏聩糊涂，对人的祸乱没有什么比仁义更为厉害。你要想让天下不至于丧失淳厚质朴，你就该纵任风起风落似的自然而然地行动，一切顺于自然规律行事，又何必那么费力地去宣扬仁义，好像是敲着鼓追捕逃亡的人似的呢？白色的天鹅不需要天天沐浴而毛色自然洁白，黑色的乌鸦不需要每天用黑色渍染而毛色自然乌黑，乌鸦的黑和天鹅的白都是出于本然，不足以分辨谁优谁劣；名声和荣誉那样的外在东西，更不足以播散张扬。泉水干涸了，鱼儿相互依偎在陆地上，大口出气来取得一点儿湿气，靠唾沫来相互得到一点儿润湿，倒不如在江湖里彼此相忘。"

孔子见老聃回来，三天不讲话，弟子们问道："先生去见老聃，用什么规劝他呢?"孔子说:"我在老聃那里才真正看见龙了。龙,合众体而成,舒展开鳞甲形成耀目文采,腾云驾雾,而以阴阳二气为养。我见了它惊诧得口张开而合不拢,我又能用什么去规劝老聃呀?"子贡说:"如此说来,人本来就有安坐如尸而神游如龙,似深渊般静默而又蕴含惊雷般巨响,发动时如天地一般变幻莫测的吗?我也可以去见见吗?"于是就用孔子弟子的身份去见老聃。老聃正伸腿坐在堂上,轻声答应说:"我的年岁很大了,你对我有什么指教吗?"子贡说:"三皇五帝治理天下的方法不同,他们的名声却一样崇高。然而只有先生认为他们不是圣人,这是为什么呢?"老聃说:"小伙子稍稍往前来,你为什么说三皇五帝治道不同?"子贡回答说:"尧让位给舜,舜让位给禹,禹尽力治理河道,而汤用武力诛杀桀,周文王顺从商纣不敢违抗,周武王违抗纣而不肯顺从,所以说不同。"老聃说:"小伙子稍稍靠近,我给你讲三皇五帝治天下的情况:黄帝的治理天下,使民心淳朴无分别,民之中有父母死而不哭泣的,别人并不非难他。尧的治理天下,使民亲爱其亲人,民有为了特别亲爱其父母而对他人之亲爱程度依亲疏程度而降等的,别人对此并不非难。舜之治理天下,使民心竞争,民间有孕妇十月生下孩子,孩子五个月就会讲话,还没等到会笑就开始分辨人与物,人开始有夭折的了。禹的治理天下,使民心机智权变,人有机诈作伪之心,则用武力使之顺服天理,杀死盗贼并不叫作杀人,从而人们本来各自为同伙人谋私利,却说成是为天下人。因此天下受到极大惊恐,儒家和墨家也相应而起。他们在初创时还有伦理秩序,而今却像女人一样取悦于人,还有什么可以称道呢!我告诉你:三皇五帝的治理天下,名义上叫治天下,实则祸乱天下没有比它更大的。三皇之智慧,上面遮蔽了日月之光明,下面违背山川之精微本性,中间毁坏四时之运行。他们的智慧比蝎子尾巴、未经驯化的猛兽还要惨毒,使人们没有办法得以安定其性命之实,而这些人还自以为是圣人,难道不可耻吗?他们真是太无耻!"子贡听后惊恐不安地站在那里。

孔子对老聃说:"我研修《诗》《书》《礼》《乐》《易》《春秋》六部经书,自认为很久很久了,熟悉了旧时的各种典章制度;以此去求见游说七十二个国君,论述先王(治世)的方略和彰明周公、召公的政绩,可是一个国君也没有取用我的主张。实在难啊!是人君难以规劝,还是大道难以彰明呢？"老子说："幸运啊，你不曾遇到过治世的国君！六经，乃是先王留下的陈旧遗迹，哪里是先王遗迹的本原！如今你所谈论的东西，就好像是足迹；足迹是脚踩出来的，然而足迹难道就是脚吗！白鹢相互而视，眼珠子一动也不动便相诱而孕；虫，雄的在上方鸣叫，雌的在下方相应而诱发生子；有一种叫'类'的动物，自身具备雌雄两性，不待交合而生子。本性不可改变，天命不可变更，时光不会停留，大道不会壅塞。假如真正得道，无论去到哪里都不会受到阻遏；失道的人，无论去到哪里都是此路不通。"孔子三月闭门不出，再次见到老聃说："我终于得道了。乌鸦喜鹊是在巢里交尾孵化，鱼儿借助水里的泡沫生育，蜜蜂自化而生，弟弟生出，哥哥就因为怕失去宠爱而常常啼哭。很长时间了，我没有能跟万物的自然变化相识为友！这样又怎么能教化他人！"老子听了后说："好。孔丘已经领悟大道了！"

【义理评析】

《天运》和前两篇《天地》《天道》的主旨基本相近，阐述的都是天地的自然运化之道以及顺时而变的思想。有所不同的是，在本篇，庄子首先从自然发展观的角度提出了对自然认识的有关疑问。

在道家眼中，混沌的天可以抽象成人形。此处从天地、日月、风雨的变化运动归结出天有六极五常变化的作用。这其中包含了天体运行以及自然循环的现象，具有一定的自然科学萌芽的意味。

刻意第十五

【原典欣赏】

刻意尚行，离世异俗，高论怨诽，为亢而已矣；此山谷之士，非世之人，枯槁赴渊者之所好也。语仁义忠信，恭俭推让，为修而已矣；此平世之士，教诲之人，游居学者之所好也。语大功，立大名，礼君臣，正上下，为治而已矣；此朝廷之士，尊主强国之人，致功并兼者之所好也。就薮泽，处闲旷，钓鱼闲处，为无而已矣；此江海之士，避世之人，闲暇者之所好也。吹呴呼吸①，吐故纳新，熊经鸟申，为寿而已矣；此导引之士，养形之人，彭祖寿考者之所好也。若夫不刻意而高，无仁义而修，无功名而治，无江海而闲，不导引而寿，无不忘也，无不有也。澹然无极而众美从之。此天地之道，圣人之德也。

故曰，夫恬惔寂漠，虚无无为，此天地之平而道德之质也。故曰，圣人休休焉则平易矣。平易则恬惔矣。平易恬惔，则忧患不能入，邪气不能袭，故其德全而神不亏。故曰，圣人之生也天行，其死也物化；静而与阴同德，动而与阳同波；不为福先，不为祸始；感而后应，迫而后动，不得已而后起。去知与故，循天之理。故无天灾，无物累，无人非，无鬼责。其生若浮，其死若休。不思虑，不豫谋。光矣而不耀，信矣而不期。其寝不梦，其觉无忧。其神纯粹，其魂不罢。虚无恬惔，乃合天德。

故曰，悲乐者，德之邪也；喜怒者，道之过也；好恶者，德之失也。故心不忧乐，德之至也；一而不变，静之至也；无所于忤②，虚之至也；不与物交，惔之至也；无所于逆，粹之至也。故曰，形劳而不休则弊，精用而不已则劳，劳则竭。水之性，不杂则清，莫动则平；郁闭而不流，亦不能清，天德之象也。故曰，纯粹而不杂，静一而不变，惔而无为，动而以天行，此养神之道也。夫有干越之剑者，柙而藏之，不敢用也，宝之至也。精神四达并流，无所不极，上际于天，下蟠于地③，化育万物，不可为象，其名为同帝。纯素之道，唯神是守；守而勿失，与神为一；一之精通，合于天伦。野语有之曰："众人重利，廉士重名，贤人尚志，圣人贵精。"故素也者，谓其无所与杂也；纯也者，谓其不亏其神也。能体纯素，谓之真人。

【玄义注释】

①呴（xū）：吐气。②忤（wǔ）：违背，抵触。③蟠（pán）：遍及。

【白话翻译】

磨砺心志，崇尚修养，超越尘世而不与世俗同流合污，谈吐不凡，抱怨怀才不遇而讥评世事无道，这只能称得上是孤高卓群而已；这样做的是避居山谷的隐士，是愤世嫉俗的人，这是那些洁身自好、宁可以身殉志之人所喜好的。宣扬仁爱、道义、忠贞、信实和恭敬、节俭、辞让、谦逊，这只能称得上是注重修身而已；这样做的是意欲平定治理天下的人，是对人施以教化的人，这是那些四处游说、博文广识之人所喜好的。宣扬大功，树立大名，制定君臣礼节，端正和维护上下各级的地位，这只能称得上是投身治理天下而已；这样做的是身居朝廷之士，是能使国君尊贵、国家强盛的人，这是那些痴迷于建立功业、开拓疆土之人所喜好的。走向山林湖泽，处身闲暇旷达，垂钓钓鱼来消遣时光，这只能称得上是无为自在而已；这样做的是闲游江湖的人，是逃避世事的人，这是那些向往悠闲生活之人所喜好的。嘘唏呼吸，吐出胸中浊气吸纳清新空气，像黑熊攀缘引体、像鸟儿展翅飞翔，这只能称得上是懂得延年益寿而已；这样做的是善于舒活经络气血之辈，是注重养生的人，这是像彭祖一样希望长寿的人所喜好的。若不需磨砺心志而自然高洁，不需倡导仁义而自然修身，不需追求功名而天下自然得到治理，不需避居江湖而心境自然闲暇，不需舒活经络气血而自然寿延长久，他们无所不忘，同时又无所不有。宁寂淡然而且心智从不滞留一方，而世上一切美好的东西都汇

聚在他们的周围。这才是与天地日月同辉的永恒之道,这才是圣人无为的至尚之德。

所以说:恬淡、寂寞、虚无、无为,这是自然的法则,也是道与德的本来面目。所以说,圣人的心境处于非常平静的状态之中,处于非常平静的状态之中就能做到内心恬淡了。做到了平静恬淡,则忧患不能进入,邪气不能侵袭,因此他们能够保持完整的天性。所以说,圣人活在世上能够顺应自然而行事,死后也能够顺利地转变为其他事物;圣人静止时与阴气同归沉寂,活动时与阳气同步奔波;不做幸福的起因,不做祸患的开始;圣人受到外物的触动后才有所响应,受到外界的迫使后才会有所行动,迫不得已而后才行动起来去做事。抛开智力与巧计,顺从自然的规律。因此说,他们没有自然灾难,没有外物拖累,没有别人抱怨,没有鬼神责怪。他们活在世上的时候如同漂浮在水面上一般随遇而安,死后就仿佛休息的时候那样安闲。他们没有深思熟虑,没有预先筹划。光亮而不耀眼,守信而不执著。睡觉时不做梦,醒来后没烦恼。他把生存视为浮云,把死亡视为休息。精神洁净纯粹,身体从不疲乏。如此虚无恬淡,才合乎自然禀赋,存养精神、延年益寿之道。

所以说,心中倘若有了悲哀和欢乐,那是背离了德行的本性;心中倘若有了喜悦和愤怒,那是自然本性的失衡;心中倘若有了喜好和憎恶,那是忘却真性的过失。所以,内心不曾有忧患和欢乐,才是德行的最高境界;持守专一而没有变化,是寂静的最高境界;不与任何外物相抵触,是虚豁的最高境界;不跟外物交往,是恬淡的最高境界;不与任何事物相违逆,是精粹的最高境界。所以说,形体劳累而不懂得休息,就会疲乏不堪;精力使用过度而不知道停歇,就会元气劳损,元气劳损就会精力枯竭。水的本性,没有杂质就会清澈,不去搅动就会平静;然而,假使闭塞不流动,水也就不会变得澄澈,这是自然本质的现象。所以说,纯净精粹而不混杂,静寂持守而不改变心态,恬淡而又无为,运动则顺应自然而行,这就是养神的道理。藏有吴国和越国所造宝剑的人,把它放在匣子里珍藏,不敢轻易使用,它是珍宝中至贵的。精神向四面八方通达交流无滞,无所不至其尽头,上与天交会,下遍及大地,生化哺育万物,没有迹象可见,它的名字就叫同于天帝。纯粹质朴之道,只有精神专一才能持守;持守而不遗失，使与精神合为一体；能精通这合一之道，就合乎自然之理。谚语说："多数人看重利，廉洁之士注重名声，贤人君子崇尚志向，圣人着重精神。"所以，所谓素质，就是没有杂质混入；所谓纯粹，就是没有污损其自然的内在本质。能以纯素为体的人，就称为真人。

【义理评析】

本篇篇幅简短精悍，文意连贯，其主旨在于探讨身心修养的问题，并且指出对于修养的要求应当因人而异，唯有"虚无恬淡"才与"天德"相吻合，才是修养的最高境界。在庄子看来，若想达到这一境界，就需要我们既无思无虑，又无喜无忧，而所谓的名利、毁誉、生死等等，全不计较于心，从而成为恬淡寂寞、虚无无为、动与天行的得道真人。

全篇分三段展开论述。第一段分析了六种不同的修养态度，唯有第六种才值得称道，"澹然无极"才是"天地之道"、"圣人之德"。第二段，讲述养神的方法，要以恬淡寂寞，虚无无为为根本。要息心于平易无偏倚，动静随天，去知与故，超越死生，无好恶、喜怒、悲欢，不与物交，保持心神之纯一不杂。第三段提出"贵精"的主张，所谓"贵精"即不丧"纯"、"素"，这样的人就可叫做"真人"。

缮性第十六

【原典欣赏】

缮性于俗学①，以求复其初；滑欲于俗思，以求致其明；谓之蔽蒙之民。

古之治道者，以恬养知。生而无以知为也，谓之以知养恬。知与恬交相养，而和理出其性。夫德，和也；道，理也。德无不容，仁也；道无不理，义也；义明而物亲，忠也；中纯实而反乎情，乐也；信行容体而顺乎文，礼也。礼乐遍行，则天下乱矣。彼正而蒙己德，德则不冒，冒则物必失其性也。

古之人，在混芒之中，与一世而得澹漠焉②。当是时也，阴阳和静，鬼神不扰，四时得节，万物不伤，群生不夭，人虽有知，无所用之，此之谓至一。当是时也，莫之为而常自然。

逮德下衰，及燧人、伏羲始为天下，是故顺而不一。德又下衰，及神农、黄帝始为天下，是故安而不顺。德又下衰，及唐、虞始为天下，兴治化之流，𣶏淳散朴，离道以善，险德以行，然后去性而从于心。心与心识，知而不足以定天下，然后附之以文，益之以博。文灭质，博溺心，然后民始惑乱，无以反其性情而复其初。

由是观之，世丧道矣，道丧世矣，世与道交相丧也。道之人何由兴乎世，世亦何由兴乎道哉！道无以兴乎世，世无以兴乎道，虽圣人不在山林之中，其德隐矣。隐，故不自隐。古之所谓隐士者，非伏其身而弗见也，非闭其言而不出也，非藏其知而不发也，时命大谬也。当时命而大行乎天下，则反一无迹；不当时命而大穷乎天下，则深根宁极而待；此存身之道也。

古之存身者，不以辩饰知，不以知穷天下，不以知穷德，危然处其所而反其性，己又何为哉！道固不小行，德固不小识。小识伤德，小行伤道。故曰：正己而已矣。

乐全之谓得志。古之所谓得志者，非轩冕之谓也，谓其无以益其乐而已矣。今之所谓得志者，轩冕之谓也。轩冕在身，非性命也，物之傥来，寄者也③。寄之，其来不可圉④，其去不可止。故不为轩冕肆志，不为穷约趋俗，其乐彼与此同，故无忧而已矣！今寄去则不乐，由是观之，虽乐，未尝不荒也。故曰，丧己于物，失性于俗者，谓之倒置之民。

【玄义注释】

①缮（shàn）：修补、修养。②澹漠：恬淡，内心宁静，淡漠。③傥（tǎng）来：偶然、侥幸得来。④圉（yǔ）：又作"御"，抵御、阻挡之意。

【白话翻译】

用世俗间的学问来修养自身的性情，以求恢复人之初的纯真性情；用世俗间的思想来压制自身的欲望，以求达到思想的明澈；这就叫做闭塞愚昧的人。

　　古时候研究道术的人，总是以恬静来调养心智；心智生成却不用智巧行事，可称它为以心智调养恬静。心智和恬静交相调治，因而谐和顺应之情从本性中表露而出。德，就是和谐；道，就是顺应。德无所不容，就叫做仁；道无所不顺，就叫做义。义理明澈而众人亲附，就是忠；内心纯厚回归本性，就是乐；讲求诚信、顺应自然，就是礼。偏激地推行礼乐，天下就会大乱。人们端正了品性就会收敛德性，德性就不会外露，如果德性外露，事物必然要失去自身的本性了。

　　古时候的人，生活在混沌蒙昧之中，举世都淡漠相处。那个时候，阴阳和谐宁静，鬼神不来搅扰，四时运转如常，万物不被伤害，众生不会死于非命，人虽有心智，但无人用它，这就叫做最纯粹的境界。那个时候，人人都无所作为，而让万物顺其自然。

　　待到德性衰退，到了燧人和伏羲时便开始治理天下，这个时候只能顺随民心但没有纯净的境界了。德性再度衰退，到了神农和黄帝时开始治理天下，这个时候只能安定天下但不能顺随民心了。道德再度衰退，到了唐尧、虞舜统治天下，开启了治理和教化的风气，淳厚质朴之风受到干扰与破坏，背离大道而为，寡有德行而行，这之后也就舍弃了本性而顺从于各自的私心。人们彼此间都相互猜测，这时用智慧不足以使天下得到安定，然后又贴附上浮华的礼文，增加了众多的俗学。礼文浮华毁坏了质朴之风，广博的俗学淹没了纯真的心灵，然后人民才开始迷惑和纷乱，没有什么办法返归本真而回复原始的情状。

　　由此看来，世风日下而丧失大道，大道丧失而世风更下，世风与大道交相丧失，得道之人从哪里使道在世上兴起，世上又从哪里使大道兴起啊！大道不能使人世复兴，人世也不能使大道兴起，虽然圣人不在山林之中隐居，他们的道德也如同隐蔽了。圣人之隐，本来不是自己有意隐匿。古时候所说的隐士，并不是隐匿自身不使人见，并不是闭塞言论而不说出，并不是藏其智慧而不显示，时代与命运大相悖谬啊！如果合于时代和命运而使大道盛行天下，则可复归于人与自然合一之道而无形迹；不论乎时代与命运而困穷于天下，则深藏缄默而等待时机；这是保存自身的方法。

　　古时保全自身的人，不用巧辩来文饰自己的智慧，不用自己的智慧去使天下人陷入困境，也不用自己的智慧去损害人们的天性，独立不倚地处在其应处的地位而致力于复归自然的本性，除此还有何为呀！道本不可以贬损以迁就世俗之行，德行本不可以贬低其知以求闻达。贬低其知伤害德行，贬损其行则伤害大道，所以说，端正自己就是了。

自性与外物和谐统一就叫做得志。古代所谓得志之人，不是指获得高官厚禄，他们认为那些东西并不能增加自然的本性之乐呀。现在世俗的人们所说的快意自适，是指高官厚禄地位显赫。荣华富贵在身，并不出自本然，犹如外物偶然到来，是临时寄存的东西。外物寄托，它们到来不必加以阻挡，它们离去也不必加以劝止。所以不可为了富贵荣华而恣意放纵，不可因为穷困贫乏而趋附流俗，身处富贵荣华与穷困贫乏，其间的快意相同，因而没有忧愁罢了。如今寄托之物离去便觉不能快意，由此观之，即使真正有过快意也未尝不是迷乱了真性。所以说，由于外物而丧失自身，由于流俗而失却本性，就叫做颠倒了本末的人。

【义理评析】

篇名"缮性"，即修身养性。就形式而言，本篇与《刻意》篇有相似之处；但就具体内容来说，二者的思想倾向又有所差异。

文中，庄子批评人们对自己修身养性越来越不重视，招致世风日下、一代不如一代。由此发出了无奈而深沉的呼唤：希望人们意识到修身养性的重要性，端正自己的行为，这样才能与大道的需求相吻合，也才能更好地立身于世。

秋水第十七

【原典欣赏】

秋水时至，百川灌河。泾流之大，两涘渚崖之间①，不辩牛马。于是焉河伯欣然自喜，以天下之美为尽在己。顺流而东行，至于北海，东面而视，不见水端。于是焉河伯始旋其面目，望洋向若而叹曰："野语有之曰：'闻道百，以为莫己若者。'我之谓也。且夫我尝闻少仲尼之闻而轻伯夷之义者，始吾弗信。今我睹子之难穷也，吾非至于子之门则殆矣，吾长见笑于大方之家。"

北海若曰："井蛙不可以语于海者，拘于虚也；夏虫不可以语于冰者，笃于时也；曲士不可以语于道者，束于教也。今尔出于崖涘，观于大海，乃知尔丑，尔将可与语大理矣。天下之水，莫大于海，万川归之，不知何时止而不盈；尾闾泄之②，不知何时已而不虚；春秋不变，水旱不知。此其过江河之流，不可为量数。而吾未尝以此自多者，自以比形于天地，而受气于阴阳，吾在于天地之间，犹小石小木之在大山也。方存乎见少，又奚以自多！计四海之在天地之间也，不似礨空之在大泽乎③？计中国之在海内，不似稊米之在大仓乎？号物之数谓之万，人处一焉；人卒九州，谷食之所生，舟车之所通，人处一焉；此其比万物也，不似豪末之在于马体乎？五帝之所连，三王之所争，仁人之所忧，任士之所劳，尽此矣！伯夷辞之以为名，仲尼语之以为博，此其自多也，不似尔向之自多于水乎？"

河伯曰："然则吾大天地而小豪末，可乎？"北海若曰："否。夫物，量无穷，时无止，分无常，终始无故。是故大知观于远近，故小而不寡，大而不多，知量无穷。证曏今故④，故遥而不闷，掇而不跂，知时无止。察乎盈虚，故得而不喜，失而不忧，知分之无常也。明乎坦涂，故生而不说，死而不祸，知终始之不可故也。计人之所知，不若其所不知；其生之时，不若未生之时；以其至小，求穷其至大之域，是故迷乱而不能自得也。由此观之，又何以知豪末之足以定至细之倪，又何以知天地之足以穷至大之域？"

河伯曰："世之议者皆曰：'至精无形，至大不可围。'是信情乎？"北海若曰："夫自细视大者不尽，自大视细者不明。夫精，小之微也；垺⑤，大之殷也。故异便，此势之有也。夫精粗者，期于有形者也；无形者，数之所不能分也；不可围者，数之所不能穷也。可以言论者，物之粗也；可以意致者，物之精也；言之所不能论，意之所不能察致者，不期精粗焉。是故大人之行，不出乎害人，不多仁恩；动不为利，不贱门隶；货财弗争，不多辞让；事焉不借人，不多食乎力，不贱贪污；行殊乎俗，不多辟异；为在从众，不贱佞谄；世之爵禄不足以为劝，戮耻不足以为辱；知是非之不可为分，细大之不可为倪。闻曰：'道人不闻，至德不得，大人无己。'约分之至也。"

河伯曰："若物之外，若物之内，恶至而倪贵贱？恶至而倪小大？"北海若曰："以道观之，物无贵贱；以物观之，自贵而相贱；以俗观之，贵贱不在己。以差观之，因其所大而大之，则万物莫不大；因其所小而小之，则万物莫不小。知天地之为稊米也⑥，知豪末之为丘山也，则差数睹矣。以功观之，因其所有而有之，则万物莫不有；因其所无而无之，则万物莫不无。知东西之相反而不可以相无，则功分定矣。以趣观之，因其所然而然之，则万物莫不然；因其所非而非之，则万物莫不非。知尧、桀之自然而相非，则趣操睹矣。昔者尧、舜让而帝，之、哙让而绝；汤、武争而王，白公争而灭。由此观之，争让之礼，尧、桀之行，贵贱有时，未可以为常也。梁丽可以冲城而不可以窒穴，言殊器也；骐骥骅骝一日而驰千里，捕鼠不如狸狌，言殊技也；鸱鸺夜撮蚤⑦，察豪末，昼出瞋目而不见丘山，言殊性也。故曰，盖师是而无非，师治而无乱乎？是未明天地之理，万物之情者也。是犹师天而无地，师阴而无阳，其不可行明矣！然且语而不舍，非愚则诬也。帝王殊禅，三代殊继。差其时，逆其俗者，谓之篡夫⑧；当其时，顺其俗者，谓之义之徒。默默乎河伯！女恶知贵贱之门，小大之家！"

河伯曰："然则我何为乎？何不为乎？吾辞受趣舍，吾终奈何？"北海若曰："以道观之，何贵何贱，是谓反衍；无拘而志，与道大蹇。何少何多，是谓谢施；无一而行，与道参差。严乎若国之有君，其无私德；繇繇乎若祭之有社⑨，其无私福；泛泛乎其若四方之无穷，其无所畛域。兼怀万物，其孰承翼？是谓无方。万物一齐，孰短孰长？道无终始，物有死生，不恃其成。一虚一满，不位乎其形。年不可举，时不可止。消息盈虚，终则有始。是所以语大义之方，论万物之理也。物之生也，若骤若驰，无动而不变，无时而不移。何为乎？何不为乎？夫固将自化。"

河伯曰："然则何贵于道邪？"北海若曰："知道者必达于理，达于理者必明于权，明于权者不以物害己。至德者，火弗能热，水弗能溺，寒暑弗能害，禽兽弗能贼。非谓其薄之也，言察乎安危，宁于祸福，谨于去就，莫之能害也。故曰：'天在内，人在外，德在乎天。'知天人之行，本乎天，位乎得，蹢躅而屈伸，反要而语极。"曰："何谓天？何谓人？"北海若曰："牛马四足，是谓天；落马首，穿牛鼻，是谓人。故曰：'无以人灭天，无以故灭命，无以得殉名。谨守而勿失，是谓反其真。'"

夔怜蚿⑩，蚿怜蛇，蛇怜风，风怜目，目怜心。夔谓蚿曰："吾以一足趻踔而行⑪，予无如矣。今子之使万足，独奈何？"蚿曰："不然。子不见夫唾者乎？喷则大者如珠，小者如雾，杂而下者不可胜数也。今予动吾天机，而不知其所以然。"蚿谓蛇曰："吾以众足行，而不及子之无足，何也？"蛇曰："夫天机之所动，何可易邪？吾安用足哉！"蛇谓风曰："予动吾脊胁而行，则有似也。今子蓬蓬然起于北海，蓬蓬然入于南海，而似无有，何也？"风曰："然，予蓬蓬然起于北海而入于南海也，然而指我则胜我，鳅我亦胜我。虽然，夫折大木，蜚大屋者，唯我能也。"故以众小不胜，为大胜也。为大胜者，唯圣人能之。

孔子游于匡，宋人围之数匝，而弦歌不惙⑫。子路入见，曰："何夫子之娱也？"孔子曰："来，吾语女。我讳穷久矣，而不免，命也！求通久矣，而不得，时也！当尧、舜而天下无穷人，非知得也；当桀、纣而天下无通人，非知失也：时势适然。夫水行不避蛟龙者，渔父之勇也；陆行不避兕虎者，猎夫之勇也；白刃交于前，视死若生者，烈士之勇也；知穷之有命，知通之有时，临大难而不惧者，圣人之勇也。由，处矣！吾命有所制矣！"无几何，将甲者进，辞曰："以为阳虎也，故围之。今非也，请辞而退。"

公孙龙问于魏牟曰："龙少学先王之道，长而明仁义之行；合同异，离坚白；然不然，可不可；困百家之知，穷众口之辩，吾自以为至达已。

今吾闻庄子之言，汒然异之。不知论之不及与？知之弗若与？今吾无所开吾喙，敢问其方。"公子牟隐机大息，仰天而笑曰："子独不闻夫埳井之蛙乎？谓东海之鳖曰：'吾乐与！出跳梁乎井干之上，入休乎缺甃之崖。赴水则接腋持颐，蹶泥则没足灭跗。还虷蟹与科斗，莫吾能若也。且夫擅一壑之水，而跨跱埳井之乐，此亦至矣。夫子奚不时来入观乎？'东海之鳖左足未入，而右膝已絷矣⑬。于是逡巡而却，告之海曰：'夫千里之远，不足以举其大；千仞之高，不足以极其深。禹之时，十年九潦，而水弗为加益；汤之时，八年七旱，而崖不为加损。夫不为顷久推移，不以多少进退者，此亦东海之大乐也。'于是埳井之蛙闻之，适适然惊，规规然自失也。且夫知不知是非之竟，而犹欲观于庄子之言，是犹使蚊负山，商蚷驰河也，必不胜任矣。且夫知不知论极妙之言，而自适一时之利者，是非埳井之蛙与？且彼方跐黄泉而登大皇，无南无北，奭然四解⑭，沦于不测；无东无西，始于玄冥，反于大通。子乃规规然而求之以察，索之以辩，是直用管窥天，用锥指地也，不亦小乎？子往矣！且子独不闻夫寿陵馀子之学行于邯郸与？未得国能，又失其故行矣，直匍匐而归耳。今子不去，将忘子之故，失子之业。"公孙龙口呿而不合，舌举而不下，乃逸而走。

庄子钓于濮水。楚王使

大夫二人往先焉,曰:"愿以境内累矣!"庄子持竿不顾,曰:"吾闻楚有神龟,死已三千岁矣。王巾笥而藏之庙堂之上。此龟者,宁其死为留骨而贵乎?宁其生而曳尾于涂中乎?"二大夫曰:"宁生而曳尾涂中。"庄子曰:"往矣!吾将曳尾于涂中。"

惠子相梁,庄子往见之。或谓惠子曰:"庄子来,欲代子相。"于是惠子恐,搜于国中三日三夜。庄子往见之,曰:"南方有鸟,其名鹓鶵⑮,子知之乎?夫鹓鶵,发于南海而飞于北海,非梧桐不止,非练实不食,非醴泉不饮。于是鸱得腐鼠,鹓鶵过之,仰而视之曰:'吓!'今子欲以子之梁国而吓我邪?"

庄子与惠子游于濠梁之上。庄子曰:"鯈鱼出游从容,是鱼之乐也。"惠子曰:"子非鱼,安知鱼之乐?"庄子曰:"子非我,安知我不知鱼之乐?"惠子曰:"我非子,固不知子矣;子固非鱼也,子之不知鱼之乐,全矣!"庄子曰:"请循其本。子曰'汝安知鱼乐'云者,既已知吾知之而问我。我知之濠上也。"

【玄义注释】

①涘:河岸。②尾闾:传说中蒸发、排泄海水的地方。③礨(lěi)空:蚂蚁窝。④证曏(xiàng):证明;明白。⑤垺(fú):特大,宏大。⑥稊(tí)米:小的米粒。⑦鸱鸺(chī xiū):猫头鹰。⑧篡夫:篡夺王位的人。⑨繇(yóu)繇:悠然自得的样子。⑩蚿(xián):一种多足虫。⑪趻踔(chěn chuō):跳着走。⑫惙:同"辍",停止。⑬絷(zhí):羁绊,绊住。⑭奭(shì)然:释然,心无挂碍,无拘无束。⑮鹓鶵(yuān chú):传说中鸾凤之类的神鸟。

【白话翻译】

秋天的洪水随着时令的到来汹涌而至,千百条河流都灌注到黄河,河面是那样的宽广辽阔,以至于两岸之间、河中小洲之上连牛马都辨认不清。于是乎河神欢欣鼓舞、自满自足起来,以为天下美好的事物全部聚集到了自己这里。河神顺着水流向东而去,来到北海边,放眼向东边望去,竟然看不见大海的尽头。于是河神才改变先前洋洋自得的面孔,面对着海

心如澄澈秋水，身如不系之舟

神仰首慨叹道："俗话说：'通晓了上百条道理，就认为再无人可以超越自己。'说的就是我这样的人啊。而且我之前还听说有人小看仲尼的学问、轻视伯夷的道义，刚开始的时候我还不太相信，如今我看到大海是这般烟波浩渺、无边无际，我倘若没有来到您这里，那就太糟糕了，我将长久地为深明大道的人所耻笑。"

海神说："井底之蛙，不可能跟它们谈论大海，原因是它们受到生活空间的限制；夏天的虫子，不可能跟它们谈论冰冻，原因是它们受到生存时间的限制；孤陋寡闻的书生，不可能跟他们谈论大道，原因是它们受到教养的束缚。如今你走出了黄河两岸，看到了大海，方才知道自己的鄙陋，这将可以跟你谈论大道了。天下的水，没有比大海更广阔的，千万条河川流归大海，不知道什么时候才会停歇而大海却从不会满溢；海底的尾闾泄漏海水，不知道什么时候才会停止而海水却从不曾减少；无论春天还是秋天，海水都不曾有变化；无论水涝还是干旱，海水都从未曾受到影响。大海超过江河的水量简直无法估量。不过我从来没有因此而自满，因为我从天地那里具足了形体，从阴阳那里秉受了生气，我在天地之间，如同小石块、小树木在大山之中，我内心深处存有自以为渺小的想法，又怎么会自满呢？想来四海在天地之间，不也就像蚁窝在大薮泽中一样吗？想来中国在四海之内，不也就像一粒稗米在大谷仓中一样吗？人们用'万'这个数字来称呼物类，就人类自身而言也不过占其中之一；人住满九州之地，凡谷物可以生长，舟车可以通行之处，皆有人居，个人也只是众人中之一；人与万物相比，不也就像一根绒毛末梢在马身上一样微小吗？五帝以禅让相传承的，三王以武力相争夺的，仁人所担忧的，贤能之士所操劳的，都如毫末一样微不足道。伯夷辞让以博得好名声，仲尼谈论以显示博学，这种自满自足，不就像你以前自夸黄河之水为多一样吗？"

河神说："那么我把天地看做是最大，把毫毛之末看做是最小，可以吗？"海神说："不可以。万物的大小质量是不可穷尽的，在存在的时间方面是永无止境的，在得与失的方面是恒久不变的，他们处于一个长久的循环变化之中而不守常态。所以具有大智慧的人观察事物从不局限于一隅，因而体积小却不看做就是少，体积大却不看做就是多。他们之所以如此，是因为知道事物的量是不可穷尽的；证验并明察古往今来的各种情况，因而寿命久远却不感到厌倦，寿命短促也不去祈求长寿，其原因就在于具有大智慧的人知道时间的推移是没有止境的；洞悉事物有盈有虚的规律，因而有所得却不欢欣喜悦，有所失也不悔恨忧愁，其原因就在于具有大智慧的人知道得与失的禀分是没有定规的；明了生与死之间犹如一条没有阻隔的平坦大道，因而生于世间不会倍加欢喜，死离人世不觉祸患加身，其原因就在于具有大智慧的人知道终了和起始是不会一成不变的。算算人所懂得的知识，远远不如他所不知道的东西多，他生存的时间，也远远不如他不在人世的时间长；用极为有限的智慧去探究没有穷尽的境域，所以内心迷乱而必然不能有所得！由此看来，又怎么知道毫毛的末端就可以判定是最为细小的限度呢？又怎么知道天与地就可以看做是最大的境域呢？"

河神说："世间喜好发表议论的人经常说：'最细小的东西没有形体可寻，最巨大的东西不可限定范围。'这样的话是真实可信的吗？"海神回答："倘若从细小事物的角度来看庞大的事物，就无法看到整体；倘若从庞大事物的角度来看细小的事物，就无法看得真切。所说的精细，指的是小中之小；所说的庞大，指的是大中之大。它们虽有所不同却各有各的合宜之处，这是万物所固有的属性。所谓精细与粗大，是仅限于有形的事物而言的；至于没有形体

的事物，是不能用计算数量的办法来加以剖析的；而对于无法限定范围的事物，也是不能用数量能够精确计算的。能够用言语来阐述的，是事物粗浅的外在表象；可以用思想意会的，则是事物精细的内在实质。言语所无法阐述的，思想不能意会的，也就不限于精细和粗浅的范围了。因此有道之人在为人处世方面，既不会去伤害别人，也不会去赞赏给人施仁慈和恩惠；无论干什么都不是为了私利，也不会轻视从事守门差役之类的人；无论何时都不会去争夺财物，也不推重谦和与辞让；做事从不求助于人，但也不提倡自食其力，同时也不鄙夷贪婪与污秽的举动；行动与世俗不同，但不主张邪僻乖异；行为随顺大众，也不以奉承和谄媚为卑贱；人世间的高官厚禄无法使其动心，不认为刑戮和侮辱就是一种羞耻；知道是与非的界线不能清楚地划分，也懂得细小和庞大不可能确定清晰的界限。听人说：'能体察大道的人不求闻达于世，修养高尚的人不会计较得失，清虚宁寂的人能够忘却自己。'这就是约束自己而又恰如其分的境界。"

河神说："不管是对于事物的表面现象，还是对于事物的内在本质，究竟应该从哪里区分它们的贵贱呢？从哪里区分它们的大小呢？"海神说："从大道来观察，万物没有贵贱之分。从万物自身角度观察，物各自以为贵，而相互以对方为贱。以世俗通行观念观察，物之贵贱决定于外而不在自身。从物的差别性观察，如果就某种事物大的方面把它视为大，则万物莫不是大；如果就某种事物小的方面把它视为小，则万物无不是小；明白天地可看做像一粒细米般小，一根毫毛末梢可看做像丘山般大，则万物差别的相对性就看清楚了。从物之功效观察，顺着其具有功效一面看，万物莫不有功效；顺着其不具功效一面看，则万物莫不无功效；明白东与西方向相反又不可相互缺少的道理，则万物的功能与分量就确定下来了。从万物的取向观察，顺其以为对的一面把它视为对，则万物莫不是对的；顺其以为错的一面把它看成错，则万物莫不是错的；明白尧与桀的自以为是，而互以对方为非，则志向之不同就看清楚了。当年唐尧、虞舜禅让而称帝，宰相子之与燕王哙禅让而燕国几乎灭亡；商汤、周武王都争夺天下而成为帝王，白公胜争夺王位却招致杀身。由此看来，争斗与禅让的礼制，唐尧与夏桀的做法，认可还是鄙夷都会因时而异，不可以把它们看做是不变的规律。栋梁之材可以用来冲击敌城，却不可以用来堵塞鼠穴，说的是器物的用处不一样。骏马良驹一天奔驰上千里,但让它捕捉老鼠却不如野猫与黄鼠狼,说的是技能不一样。猫头鹰夜里能抓取小小的跳蚤,细察毫毛之末,可是大白天睁大眼睛也看不见高大的山丘,说的是禀性不一样。所以说:怎么只看重对的一面而忽略不对的一面,看重治而忽略乱呢?这是因为不明了自然存在的道理和万物自身的实情。这就像是重视天而轻视地、重视阴而轻视阳,那不可行是十分明白的了。然而有的人还在谈论不休,这种人不是愚昧便是欺骗!远古帝王的禅让各不相同,夏、商、周三代的继承也各不一样。不合时代、背逆世俗的人,称他叫篡逆之徒;合于时代、顺应世俗的人,称他叫高义之士。沉默下来吧,河神!你怎么会懂得万物间贵贱的分别和大小的差别!"

河神说:"既然如此,那我该做些什么?不该做些什么呢?在对事物的取舍进退方面,我该以什么为准则呢?我究竟应该怎么办呢?"海神说:"就大道而言,什么是贵什么是贱,可以说是反复变化的;不要拘束你自己的心志而与大道相背而行。什么是少什么是多,可以说是交替变化的;不要让自己的行为一成不变而与大道不相吻合。你要像国君一样庄重威严,对谁都没有私恩相加;你要像被祭的灶神一样悠然自得,不给任何人以私福;你要像无穷无尽的空间一般心胸宽广,对万物兼容并包,怎么会仅仅庇护、帮助某一种事物呢?这可以说是不去偏袒任何一方。万物都是一样的,谁是短的谁是长的呢?大道是没有开始与终止的,而万物却有死生的变化,即使一时有所成就,也是不足依赖的。大道在一虚一盈中变化着,没有固定不变的形态。往昔的岁月不可回转,逝去的时间无法挽留。万物在消亡、生息、充盈、亏虚之中,周而复始地变化着。明白了以上的道理,也就可以谈论大道的奥义,评说万物变化的道理了。万物的生长,像是马儿急驰,像是车马疾行,没有什么举动不在变化,没有什么时刻不在迁移。应该做些什么呢?又应该不做什么呢?一切必定都将自行变化!"

河神说:"既然是这样,那为何还要如此看重大道呢?"海神回答说:"知晓大道的人必定通达事理,通达事理的人必定明白应变,明白应变的人定然不会因为外物而损伤自己。对于道德修养高尚的人,烈焰无法灼伤他们,洪水无法溺毙他们,严寒和酷暑无法侵扰到他们,飞禽和走兽也无法伤害到他们。这不是说他们逼近水火、寒暑的侵扰和禽兽的伤害而能幸免，而是说他们清楚安全和危险的所在，可以安然无恙地度过困窘时期或顺利时期，能够谨慎地选择取舍，所以没有什么东西能够伤害他们。因此说：'天然的本性蕴藏于内心，人为的东西显露于外表，高尚的修养则顺应自然。'懂得人的行止，立足于自然的规律，居处于自得的环境，进退适宜，而屈伸得当，也就返归大道的要冲而可谈论至极的道理。"河神说："什么是天然？什么又是人为？"海神回答说："牛、马生下来就长有四只脚，这就叫天然；用马络套住马头，用牛鼻绾穿过牛鼻，这就叫人为。因此说，切莫拿人为的东西去毁灭天然的东西，切莫拿有意的作为去毁灭自然的禀性，切莫为了追名逐利而去毁灭自己的天性。谨慎地持守自然的禀性而不丧失，这就叫返归本真。"

独脚的夔仰慕多足的蚿，多足的蚿仰慕无足的蛇，无足的蛇仰慕无形的风，无形的风仰慕能看的眼睛，能看的眼睛仰慕能思索的心。夔对蚿说："我用一只脚跳着走路，没有像我这样简便了。现在你用那么多只脚走路，将怎么办呢？"蚿说："不是这样的。你没有看见打喷嚏的人吗？喷出的唾沫大的如水珠，小的如雾气，混杂着落下来，没有办法数得清。现在我运用自性的机能，而不知道它究竟是怎么发动的。"蚿对蛇说："我用众足行路而不及你的无足走得快，是为什么呢？"蛇说："天性机能之发动，怎么可以改变呢？我哪里用得着足呢？"蛇对风说："我运动脊背和肋部而爬行，这是有形可见的；现在你呼呼地由北海刮起，又呼呼地吹入南海，而好像没有形迹似的，这是为何呢？"风说："是的。我呼呼地从北海刮起而吹入南海。可是，人们用手指来指我，就能胜过我，用足踏我也能胜过我。虽然如此，那折断大树、吹起房屋，也只有我能做得到。"故而在众多小的方面不能取胜却能取得大胜。取得大胜，只有圣人才能做得到。

孔子周游到匡邑，被宋国的军队层层围住，但他仍然弹琴唱歌自得其乐，好像什么也不曾发生过。子路入见孔子，说："先生面对这样的困境为什么还这样快乐呢？"孔子说："过来！我给你说。我担忧困窘已经很久了，然而还是不能幸免，这是命运的缘故！我追求通达也已经很久了，然而还是一无所得，这是时势造成的！当时在尧、舜的时代，天下没有困窘失志的人，并非他们的智慧高超；当时在桀、纣的时代，天下没有通达得志的人，并非他们的智慧低下。这都是时势造成的。在水里活动而不躲避蛟龙的，乃是渔夫的勇敢；在陆上活动而不躲避犀牛老虎的，乃是猎人的勇敢；刀剑交错地横于眼前，看待死亡犹如生还的，乃是壮烈之士的勇敢。懂得困厄潦倒乃是命中注定，知道顺利通达乃是时运造成，面临大难而不畏惧的，这就是圣人的勇敢。仲由啊，你还是安然处之吧！我命中注定要受到制约啊。"没过多久，统领甲士的长官进来道歉说："以为你们是阳虎一伙，所以把你们包围起来。现在知道不是，请让我表示致歉而退兵。"

公孙龙问魏牟说："我少年时就学习先王大道，年长后通晓仁义的行为，能把相同相异的事物论证为无差别的同一，能把坚白等属性论证为与物体相分离；能在辩论中把别人认为不对的论说成对，把别人认为不可以的论说成可以；能困窘百家之见解，使众多善辩者理屈词穷；我自以为已经是极力通达事理了。现在我听了庄子的言论深感迷惘不解；不知是我的辩才不及他高呢？还是知识不如他博呢？现在我都不知道从哪里开口了，请问这是什么道理呢？"魏牟凭靠小几深深叹息，又仰天而笑说："唯独你没有听说浅井之蛙的故事吗？井蛙对东海之鳖说：'我多么快乐呀！我跳到井栏上，又蹦回到井中，在井壁缺口水边休息，游水则井水托在腋窝和两腮之下，践踏淤泥则没过脚背；环视周围的小红虫、小螃蟹、小蝌蚪，没有能像我这样自如的！况且独占一井之水，在其中跳跃蹲踞的乐趣，这也就算达到极点了，先生你何不时常进来观光呢？'东海之鳖左足还没有踏到井底，右膝就被绊住了。于是，迟疑一会就退出来了，并告诉井蛙关于大海的样子说：'那大深辽阔深邃啊，用千里的遥远，不足以形容海之大；用八千尺的高度，不足以穷尽海之深。大禹的时代，十年有九年发生水灾，而海水并不因此而增加；商汤时代，八年有七年闹旱灾，海水边沿也不因此而向后退缩。它不为时间的短暂和长久而有所改变，不因雨水多少而有所增减，这也就是东海之最大乐趣啊！'浅井之蛙听了这些，惊怖不已，现出茫然自失的样子。再说，你的智慧还未能通晓是非之究竟，就要观察领会庄子的言论，这就如同让蚊子背大山，让马蚿在河中游一样，必定不能胜任。况且你的智慧不足以理解和论述极微妙之言论，而自满自足于一时口舌相争之胜利，这不是和浅井蛙一样吗？再说庄子之言玄妙莫测，就像刚刚站在地下极深处，又忽而上升天之极高处，不分南北，四面畅通无窒碍，深入于不可知之境；不分东西，从幽远暗昧之境开始，再返回于无不通达之大道。你就只知琐细分辨，想用明察和辩论去求索其理，这简直是从管子里看天，用锥子尖指地一样，不是所见太小了吗？你去吧，唯独你没有听过寿陵少年去邯郸学步的故事吗？没有学会赵国人走路的步法，反而把自己原来的走法也忘记了，只好爬着回去。现在你要不离开，将会忘记原来的本事，失掉固有的学业。"公孙龙听了这套高论，惊异得合不拢嘴，说不出话，匆忙逃离了。

庄子正在濮水边钓鱼，楚威王派二位大臣前来拜访庄子，说："我们希望将楚国的政务托付于您！"庄子手把钓竿，头也不回地说："我听说楚国有只神龟，已经死去三千年了。楚王将它的骨甲装在竹箱里，蒙上罩巾，然后珍藏在宗庙的大堂之上。就这只龟的角度而言，它是愿意死后留下骨甲而显示尊贵呢？还是宁愿活着在泥里拖着尾巴爬行呢？"二位大臣回答说："宁愿活着在泥里拖着尾巴爬行。"庄子说："你们请回吧！我将照旧拖着尾巴在泥里爬行。"

惠子在梁国做宰相，庄子前去拜访他。有人对惠子说："庄子这次来，是想取代您的相位的。"于是惠子十分惊恐，派人在都城内搜寻庄子，找了整整三天三夜。庄子前去见惠子说："南方有一种鸟，名叫鹓鶵，您知道这种鸟吗？它从南海出发，飞往北海；不是梧桐树不肯停息，不是竹实不食，不是甘美的泉水不饮。在这时，猫头鹰得到一只腐烂的老鼠，见鹓鹞飞过，仰头看着发出一声威吓：'吓'！今天，你也想用你得到的相位来威吓我吗？"

庄子与惠子在濠水的桥上散步。庄子说："儵鱼在水中悠然自得地来回游动，这是鱼的快乐啊。"惠子说："您又不是鱼，怎么知道鱼的快乐呢？"庄子说："您也不是我，怎么知道我不知道鱼快乐呢？"惠子说："我不是您，自然无从得知您的情况；而您也不是鱼，因此自然也无从得知鱼的快乐。我这种结论应该算是全面了吧！"庄子说："还是回到我们开头所谈的。您说'您怎么知道鱼快乐'这句话时，您已经知道我知道鱼快乐才来问我。我是在濠水的桥上知道的。"

【义理评析】

《秋水》是《庄子》中的又一长篇，中心是讨论人应怎样去认识外物，是《逍遥游》《齐物论》宗旨的充实和展开。全篇的核心部分是河伯与北海若的七段对话，把其综合起来，就是讲人由于受时空的局限，所见所闻所知是极有限的。河伯以黄河汛期之水为多，到了海边才知海水比河水大得多，由此引申开来，海比河大，天比海大，天地以外还有更大的，人在无限的宇宙中，就更渺小了，必须突破自身限制，才可能认识大道。

在文中，庄子列举事例，完善他的相对论观点，给后人留下了极其实用的人生哲理。

至乐第十八

【原典欣赏】

天下有至乐无有哉？有可以活身者无有哉？今奚为奚据？奚避奚处？奚就奚去？奚乐奚恶？夫天下之所尊者，富贵寿善也；所乐者，身安厚味美服好色音声也；所下者，贫贱夭恶也；所苦者，身不得安逸，口不得厚味，形不得美服，目不得好色，耳不得音声。若不得者，则大忧以惧，其

心如澄澈秋水，身如不系之舟

为形也亦愚哉！夫富者，苦身疾作，多积财而不得尽用，其为形也亦外矣！夫贵者，夜以继日，思虑善否，其为形也亦疏矣！人之生也，与忧俱生。寿者惽惽①，久忧不死，何苦也！其为形也亦远矣！烈士为天下见善矣，未足以活身。吾未知善之诚善邪？诚不善邪？若以为善矣，不足活身；以为不善矣，足以活人。故曰："忠谏不听，蹲循勿争。"故夫子胥争之以残其形；不争，名亦不成。诚有善无有哉？

今俗之所为与其所乐，吾又未知乐之果乐邪？果不乐邪？吾观夫俗之所乐，举群趣者，誙誙然如将不得已，而皆曰乐者，吾未之乐也，亦未之不乐也。果有乐无有哉？吾以无为诚乐矣，又俗之所大苦也。故曰："至乐无乐，至誉无誉。"天下是非果未可定也。虽然，无为可以定是非。至乐活身，唯无为几存。请尝试言之：天无为以之清，地无为以之宁。故两无为相合，万物皆化生。芒乎芴乎，而无从出乎！芴乎芒乎②，而无有象乎！万物职职，皆从无为殖。故曰："天地无为也，而无不为也。"人也孰能得无为哉！

庄子妻死，惠子吊之，庄子则方箕踞鼓盆而歌③。惠子曰："与人居，长子、老、身死，不哭亦足矣，又鼓盆而歌，不亦甚乎！"庄子曰："不然。是其始死也，我独何能无概！然察其始而本无生；非徒无生也而本无形；非徒无形也而本无气。杂乎芒芴之间，变而有气，气变而有形，形变而有生，今又变而之死，是相与为春秋冬夏四时行也。人且偃然寝于巨室，而我噭噭然随而哭之，自以为不通乎命，故止也。"

支离叔与滑介叔观于冥伯之丘，昆仑之虚，黄帝之所休。俄而柳生其左肘，其意蹶蹶然恶之。支离叔曰："子恶之乎？"滑介叔曰："亡，予何恶！生者，假借也。假之而生生者，尘垢也。死生为昼夜。且吾与子观化而化及我，我又何恶焉！"

庄子之楚，见空髑髅④，髐然有形。撽以马捶，因而问之，曰："夫子贪生失理而为此乎？将子有亡国之事，斧钺之诛而为此乎？将子有不善之行，愧遗父母妻子之丑而为此乎？将子有冻馁之患而为此乎？将子之春秋故及此乎？"于是语卒，援髑髅，枕而卧。夜半，髑髅见梦曰："子之谈者似辩士。视子所言，皆生人之累也，死则无此矣。子欲闻死之说乎？"庄子曰："然。"髑髅曰："死，无君于上，无臣于下，亦无四时之事，从然以天地为春秋，虽南面王乐，不能过也。"庄子不信，曰："吾使司命复生

子形，为子骨肉肌肤，反子父母妻子闾里知识，子欲之乎？"髑髅深矉蹙頞曰："吾安能弃南面王乐而复为人间之劳乎！"

颜渊东之齐，孔子有忧色。子贡下席而问曰："小子敢问：回东之齐，夫子有忧色，何邪？"孔子曰："善哉汝问。昔者管子有言，丘甚善之，曰：'褚小者不可以怀大，绠短者不可以汲深。'夫若是者，以为命有所成而形有所适也，夫不可损益。吾恐回与齐侯言尧、舜、黄帝之道，而重以燧人、神农之言。彼将内求于己而不得，不得则惑，人惑则死。且女独不闻邪？昔者海鸟止于鲁郊，鲁侯御而觞之于庙，奏《九韶》以为乐，具太牢以为膳。鸟乃眩视忧悲，不敢食一脔，不敢饮一杯，三日而死。此以己养养鸟也，非以鸟养养鸟也。夫以鸟养养鸟者，宜栖之深林，游之坛陆，浮之江湖，食之鳅，随行列而止，委蛇而处。彼唯人言之恶闻，奚以夫诡诡为乎！《咸池》《九韶》之乐，张之洞庭之野，鸟闻之而飞，兽闻之而走，鱼闻之而下入，人卒闻之，相与还而观之。鱼处水而生，人处水而死。彼必相与异，其好恶故异也。故先圣不一其能，不同其事。名止于实，义设于适，是之谓条达而福持。"

列子行，食于道从，见百岁髑髅，攓蓬而指之曰⑤："唯予与汝知而未尝死、未尝生也。若果养乎？予果欢乎？"

种有几，得水则为继，得水土之际则为蛙蠙之衣，生于陵屯则为陵舄⑥，陵舄得郁栖则为乌足，乌足之根为蛴螬，其叶为胡蝶。胡蝶胥也化而为虫，生于灶下，其状若脱，其名为鸲掇。鸲掇千日为鸟，其名为乾馀骨。乾馀骨之沫为斯弥，斯弥为食醯⑦。颐辂生乎食醯，黄軦生乎九猷，瞀芮生乎腐蠸。羊奚比乎不笋，久竹生青宁；青宁生程，程生马，马生人，人又反入于机。万物皆出于机，皆入于机。

【玄义注释】

①惛（hūn）惛：糊涂，迷糊。②芒乎芴（hū）乎：与"恍惚"同义。③箕踞（jī jù）：像簸箕一样盘腿而坐。④髑髅（dú lóu）：骷髅。⑤攓（qiān）：同"搴"，有抽取、拔取之义。⑥陵舄（xì）：车前草。⑦食醯（xī）：酒瓮中的蠛蠓。

【白话翻译】

　　天下到底有没有最大的快乐呢？到底有没有可以保全自身的方法呢？现在，应该做些什么又依据什么？回避什么又安心什么？靠近什么又舍弃什么？喜欢什么又讨厌什么？世上的人们所尊崇看重的，是富有、高贵、长寿和美名；所爱好喜欢的，是身体的安适、丰盛的食品、漂亮的服饰、绚丽的色彩和动听的乐声；所认为低下的，是贫穷、卑微、短命和恶名；所痛苦烦恼的，是身体不能获得舒适安逸、口里不能获得美味佳肴、外表不能获得漂亮的服饰、眼睛不能看到绚丽的色彩、耳朵不能听到悦耳的乐声。假如得不到这些东西，就大为忧愁和担心，以上种种对待身体的做法实在是太愚蠢啊！富有的人，劳累身形勤勉操作，积攒了许许多多财富却不能全部享用，那样对待身体也就太不看重了。高贵的人，夜以继日地苦苦思索怎样才会保全权位和厚禄，那样对待身体也就太疏忽了。人们生活于世间，忧愁也就跟着一道产生，长寿的人整日里糊糊涂涂，长久地处于忧患之中而不死去，多么的痛苦啊！那样对待身体也就太疏远了。刚烈之士为了天下而表现出忘身殉国的行为，可是却不足以存活自身。我不知道这样的行为是真正的好呢，还是实在不能算是好呢？如果认为是好行为，却不足以存活自身；如果认为不是好行为，却又足以使别人存活下来。所以说：" 忠诚的劝谏不被接纳，那就退让一旁不再去争谏。" 伍子胥忠心劝谏以致身受残戮，如果他不努力去争谏，忠臣的美名也就不会成就。这样说来，到底有没有所谓的至善至美呢？

　　现今世俗之所为与所乐，我也不知那果真是快乐呢，还是不快乐呢？我观察世俗之快乐，所有人都争着奔向快乐，坚定果敢的样子好像没法停止似的，而他们都以为乐，我认为没有什么可乐，也没有什么不可乐。果真有乐没有呢？我认为无为确实是可乐的，而世俗之人又认为是大苦。所以说："最高的快乐就是无忧无乐，最完美的赞誉就是不赞誉。" 天下之是非确实是不定的。虽然这样，无为却可以定是非。最高之快乐与存活自身，唯有无为差不多可以做到。请让我说说这个道理：天由于无为而能清虚，地由于无为而得宁静。故而天地两者无为相合，万物都化育生长。恍恍暗昧，不知从何所出！暗昧恍恍，又没有一点迹象！万物繁杂众多，都从无为生殖出来。所以说:"天地是无为,又是无不为的。"有几个人能懂得无为之道并竭力去效法啊!

庄子的妻子死了,惠子前往吊唁,看见庄子却正在分开双腿像簸箕一样坐着,一边敲打着瓦缶一边唱歌。惠子说:"你跟死去的妻子生活了一辈子,她生儿育女直至衰老而死,人死了你不伤心哭泣也就算了,又敲着瓦缶唱起歌来,你也太过分了吧!"庄子说:"不对哩。这个人她初死之时,我怎么能不感慨伤心呢!然而仔细考察人的原始,原本就不曾出生,不只是不曾出生而且本来就不曾具有形体,不只是不曾具有形体而且原本就不曾形成元气。夹杂在恍恍惚惚的境域之中,变化而有了元气,元气变化而有了形体,形体变化而有了生命,如今变化又回到死亡,这就跟春夏秋冬四季运行一样。死去的那个人将安安稳稳地寝卧在天地之间,而我却呜呜地围着她啼哭,自认为这是不能通晓于天命,所以也就停止了哭泣。"

支离叔和滑介叔观光冥伯之丘和昆仑之墟,这都是黄帝曾经休息之处。随即滑介叔左肘上生出了一个瘤子,他表现出惊惧不安好像很厌恶这个肿瘤。支离叔说:"你厌恶它

吗？"滑介叔说："不，我为什么要厌恶它！人生不过是假借众物合成身体。假借而生之身体又生出肿瘤，不过是尘垢罢了。死生好比是昼夜交替。而且我与你观察自然之运行，而变化到我的身上，我又为什么要厌恶它！"

庄子到楚国去，途中见到一个骷髅，枯骨突露呈现出原形。庄子用马鞭从侧旁敲了敲，于是问道："先生是贪求生命、失却真理，因而招致身亡的吗？抑或你遇上了亡国的大事，遭受到刀斧的砍杀，因而成了这样呢？抑或有了不好的行为，担心给父母、妻儿子女留下耻辱，羞愧而死成了这样呢？抑或你遭受寒冷与饥饿的灾祸而成了这样呢？抑或你享尽天年而死去成了这样呢？"庄子说罢，拿过骷髅，用作枕头而睡去。到了半夜，骷髅给庄子托梦说："你先前谈话的样子真像一个善于辩论的人。看你所说的那些话，全属于活人的拘累，人死了就没有上述的忧患了。你愿意听听人死后的有关情况和道理吗？"庄子说："好。"骷髅说："人一旦死了，在上没有国君的统治，在下没有官吏的管辖；也没有四季的操劳，从容安逸地把天地的长久看做是时令的流逝，即使南面为王的快乐，也比不上。"庄子不相信，说："我让主管生命的神来恢复你的形体，为你重新长出骨肉肌肤，让你返回到你的父母、妻子儿女、左右邻里和朋友故交中去，你希望这样做吗？"骷髅皱眉蹙额，深感忧虑地说："我怎么能抛弃这种超过南面称王的快乐而再次经历人世的劳苦呢？"

颜渊东去齐国，孔子面有忧愁之色。子贡离开席位问道："学生请问老师，颜回东去齐国，先生面有忧色，这是为何呢？"孔子说："你问得很好。从前管子有句话，我认为讲得很好，他说：'小袋子不可包藏大物件，短绳子不能汲出深井水。'之所以是这样，因为命运各有所定，形体各有所适宜，是不能增加和减少的，我恐怕颜回和齐侯讲说尧、舜、黄帝之道，又加上燧人、神农之主张，齐侯听了将会内求于心而不能理解，不能理解就要产生惶惑，人惶惑于心忧思不解，就会悒郁而死。况且，你难道没有听说过吗？从前有一只海鸟飞落在鲁国都城的郊外，鲁侯把它迎进太庙，用酒宴招待，演奏《九韶》之乐去娱乐它，设太牢之宴为膳食。而鸟却头晕目眩忧愁悲苦，不敢吃一块肉，不敢饮一杯酒，三天就死了。这是用养人的方式去养鸟，不是用养鸟的方式去养鸟。用养鸟的方式养鸟，应该让它栖息在深林中,漫游在沙洲荒岛,浮沉于江湖水面,捕食泥鳅和小鱼,随鸟群行列飞行与留止,从容自如地生活着。鸟最厌恶听到人的声音,何以还要做这些喧闹嘈杂之事啊!《咸池》《九韶》一类乐曲,演奏在广漠的旷野,鸟听了要飞走,兽听了要逃跑,鱼听了要潜入水底,人众听了,相互环绕欣赏。鱼在水里而得生,人在水里就要死。它们必定是相互各异的,故而它们的好恶也各异。所以上古圣人依据人不同的能力,使治不同事宜。名称与实际相符,义理之设要适宜于人们的生活习性,这就叫条理通达而又保持福德。"

列子外出游玩,在道旁吃东西,看见一个上百年的死人的头骨,拔掉周围的蓬草指着骷髅说:"只有我和你领悟到你是不曾死也不曾生的。你果真忧愁吗?我又果真快乐吗?"

物类千变万化源起于微细状态的"几",有了水的滋养便会逐步相继而生,处于陆地和水面的交接处就形成青苔,生长在山陵高地就成了车前草,车前草获得粪土的滋养长成乌足草,乌足草的根变化成土蚕,乌足的叶子变化成蝴蝶。蝴蝶很快又变化成为虫,这种虫生活在灶下,那样子就像是蜕了皮,它的名字叫做鸲掇。鸲掇一千天以后变化成为鸟,它的名字叫做乾馀骨。乾馀骨的唾沫长出虫子斯弥,斯弥又生出蠛蠓。颐辂虫从蠛蠓中形成,黄軦从九猷虫中长出,蝥子则产生于萤火虫。羊奚草跟不长笋的老竹相结合,老竹又生出青宁虫;青宁虫生出豹子,豹子生出马,马生出人,而人老后又返归造化之初的混沌中。万物都产生于自然的造化,又全都回返自然的造化。

【义理评析】

本篇主要围绕两大问题来展开讨论,即:人生在世最大的快乐是什么呢?人应当如何去对待生和死?

在庄子看来"至乐无乐"。原来,人之一生,最大的快乐并非世俗间种种因功名利禄的获取所带来的快乐,而是一种没有快乐感的清静无为的心理状态。这一结论自然为很多人所难以接受,然而,事实就是这样。在庄子看来,对于快乐的期待就是获得快乐的最大障碍。一旦我们忘记了对快乐和功名利禄的种种奢求,用一种淡然的态度去面对生活,突然有一天和它们在不经意间相遇时，心里必然会有说不出的惊喜和兴奋。这大概就是庄子所说的"至乐"吧。对于生死问题，庄子揭示人生在世时所遭受的种种苦难，还想象了死后的种种幸福，同时指出生死就像昼夜的交替一般，为一种自然规律，世人只能顺应而无法更改。

达生第十九

【原典欣赏】

　　达生之情者，不务生之所无以为；达命之情者，不务命之所无奈何。养形必先之以物，物有馀而形不养者有之矣；有生必先无离形，形不离而生亡者有之矣。生之来不能却，其去不能止。悲夫！世之人以为养形足以存生，而养形果不足以存生，则世奚足为哉！虽不足为而不可不为者，其为不免矣！

　　夫欲免为形者，莫如弃世。弃世则无累，无累则正平，正平则与彼更生，更生则几矣！事奚足弃而生奚足遗？弃事则形不劳，遗生则精不亏。夫形全精复，与天为一。天地者，万物之父母也；合则成体，散则成始。形精不亏，是谓能移。精而又精，反以相天。

　　子列子问关尹曰："至人潜行不窒，蹈火不热，行乎万物之上而不栗。请问何以至于此？"关尹曰："是纯气之守也，非知巧果敢之列。居，予语女！凡有貌象声色者，皆物也，物与物何以相远？夫奚足以至乎先？是形色而已。则物之造乎不形，而止乎无所化。夫得是而穷之者，物焉得而止焉！彼将处乎不淫之度，而藏乎无端之纪；游乎万物之所终始。壹其性，养其气，合其德，以通乎物之所造。夫若是者，其天守全，其神无郤，物奚自入焉！夫醉者之坠车，虽疾不死。骨节与人同而犯害与人异，其神全也。乘亦不知也，坠亦不知也，死生惊惧不入乎其胸中，是故遻物而不慴①。彼得全于酒而犹若是，而况得全于天乎？圣人藏于天，故莫之能伤也。复雠者不折镆干，虽有忮心者②，不怨飘瓦，是以天下平均。故无攻战之乱，无杀戮之刑者，由此道也。不开人之天，而开天之天。开天者德生，开人者贼生。不厌其天，不忽于人，民几乎以其真。"

仲尼适楚，出于林中，见痀偻者承蜩，犹掇之也。仲尼曰："子巧乎，有道邪？"曰："我有道也。五六月累丸二而不坠，则失者锱铢；累三而不坠，则失者十一；累五而不坠，犹掇之也。吾处身也，若厥株拘；吾执臂也，若槁木之枝。虽天地之大，万物之多，而唯蜩翼之知。吾不反不侧，不以万物易蜩之翼，何为而不得！"孔子顾谓弟子曰："用志不分，乃凝于神。其痀偻丈人之谓乎！"

颜渊问仲尼曰："吾尝济乎觞深之渊，津人操舟若神。吾问焉曰：'操舟可学邪？'曰：'可。善游者数能。若乃夫没人，则未尝见舟而便操之也。'吾问焉而不吾告，敢问何谓也？"仲尼曰："善游者数能，忘水也。若乃夫没人之未尝见舟而便操之也，彼视渊若陵，视舟之覆犹其车却也。覆却万方陈乎前而不得入其舍，恶往而不暇！以瓦注者巧，以钩注者惮，以黄金注者殙③。其巧一也，而有所矜，则重外也。凡外重者内拙。"

田开之见周威公。威公曰："吾闻祝肾学生，吾子与祝肾游，亦何闻焉？"田开之曰："开之操拔篲以侍门庭④，亦何闻于夫子！"威公曰："田子无让，寡人愿闻之。"开之曰："闻之夫子：'善养生者，若牧羊然，视其后者而鞭之。'"威公曰："何谓也？"田开之曰："鲁有单豹者，岩居而水饮，不与民共利，行年七十而犹有婴儿之色；不幸遇饿虎，饿虎杀而食之。有张毅者，高门县薄，无不走也，行年四十而有内热之病以死。豹养其内而虎食其外，毅养其外而病攻其内。此二子者，皆不鞭其后者也。"仲尼曰："无入而藏，无出而阳，柴立其中央。三者若得，其名必极。夫畏涂者，十杀一人，则父子兄弟相戒也，必盛卒徒而后敢出焉，不亦知乎！人之所取畏者，衽席之上，饮食之间，而不知为之戒者，过也！"

祝宗人玄端以临牢笑，说彘曰："汝奚恶死？吾将三月豢汝，十日戒，三日齐，藉白茅，加汝肩尻乎雕俎之上，则汝为之乎？"为彘谋，曰不如食以糠糟，而错之牢笑之中，自为谋，则苟生有轩冕之尊，死得于腞腞楯⑤之上、聚偻之中则为之。为彘谋则去之，自为谋则取之，所异彘者何也？

桓公田于泽，管仲御，见鬼焉。公抚管仲之手曰："仲父何见？"对曰：

"臣无所见。"公反,诶诒为病⑥,数日不出。齐士有皇子告敖者,曰:"公则自伤,鬼恶能伤公!夫忿滀之气⑦,散而不反,则为不足;上而不下,则使人善怒;下而不上,则使人善忘;不上不下,中身当心,则为病。"桓公曰:"然则有鬼乎?"曰:"有。沈有履,灶有髻。户内之烦壤,雷霆处之;东北方之下者,倍阿、鲑蠪跃之;西北方之下者,则泆阳处之⑧。水有罔象,丘有峷⑨,山有夔,野有彷徨,泽有委蛇。"公曰:"请问,委蛇之状何如?"皇子曰:"委蛇,其大如毂,其长如辕,紫衣而朱冠。其为物也,恶闻雷车之声,则捧其首而立。见之者殆乎霸。"桓公辴然而笑曰⑩:"此寡人之所见者也。"于是正衣冠与之坐,不终日而不知病之去也。

纪渻子为王养斗鸡。十日而问:"鸡已乎?"曰:"未也,方虚憍而恃气⑪。"十日又问,曰:"未也,犹应向景。"十日又问,曰:"未也,犹疾视而盛气。"十日又问,曰:"几矣,鸡虽有鸣者,已无变矣,望之似木鸡矣,其德全矣。异鸡无敢应者,反走矣。"

孔子观于吕梁,县水三十仞,流沫四十里,鼋鼍鱼鳖之所不能游也⑫。见一丈夫游之,以为有苦而欲死也,使弟子并流而拯之。数百步而出,被发行歌而游于塘下。孔子从而问焉,曰:"吾以子为鬼,察子则人也。请问,蹈水有道乎?"曰:"亡,吾无道。吾始乎故,长乎性,成乎命。与齐俱入,与汨偕出,从水之道而不为私焉。此吾所以蹈之也。"孔子曰:"何谓始乎故,

长乎性，成乎命？"曰："吾生于陵而安于陵，故也；长于水而安于水，性也；不知吾所以然而然，命也。"

梓庆削木为镰⑪，镰成，见者惊犹鬼神。鲁侯见而问焉，曰："子何术以为焉？"对曰："臣工人，何术之有！虽然，有一焉。臣将为镰，未尝敢以耗气也，必齐以静心。齐三日，而不敢怀庆赏爵禄；齐五日，不敢怀非誉巧拙；齐七日，辄然忘吾有四枝形体也。当是时也，无公朝，其巧专而外滑消。然后入山林，观天性，形躯至矣，然后成见镰，然后加手焉；不然则已。则以天合天，器之所以疑神者，其由是与！"

东野稷以御见庄公，进退中绳，左右旋中规。庄公以为文弗过也，使之钩百而反。颜阖遇之，入见曰："稷之马将败。"公密而不应。少焉，果败而反。公曰："子何以知之？"曰："其马力竭矣。而犹求焉，故曰败。"

工倕旋而盖规矩，指与物化，而不以心稽，故其灵台一而不桎。忘足，履之适也；忘要，带之适也；知忘是非，心之适也；不内变，不外从，事会之适也；始乎适而未尝不适者，忘适之适也。

有孙休者，踵门而诧子扁庆子曰："休居乡不见谓不修，临难不见谓不勇；然而田原不遇岁，事君不遇世，宾于乡里，逐于州部，则胡罪乎天哉？休恶遇此命也？"扁子曰："子独不闻夫至人之自行邪？忘其肝胆，遗其耳目，芒然彷徨乎尘垢之外，逍遥乎无事之业，是谓为而不恃，长而不宰。今汝饰知以惊愚，修身以明污，昭昭乎若揭日月而行也。汝得全而形躯，具而九窍，无中道夭于聋盲跛蹇而比于人数⑭，亦幸矣，又何暇乎天之怨哉！子往矣！"孙子出，扁子入。坐有间，仰天而叹。弟子问曰："先生何为叹乎？"扁子曰："向者休来，吾告之以至人之德，吾恐其惊而遂至于惑也。"弟子曰："不然。孙子之所言是邪？先生之所言非邪？非固不能惑是。孙子所言非邪？先生所言是邪？彼固惑而来矣，又奚罪焉！"扁子曰："不然。昔者有鸟止于鲁郊，鲁君说之，为具太牢以飨之，奏《九韶》以乐之。鸟乃始忧悲眩视，不敢饮食。此之谓以己养养鸟也。若夫以鸟养养鸟者，宜栖之深林，浮之江湖，食之以委蛇，则平陆而已矣。今休，款启寡闻之民也，吾告以至人之德，譬之若载鼷以车马⑮，乐鴳以钟鼓也。彼又恶能无惊乎哉！"

心如澄澈秋水，身如不系之舟

【玄义注释】

①遻：碰撞。慑（shè）：同"慑"，惊惧。②忮（zhì）：忌恨。③焄（hūn）：心绪昏乱。④拔篲：扫帚。⑤腞楯（zhuàn shǔn）：送葬用的灵车。⑥誒诒（xī yí）：形容因惊吓而失魂落魄的样子。⑦忿滀：郁闷之气。滀，蓄愤，郁结。⑧泆阳：传说中豹头马尾的神。⑨莘（shēn）：怪兽名，状如狗，有角，身上有五彩花纹。⑩辴（chǎn）然：欢笑开朗的样子。⑪虚憍：内心空虚而神态高傲的样子。⑫鼋（yuán）：个头较大的鳖。鼍（tuó）：鳄鱼。⑬镶（jù）：一种乐器。⑭跛蹇（jiǎn）：瘸腿。⑮鼷：一种小鼠名。

【白话翻译】

通晓生命真谛的人，就不会努力去追求人生不必要的事情；通晓命运实情的人，不会去努力追求命运无可奈何的事情。保养身体必须先具备衣食等物资，然而，物资丰厚而身体却未能得到很好保养的情况是存在的；保全生命必须先要使生命不脱离身体，然而，身体没有死去而生命已经丧失的情况也是存在的。生命的到来无法拒绝，生命的离去也无法挽留。实在是可悲啊！世俗之人认为养育身形便足以保存生命，然而养育身形果真不足以保存生命，那么，这世上还有什么事情值得去做呢！虽然不值得去做却不得不去做，操劳或勤苦也就不可避免。

想要免除操劳身体的情况，最好的办法莫过于忘却世事。忘却世事就不会感到辛苦劳累，不会感到辛苦劳累就可以使自己心平气和，使自己心平气和就可以随同自然万物一起生存与变化，随同自然万物一起生存与变化也就接近于大道了。世俗之事为何应当舍弃，生命途中的痕迹又为何应当遗忘呢？舍弃了世俗之事身体就不会劳累，遗忘了生命途中的痕迹精神就不会亏损。身体得以保全而精神得以复本还原，就可以与自然融合为一体了。天地，是万物产生的根源，各种物质结合在一起便形成某种物体；这些物质离散后便又成为新的物体产生的开始。身体保全精神不亏损，可以称得上是顺应自然的变化了；精神汇集达到高度凝聚的程度，反过来又将跟自然相辅相成。

列子问关尹说："得道的至人在水下潜行而不窒息，踩在火上也不觉得热，在万物之巅峰上行走也不恐惧。请问他们是怎样做到这一点的呢？"关尹说："这是持守纯和之气的缘故，并非依靠智巧果敢做到的。你坐下，让我来慢慢告诉你。凡是有相貌、形状、声音和色彩的都属于物体，物体与物体之间为何又相差很大呢？都是物体，哪个又有资格处先居上呢？这都只不过是有形状和颜色罢了。而物是由无形之道创生出来，又复归于虚静无为之道。得此万物生化之理而又能穷尽之人，其他事物又怎么能控制他呢！他将处在无过无不及的恰到好处的限度，而又冥合于循环无穷推陈出新之大道纲纪，逍遥于万物之终始。专一持守其自性，存养其精神，使德性与天道相合，以与创生万物之自然相通。假如可以做到这一点，他的天性就完备，精神完美，外物又从何处侵入他的心灵而影响他呢！喝醉酒的人从车上摔下来，虽然受了伤却不会死。他的骨节与别人相同而所受伤害与人不同，原因就在于他的精神状态高度集中。他乘坐在车上的时候不知道，坠下车的时候也不知道，死生惊惧的情绪不曾进入心中，因此受到外物的伤害时一点也不会感到惧怕。他靠酒使精神集中尚且可以做到这样，更何况借天道不断加强自我修养而使精神完美的人呢！圣人与天道冥合，所以外物不能使他受到伤害。复仇之人不去折断曾经伤害过自己的宝剑，即使忌恨心极重的人，也不怨恨风吹落的瓦片砸了自己，（倘若每个人都可以做到无心而不怀成见，）天下就能够太平无事了。所以没有相互攻战之动乱，没有杀戮之刑罚，都是由于这无为无心之道。不去开启人的智巧，而去开启人的自然的真性。开启人自然的真性就能培养好的道德，开启人的智巧就会产生贼害之心。不满足于对自然的真性的修养而持之以恒，也不忽略人对天理的认识，这样的人就近于按纯真的本性行事了。"

孔子到楚国去，途中经过一片树林，看见一个驼背老人正用竿子粘蝉，就好像在地上拾取一样容易。孔子说："先生真是灵巧啊！这里有什么门道吗？"驼背老人说："我有我的办法。经过五六个月的练习，在竿头累迭起两个丸子而不会坠落，粘蝉失手的情况已经很少了；迭起三个丸子而不坠落，失手的情况十次不会超过一次了；迭起五个丸子而不坠落，粘蝉也就会像在地面上拾取一样容易。我立定身子，犹如竖立地面的断木；我举竿的手臂，就像枯木的树枝。虽然天地很大，万物品类很多，我一心只注意蝉的翅膀，从不思前想后左顾右盼，绝不因纷繁的万物而改变对蝉翼的注意，为什么不能成功呢！"孔子转身对弟子们说："运用心志不分散，就是高度凝聚精神，恐怕说的就是这位驼背的老人吧！"

颜渊问孔子说："我曾经渡过觞深之渊，船夫驾船的技艺娴熟灵巧，技术高超，我问及此事说：'驾船的技艺可以学会吗？'回答说：'可以。善于游水的人经过多次练习能学会。至于会潜水之人，他们即便未曾见过船，也能操纵自如。'我问他为什么，他不肯告诉我，请问这是什么道理呢？"孔子说："善于游水的人经多次训练而能驾船，是因为他们遗忘了对水的恐惧心理；至于会潜水之人，他们即使未见船也能操纵自如，是因为他们把水上和陆上同样看待，把船之覆看成如同车退坡一样。翻船退车等变化无穷的各种事端摆在面前，他们也毫不在意、处之泰然，这样何往而不悠闲从容！以瓦片为赌注而常常碰巧得胜，以衣带环为赌注则害怕心虚，以黄金为赌注则心绪昏乱。他们得胜的机会都一样，而因为所下赌注不同而有所顾惜，这是心思过多地放在了外物上有所危惧。凡是注重身外之物，内心必然笨拙。"

田开之拜见周威公。周威公说："我听说祝肾在学习养生，你跟随祝肾游学，从他那儿听到过什么呢？"田开之说："我只不过拿起扫帚来打扫门庭，又能从先生那里听到什么！"周威公说："先生不必谦虚，我希望能听到这方面的道理。"田开之说："听先生说：'善于养生的人，就像是牧放羊群似的，瞅到落后的便用鞭子赶一赶。'"周威公问："这话是什么意思呢？"田开之说："鲁国有个叫单豹的，在岩穴里居住，在山泉边饮水，不跟任何人争利，活了七十岁还有婴儿一样的面容；不幸遇上了饿虎，饿虎扑杀并吃掉了他。另有一个叫张毅的，高门甲第、朱户垂帘的富贵人家，没有他不趋走参谒的，活到四十岁便患内热病而死去。单豹注重内心世界的修养可是老虎却吞食了他的身体，张毅注重身外的名利可是疾病侵扰了他的内心世界，这两个人，都是忘记鞭策落后而取其适宜的人。"孔子说："不要进入荒山野岭把自己深藏起来，也不要投进世俗而使自己处处显露，要像槁木一样站立在两者之间。倘若以上三种情况都能具备，他的养生名声也就达到了。使人可畏的道路，十个行人有一个人被杀害，于是父子兄弟相互提醒和戒备，必定要使随行的徒众多起来方才敢外出，这不是很聪明吗！人所最可怕的，还是枕席上的恣意、在饮食作息的失度；

却不知道为此提醒和戒备，这实在是过错。"

掌管祭祀祝祷之官穿着黑色的斋服，来到猪圈旁对猪说："你为何要厌恶死？我将要用精料饲养你三个月时间，还要为你作十日戒，三日斋，铺上白茅草，把你的肩胛和臀部放在雕花的祭器上，你愿意这样做吗？"如果真是为猪着想，就不如养在猪圈里以糟糠为食更好。为自己着想，如果活着有高官厚禄之尊贵，死后能有装饰华美的棺椁柩车送葬，就可以去做。为猪想而要抛弃的，自己为自己谋划反而要取用，与猪所不同之处在哪里呢？

齐桓公在草泽中打猎，管仲替他驾车，突然桓公见到了鬼。桓公拉住管仲的手说："仲父，你见到了什么？"管仲回答："我没有见到什么。"桓公打猎回来，疲惫困倦而生了病，好几天不出门。齐国有个士人叫皇子告敖的对齐桓公说："你是自己吓唬了自己，鬼怎么能伤害你呢？身体内部郁结着气，精魂就会离散而不返归于身，对于来自外界的骚扰也就缺乏足够的精神力量。郁结着的气上通而不能下达，就会使人易怒；下达而不能上通，就会使人健忘；不上通又不下达，郁结内心而不离散，那就会生病。"桓公说："这样，有鬼存在吗？"皇子告敖回答："有。水中污泥里有叫履的鬼，灶里有叫髻的鬼。门户内的烦攘之处，名叫雷霆的鬼在处置；东北的墙下，名叫倍阿鲑蠪的鬼在跳跃；西北方的墙下，名叫泆阳的鬼住在那里。水里有水鬼罔象，丘陵里有山鬼峷，大山里有山鬼夔，郊野里有野鬼彷徨，草泽里还有一种名叫委蛇的鬼。"桓公接着问："请问，委蛇的形状是怎样的？"告敖回答："委蛇，身躯大如车轮，长如车辕，穿着紫衣戴着红帽。他作为鬼神，最讨厌听到雷车的声音，一听见就两手捧着头站着。见到了他的人几乎都成了霸主了。"桓公听了后开怀大笑，说："这就是我所见到的鬼。"于是整理好衣帽跟皇子告敖坐谈，不到一天时间病也就不知不觉地好了。

纪渻子为周宣王驯养斗鸡。十天后周宣王来问："驯成了吗？"纪渻子回答说："还没有，现正表现为内心空虚而神态高傲，盛气凌人的样子。"十天后又来问，回答说："还没有，这些鸡听到鸡的声音，看到鸡的影子就有反应。"十天后又问，回答说："还没有，现在还视物敏锐而充满怒气。"十天后再来问，回答说："差不多了，鸡虽有鸣叫挑战者，它们也没有什么反应，看上去像个木鸡了，它已精神安定专一，不动不惊了。其他的鸡没有敢与应战者，都退走了。"

孔子在吕梁观赏山水，瀑布高悬二三十丈，冲刷而起的激流和水花远达四十里，鼋、鼍、鱼、鳖都不敢在这一带游水。只见一个壮年男子游在水中，孔子还以为是有痛苦而想寻死的，派弟子顺着水流去拯救他。忽见那壮年男子游出数百步远而后露出水面，还披着头发边唱边游在堤岸下。孔子紧跟在他身后而问他，说："我还以为你是鬼，仔细观察你却是个人。请问，游水也有什么特别的门道吗？"那人回答："没有，我并没有什么特别的方法。我起初是习惯，长大是习性，有所成就在于自然。我跟水里的漩涡一块儿下到水底，又跟向上的涌流一道游出水面，顺着水势而不作任何违拗。这就是我游水的方法。"孔子说："什么叫做'起初是习惯，长大是习性，有所成就在于自然'呢？"那人又回答："我出生于山地就安于山地的生活，这就叫做习惯；长大了又生活在水边就安于水边的生活，这就叫做习性；不知道为什么会这样而这样生活着，这就叫做自然。"

梓庆刻削木料做镰，镰做成后，见到的人都惊叹为鬼斧神工。鲁侯见了之后对梓庆说："你用什么技艺方法做出来的呀？"回答说："臣是一名工匠，哪有什么技艺！虽然如此，有一点可以讲一讲。臣将要做镰时，不敢有一点分散精神，一定要斋戒使心志安静专一。斋戒三日，不敢有思得奖赏官爵俸禄的念头；斋戒五日，不敢想及别人是非难作品笨拙或是赞誉作品精巧；斋戒七日，则木然不动忘记我有四肢和身体的存在。在这个时候，心中不存在朝见君主的想法，专心致志而外界的扰乱全部排除。然后进入山林中，观察木料的自然性能，选取那些自然形态完全合乎标准的，然后一个现成的鐻如同就在眼前了，然后才动手去做，没有这些条件就不去做。这是以己之天性与木之天性相合，器物之所以如同鬼神所造，大概就是这个原因吧！"

　　东野稷因为善于驾车而得见鲁庄公，他驾车时进退能够在一条直线上，左右转弯形成规整的弧形。庄公认为就是编织花纹图案也未必赶得上，于是要他转上一百圈后再回来。颜阖遇上了这件事，入内会见庄公，说："东野稷的马一定会失败的。"庄公默不作声。不多久，东野稷果然失败而回。庄公问："你为什么事先就知道定会失败呢？"颜阖回答说："东野稷的马力气已经用尽，可是还要它转圈奔走，所以说必定会失败的。"

　　工倕旋物而测胜过规矩，他的手指随物而变化，不需存留于心，再作有意度量，所以他的心志专一而没有窒碍。忘掉脚的大小，什么鞋子都合适；忘记腰的粗细，什么带子都合适；忘记了是非，心无所不适；持守自性，不迁变，与外物交接无不适应。本来自性与外物是相适应的，而要达到无所不适应，就忘记为了适应而适应。

　　有个名叫孙休的人，走到老师扁庆子的门前，说："我住在家乡时，不曾听人说我缺乏道德修养；我在面临危难时，也不曾听人说我不够勇敢；可当我在家务农时，从未遇上过好收成；当我出仕为官时，也未曾遇上圣明的国君；乡亲们厌弃我，同府官僚挤对我，而我对于上天有什么罪过呢？我怎么会遇上如此的命运呢？"扁庆子说："你难道没有听说道德修养极高的人是如何为人处世的吗？他们忘掉了自己的身体，忘掉了自己的视听，逍遥自在地游荡于世俗生活之外，无拘无束地生活在清静无为的境界之中，他们可以称得上是施助于万物而不求回报，化育了万物而又不去当它们的主宰者。如今你把自己装扮成很有才干的样子用以惊吓众人，用修养自己的办法来突出他人的污秽，毫不掩饰地炫耀自己就像在举着太阳和月亮行走一样。像你这样的人能得以保全身体，没有丧失生命，在人生道路上没有毁损成为聋子瞎子和瘸腿，列入众人行列已属万幸，你还有什么理由来抱怨上天呢！你走吧！"孙休离去，扁庆子进入屋内。坐了一会儿，仰天叹息。他的学生问："先生为什么叹息呀？"扁庆子说："刚才孙休来，我告诉他关于道德修养极高之人的德行，我担心他受到震惊以至于陷入迷惑之中。"学生说："不会这样。如果孙休所说的是正确的，而您所说的是错误的，那么错误的本来就不能使正确的迷惑；如果孙先生所说的是错误的，而您所说的是正确的，那么他来时本来就是迷惑的，又何能归罪于先生呢！"扁庆子说："不是这样的。从前有只海鸟飞到鲁国都城郊外，鲁国国君很喜欢它，用太牢来宴请它，奏《九韶》乐来让它快乐。海鸟竟忧愁悲伤，眼花缭乱，不敢吃喝。这叫做按自己的生活习性来养鸟。假若是按鸟的习性来养鸟，就应当让它栖息于幽深的树林，浮游于大江大湖，让它吃泥鳅和小鱼，这本是极为普通的道理而已。如今的孙休，乃是管窥之见、孤陋寡闻的人，我告诉给他道德修养极高的人的德行，就好像用马车来托载小老鼠，用钟鼓的乐声来取悦小鸹雀一样。他又怎么会不感到吃惊啊！"

【义理评析】

本篇围绕"养形养神"这一中心思想展开。"养形"即保养形体，要人们避免过度劳累，同时还要注意避免外物的伤害。"养神"即保养精神，使自己的心境时时处于一个安静而平和的状态。全篇运用形象生动的寓言故事，再加以严谨的论述，从而让人能更好地领悟其中的玄虚之理。

山木第二十

【原典欣赏】

庄子行于山中，见大木，枝叶盛茂，伐木者止其旁而不取也。问其故，曰："无所可用。"庄子曰："此木以不材得终其天年。"夫子出于山，

舍于故人之家。故人喜，命竖子杀雁而烹之。竖子请曰："其一能鸣，其一不能鸣，请奚杀？"主人曰："杀不能鸣者。"明日，弟子问于庄子曰："昨日山中之木，以不材得终其天年；今主人之雁，以不材死。先生将何处？"庄子笑曰："周将处乎材与不材之间。材与不材之间，似之而非也，故未免乎累。若夫乘道德而浮游则不然。无誉无訾，一龙一蛇，与时俱化，而无肯专为。一上一下，以和为量，浮游乎万物之祖。物物而不物于物，则胡可得而累邪！此神农、黄帝之法则也。若夫万物之情，人伦之传则不然。合则离，成则毁，廉则挫，尊则议，有为则亏，贤则谋，不肖则欺。胡可得而必乎哉！悲夫！弟子志之，其唯道德之乡乎！"

市南宜僚见鲁侯①，鲁侯有忧色。市南子曰："君有忧色，何也？"鲁侯曰："吾学先王之道，修先君之业；吾敬鬼尊贤，亲而行之，无须臾离居。然不免于患，吾是以忧。"

市南子曰："君之除患之术浅矣！夫丰狐文豹，栖于山林，伏于岩穴，静也；夜行昼居，戒也；虽饥渴隐约，犹且胥疏于江湖之上而求食焉，定也；然且不免于罔罗机辟之患。是何罪之有哉？其皮为之灾也。今鲁国独非君之皮邪？吾愿君刳形去皮，洒心去欲，而游于无人之野。南越有邑焉，名为建德之国。其民愚而朴，少私而寡欲；知作而不知藏，与而不求其报；不知义之所适，不知礼之所将；猖狂妄行，乃蹈乎大方；其生可乐，其死可葬。吾愿君去国捐俗，与道相辅而行。"

君曰："彼其道远而险，又有江山，我无舟车，奈何？"市南子曰："君无形倨，无留居，以为君车。"君曰："彼其道幽远而无人，吾谁与为邻？吾无粮，我无食，安得而至焉？"市南子曰："少君之费，寡君之欲，虽无粮而乃足。君其涉于江而浮于海，望之而不见其崖，愈往而不知其所穷。送君者皆自崖而反，君自此远矣！故有人者累，见有于人者忧。故尧非有人，非见有于人也。吾愿去君之累，除君之忧，而独与道游于大莫之国。方舟而济于河，有虚船来触舟，虽有惼心之人不怒②；有一人在其上，则呼张歙之；一呼而不闻，再呼而不闻，于是三呼邪，则必以恶声随之。向也不怒而今也怒，向也虚而今也实。人能虚己以游世，其孰能害之！"

北宫奢为卫灵公赋敛以为钟，为坛乎郭门之外，三月而成上下之县。王子庆忌见而问焉，曰："子何术之设？"奢曰："一之间，无敢设也。奢闻之：'既雕既琢，复归于朴。'侗乎其无识③，傥乎其怠疑；萃乎芒乎，其送往而迎来；来者勿禁，往者勿止；从其强梁，随其曲傅，因其自穷，故朝夕赋敛而毫毛不挫，而况有大涂者乎！"

孔子围于陈蔡之间，七日不火食。大公任往吊之，曰："子几死乎？"曰："然。""子恶死乎？"曰："然。"任曰："子尝言不死之道。东海有鸟焉，其名曰意怠。其为鸟也，翂翂翐翐，而似无能④；引援而飞，迫胁而栖；进不敢为前，退不敢为后；食不敢先尝，必取其绪。是故其行列不斥，而外人卒不得害，是以免于患。直木先伐，甘井先竭。子其意者饰知以惊愚，修身以明污，昭昭乎如揭日月而行，故不免也。昔吾闻之大成之人曰：'自伐者无功，功成者堕，名成者亏。'孰能去功与名，而还与众人！道流而不明居，得行而不名处；纯纯常常，乃比于狂；削迹捐势，不为功名。是故无责于人，人亦无责焉。至人不闻，子何喜哉！"孔子曰："善哉！"辞其交游，去其弟子，逃于大泽，衣裘褐，食杼栗，入兽不乱群，入鸟不乱行。鸟兽不恶，而况人乎！

孔子问子桑雽曰："吾再逐于鲁，伐树于宋，削迹于卫，穷于商周，围于陈蔡之间。吾犯此数患，亲交益疏，徒友益散，何与？"子桑雽曰："子独不闻假人之亡与？林回弃千金之璧，负赤子而趋。或曰：'为其布与？赤子之布寡矣；为其累与？赤子之累多矣。弃千金之璧，负赤子而趋，何也？'林回曰：'彼以利合，此以天属也。'夫以利合者，迫穷祸患害相弃也；以天属者，迫穷祸患害相收也。夫相收之与相弃亦远矣。且君子之交淡若水，小人之交甘若醴；君子淡以亲，小人甘以绝。彼无故以合者，则无故以离。"孔

子曰："敬闻命矣！"徐行翔佯而归，绝学捐书，弟子无挹于前，其爱益加进。异日，桑雽又曰："舜之将死，直泠禹曰：'汝戒之哉！形莫若缘，情莫若率。缘则不离，率则不劳；不离不劳，则不求文以待形；不求文以待形，固不待物。'"

庄子衣大布而补之，正緳系履而过魏王⑤。魏王曰："何先生之惫邪？"庄子曰："贫也，非惫也。士有道德不能行，惫也；衣弊履穿，贫也，非惫也，此所谓非遭时也。王独不见夫腾猿乎？其得楠梓豫章也，揽蔓其枝而王长其间，虽羿、蓬蒙不能眄睨也。及其得柘棘枳枸之间也，危行侧视，振动悼栗，此筋骨非有加急而不柔也，处势不便，未足以逞其能也。今处昏上乱相之间而欲无惫，奚可得邪？此比干之见剖心，徵也夫！"

孔子穷于陈蔡之间，七日不火食，左据槁木，右击槁枝，而歌猋氏之风，有其具而无其数，有其声而无宫角，木声与人声，犁然有当于人之心。

颜回端拱还目而窥之。仲尼恐其广己而造大也，爱己而造哀也，曰："回，无受天损易，无受人益难。无始而非卒也，人与天一也。夫今之歌者其谁乎？"回曰："敢问无受天损易。"仲尼曰："饥渴寒暑，穷桎不行，天地之行也，运物之泄也，言与之偕逝之谓也。为人臣者，不敢去之。执臣之道犹若是，而况乎所以待天乎！""何谓无受人益难？"仲尼曰："始用四达，爵禄并至而不穷。物之所利，乃非己也，吾命其在外者也。君子不为盗，贤人不为窃，吾若取之，何哉？故曰：鸟莫知于鷾鸸⑥，目之所不宜处，不给视，虽落其实，弃之而走。其畏人也，而袭诸人间，社稷存焉尔。""何谓无始而非卒？"仲尼曰："化其万物而不知其禅之者，焉知其所终？焉知其所始？正而待之而已耳。""何谓人与天一邪？"仲尼曰："有人，天也；有天，亦天也。人之不能有天，性也。圣人晏然体逝而终矣。"

庄周游于雕陵之樊，睹一异鹊自南方来者。翼广七尺，目大运寸，感周之颡⑦，而集于栗林。庄周曰："此何鸟哉！翼殷不逝，目大不睹。"蹇裳躩步⑧，执弹而留之。睹一蝉，方得美荫而忘其身。螳螂执翳而搏之，见得而忘其形。异鹊从而利之，见利而忘其真。庄周怵然曰："噫！物固相累，二类相召也！"捐弹而反走，虞人逐而谇之。庄周反入，三月不庭。蔺且从而问之："夫子何为顷间甚不庭乎？"庄周曰："吾守形而忘身，观于浊水而迷于清渊。且吾闻诸夫子曰：'入其俗，从其令。'今吾游于雕陵而忘吾身，异鹊感吾颡，游于栗林而忘真，栗林虞人以吾为戮，吾所以不庭也。"

阳子之宋，宿于逆旅。逆旅人有妾二人，其一人美，其一人恶。恶者贵而美者贱。阳子问其故，逆旅小子对曰："其美者自美，吾不知其美也；其恶者自恶，吾不知其恶也。"阳子曰："弟子记之！行贤而去自贤之行，安往而不爱哉！"

【玄义注释】

①市南宜僚：人名，姓熊名宜僚。因家住集市的南边，故有此称。②惼（biǎn）：心地狭窄。③侗（tóng）：幼稚无知的样子。④玢（fēn）玢狱（zhì）狱：形容鸟飞得又慢又低。⑤纕（xié）：衣服上的带子。⑥鹢鸠（yì ér）：燕子。⑦颡（sǎng）：额头。⑧蹶（jué）步：快步地行走。

【白话翻译】

庄子行走在山中，看见一棵枝繁叶茂的大树，而伐木之人停在旁边却不去砍伐。庄子好奇，问其原因，伐木的人回答说："没有什么用处。"庄子说："这棵树因为不成材才得以终其自然寿命。"庄子从山中走出，寄宿在友人家中。友人很高兴，命童仆杀鹅招待客人。童仆请示说："有一只鹅能鸣叫，有一只不能鸣叫，请问杀哪一只？"主人说："杀那只不会鸣叫的。"第二天，弟子向庄子问道："昨天山中之树，因为不成材得以终其自然寿命；今天主人之鹅，因不成材而被杀。先生将在这二者之间如何立身自处？"庄子笑着说："我庄周将处在成材与不成材之间。成材与不成材之间，好像与大道相似，实则非也，所以也不能免于受牵累。至于顺乎自然而游于虚无之境就不是这样，既无赞誉也无毁谤，或如龙之显现，或如蛇之潜藏，随时变化，而不肯专主一端。时上时下，以与天地万物和谐为准则，茫然无心漫游于未曾有物的虚空之中。按物之本性去主宰万物而不为物所役使，这样哪里会受到牵累呢！这就是神农、黄帝遵循之法则。至于万物之情理，人世伦理之传习就不是这样。聚合转成分离，有了成功就有了毁坏，刚直则受挫伤，尊贵则遭非议，有作为就有亏缺，贤能就遭暗算，不肖就遭欺侮。怎么可能一定不受牵累呢！可悲呀！弟子们记住了，只有归于清静无为的大道境界。"

市南宜僚拜见鲁侯，鲁侯正面带忧色。市南宜僚说："国君面呈忧色，为什么呢？"鲁侯说："我学习先王治国的办法，承继先君的事业；我敬仰鬼神，尊重贤能，身体力行，没有短暂的止息。可是仍不能免除祸患，我因此而忧虑。"

市南宜僚说："你消除忧患的办法太浅薄了！皮毛丰厚的大狐和斑斑花纹的豹子，栖息于深山老林，潜伏于岩穴山洞，这是静心；夜里行动，白天居息，这是警惕；即使饥渴也隐形潜踪，还要远离各种足迹到江湖上觅求食物，这是为了安定稳定。然而还是不能免于罗网和机关的灾祸。这两种动物有什么罪过呢？是它们自身的皮毛给它们带来的灾祸。如今的鲁国不就是为你鲁君带来灾祸的皮毛吗？我希望你能剖空身形，舍弃皮毛，荡涤心智，摈除欲念，进而逍遥于没有人迹的原野。遥远的南方有个城邑，名字叫做建德之国。那里的人民纯厚而又质朴，很少有私欲；知道耕作而不知道储备，给予别人什么从不希图酬报；不明白怎样做算是合乎义，不懂得怎样做才算合乎礼；随心所欲任意而为，竟能各自行于大道；他们生时自得而乐，死时安然而葬。我希望国君你也能舍去国政捐弃世俗，从而跟大道相辅而行。"

鲁君说："去那里路途遥远而艰险，又有江山阻隔，我没有舟车，怎么办呢？"市南宜僚说："君能不凭借地位傲视于人，不留恋舒适的生活条件，这就是国君通往大道之车。"鲁侯说："到那里道路幽暗辽远而无人烟，我与谁相伴？我没有干粮，没有食品供给，怎么能到达那里呢？"市南宜僚说："减少君之费用，节制君之欲求，虽无粮也可满足。君将渡过江河，浮游于大海，一眼望去不见边际，愈往前行而不知道它的尽头。护送君的人都从岸边返回，君从此将远离尘世而进入无限广阔的世界！所以把人民视为己有者必然成为牵累，以治理好人民为己任者必为其役使。所以说尧不以天下为己有，任天下自治而不加干预。我希望去掉君之牵累，除去君之忧愁，而只与大道漫游于广漠空虚之境。并舟而渡河，有空船来冲撞自家之船，虽然心地狭窄之人也不会发怒；有一个人在船上，渡河的人就一定会呼喊他撑开或并拢过来；一次呼喊没听到，再次呼喊没听到，于是三次呼喊，就一定以责骂之声相伴随。起先不怒而今恼怒，因为起先是空船，而今是有人在上面。人能把自己变成空虚淡漠，在世上漫游，谁还能加害于他呢！"

北宫奢替卫灵公募款铸造钟器，在外城门设下祭坛，三个月就造好了钟并编组在上下两层钟架上。王子庆忌见到这种情况便向他问道："你用的是什么样的办法呀？"北宫奢说："精诚专一而又顺其自然，不敢假设有其他什么好办法。我曾听说：'既然已细细雕刻细细琢磨，而又要返归事物的本真。'纯朴无心是那样无知无识，忘却心智是那样从容不疑；财物汇聚而自己却茫然无知，或者分发而去或者收聚而来；送来的不去禁绝，分发的不去阻留；强横不讲理的就从其自便，隐委顺和的加以随应，依照各自的情况而竭尽力量，所以早晚征集捐款而丝毫不损伤他人，何况是遵循大道的人呢！"

孔子一行被围困在陈国与蔡国之间某地，七天没有生火做饭。大公任前往慰问，说："先生快要饿死了吧？"回答说："是啊，"又问："您怕死吗？"回答说："是的。"大公任说："我尝试着说说不死之道吧。东海上有一种鸟，它的名字叫意怠。这种鸟飞得又低又慢，好像没有飞翔的能力；要别的鸟引导协助而后起飞，与众鸟偎依在一起栖息；前进时不敢在前面，后退时不敢殿后；吃东西不敢先尝，一定要吃剩余的。因此在行列中不被排斥，而外人终不能相害，所以得免于患难。直的树木先被砍伐，甘美的水井先枯竭。您用心于修饰己智以惊醒愚昧，修养自身以显示别人卑污，光明显赫的样子像举着日月行走，所以不免于患难。以前我听道德至高的人说：'自我夸耀的人不会成功，功成者必然毁败，名成者必然亏缺。'谁能舍弃功名而与众人相同！道变化流行不是明白可见的，德成于身是不可言说的；纯一而恒常，比之于循性无心而行之人；除去形迹抛弃权势，不追求功名。因而无求于人，人亦无求于我。至人不求闻名于世，您又何必喜好闻名于世啊！"孔子说："说得好啊！"于是辞别朋友，离开弟子，逃往旷野之中，穿粗陋之衣，食橡栗野果，入兽群兽不被惊扰乱群，入鸟群鸟不被惊扰乱行列。鸟兽都不厌恶他，何况是人呐！

孔子问子桑雩道："我两次在鲁国被驱逐，在宋国受到伐树的惊辱，在卫国不能停留，在商、周之地穷愁潦倒，在陈国和蔡国间受到围困。我遭逢这么多的灾祸，亲朋故交越发疏远了，弟子友人更加离散了，这是为什么呢？"子桑雽回答说："你没有听说过那假国人的逃亡的故事吗？林回舍弃了价值千金的璧玉，背着婴儿就跑。有人议论：'他是为了钱财吗？初生婴儿的价值太少太少了；他是为了怕拖累吗？初生婴儿的拖累太多太多了。舍弃价值千金的璧玉，背着婴儿逃跑，为了什么呢？'林回说：'价值千金的璧玉跟我是以利益相合，这个孩子跟我则是以天性相连。'以利益相合的，遇上困厄、灾祸、忧患与伤害就会相互抛弃；以天性相连的，遇上困厄、灾祸、忧患与伤害就会相互包容。相互收容与相互抛弃差别也就太远了。而且君子的交谊淡得像清水一样，小人的交情甜得像甜酒一样；君子淡泊却心地亲近，小人甘甜却利断义绝。大凡无缘无故而接近相合的，那么也会无缘无故地离散。"孔子说："我会由衷地听取你的教诲！"于是慢慢地离去，闲放自得地走了回来，放弃了学业，丢弃了书简，弟子没有一个侍学于前，可是他们对老师的敬爱反而更加深厚了。有一天，子桑雽又说："舜将死的时候，教导夏禹说：'你要警惕啊！身形不如顺应，情感不如率真。顺应就不会背离，率真就不会劳苦；不背离不劳神，那么也就不需要用纹饰来装扮身形；无纹饰来矫造身形，当然也就不必有求于外物。'"

庄子穿着带补丁的粗布衣，扎好腰带，系好鞋子去魏王处。魏王说："先生为何这样疲困呀？"庄子说："是贫穷啊，不是疲困。志士有道德不得施行，是疲困；衣服破烂，鞋子磨穿，是贫穷，不是疲困，这是所谓没遭遇好世道。王难道未曾见过善于腾跃之猿猴吗？它们在柟、梓、豫章之类高大的树林中，把握牵扯树枝而怡然自得于其间，就是羿与蓬蒙之类善射者也不能瞄准射中它们。等它们落到柘、棘、枳、枸之类带刺的灌木丛中，行动谨慎而左顾右盼，内心震惊畏惧战栗，此时并非由于过度紧张而筋骨不柔软灵活，而是因所处形势不利，不足以施展其本领啊。现在处于昏君与乱相之时而想要不疲困，怎么可能呀？像比干那样的被剖心，不就是明证吗！"

孔子受困于陈国、蔡国之间，整整七天不能生火就食，左手靠着枯树，右手敲击枯枝，而且还唱起了神农时代的歌谣，不过敲击的东西并不能符合音乐的节奏，有了敲击的声响却不符合五音的音阶，然而敲木声和咏歌声分得清清楚楚,而且恰如其分地表达了唱歌人的心意。

颜回恭敬地在一旁侍立,转过脸去偷偷地看了看。孔子真担心他把自己的道德看得过于高远而达到最了不起的境界,爱惜自己而至于哀伤,便说:"颜回,不受自然的损害容易,不接受他人的利禄则较困难。世上的事凡是开始无不意味着终结,人与自然原本也是同一的。至于现在唱歌的人又将是谁呢?"颜回说:"我冒昧地请教什么叫做不受自然的损害容易?"孔子说:"饥饿、干渴、严寒、酷暑,穷困的束缚使人事事不能通达,这是天地的运行,万物的变迁,说的是要随着天地、万物一块儿变化流逝。做臣子的,不敢违拗国君的旨意。做臣子的道理尚且如此,何况是用这样的办法来对待自然呢!"颜回又问:"什么叫不受人加给之利益难?"孔子说:"开始进入社会四面八方无不通达,官爵俸禄并至而不穷尽。这些外物带来的利益,并非自己固有的,乃是命运中偶然的机遇加给我的罢了。君子不做强盗,贤人不做窃贼,我要取这些身外之物算是什么人呢?所以说:鸟没有比燕子更聪明的了,看一眼不适宜停留不再多看即飞去,即使失落了口中的食物,也弃之而飞去。它们害怕人,又入人之宅筑巢以免害。人亦须依赖国家以生存。"颜回又问:"什么叫开始无不意味着终结?"孔子说:"万物生灭变化无穷而不知如何相互更代,哪里知道它的终点?哪里知道它的起点?持守正道以待其变化就是了。"颜回又问:"什么叫人与天是同一的?"孔子说:"有人事之变化,又无不受天支配;有天道变化,亦出于自然。人不能支配天道,这是其本性决定的。圣人安然体悟天道常行不息之性而终其天命。"

庄子在雕陵栗树林里游玩，看见一只奇异的怪鹊从南方飞来。异鹊翅膀宽达七尺，眼睛大若一寸，碰着庄子的额头而停歇在栗树林里。庄子说："这是什么鸟呀！翅膀大却不能远飞，眼睛大视力却不敏锐。"于是提起衣裳快步上前，拿着弹弓静静地等待着时机。这时突然看见一只蝉，正在浓密的树荫里美美地休息而忘记了自身的安危。一只螳螂用树叶作隐蔽打算见机扑上去捕捉蝉，螳螂眼看即将得手而忘掉了自己形体的存在。那只怪鹊紧随其后认为那是极好的时机，眼看即将捕到螳螂而忘掉了自身的性命。庄子惊恐而警惕地说："啊！世上的物类原本就是这样相互牵累、相互争夺的，两种物类之间也总是以利相吸引！"庄子于是扔掉弹弓转身快步而去，看守栗园的人发现他后一边责骂一边追赶。庄子返回家中，接连三日不出门。学生蔺且因而问道："先生近来为何不出门呀？"庄子说："我静能守形，动却忘身，我能看破世人追名逐利之危险，自己却不知躲避。而且我听先生说：'入乡随俗，服从禁令。'现在我在雕陵中游玩却忘了自身的安危，奇异之鹊触碰我的额头，游于栗林而忘记真性，栗林的看守人因而责骂我，我所以不快意呀。"

阳子到宋国去，住在旅店里。旅店主人有两个妾，其中一个漂亮，一个丑陋。可是长得丑陋的受到宠爱而长得漂亮的却受到冷落。阳子问他何缘故，年轻的店主回答："那个长得漂亮的自以为漂亮，但是我却不觉得她漂亮；那个长得丑陋的自以为丑陋，但是我却不觉得她丑陋。"阳子对弟子说："弟子们记住，品行贤良但却不自以为具有贤良的品行，去到哪里不会受到敬重和爱戴啊！"

【义理评析】

本篇取首二句的"山"和"木"为篇名，其主旨与前面《人间世》篇一致，阐释和探讨虚己、无为的人生哲学。虚构了逃避现实的理想境界，把虚己免害的处世观与物无终始的哲学发展观结合起来，论证天与人之同一。

本篇的多组故事，描写生动幽默，寓意深远，很有特色。比如第一段中说庄子入山，见不成材之木得终天年；宿于故人家，见哑鹅被杀，得出要在材与不材间自处的设想。进而指出，人世间处处险象环生，风云莫测，要避免祸患，颐养天年，一味地在"有用"和"无用"之间保持中立是行不通的，最好的办法是修身悟道，"与时俱化"，只有与时变化，才能远离灾祸。后面一则"螳螂捕蝉，黄雀在后"的寓言也有相同的用意。其中的名言佳句也是流传千古而不衰。

本篇的一些命题，如"虚舟""君子之交淡如水"等对后世产生了巨大影响。

田子方第二十一

【原典欣赏】

田子方侍坐于魏文侯，数称谿工。文侯曰："谿工，子之师邪？"子方曰："非也，无择之里人也。称道数当，故无择称之。"文侯曰："然则子无师邪？"子方曰："有。"曰："子之师谁邪？"子方曰："东郭顺子。"文侯曰："然则夫子何故未尝称之？"子方曰："其为人也真，人貌而天虚，缘而葆真，清而容物。物无道，正容以悟之，使人之意也消。无择何足以称之！"子方出，文侯傥然①，终日不言，召前立臣而语之曰："远矣，全德之君子！始吾以圣知之言、仁义之行为至矣。吾闻子方之师，吾形解而不欲动，口钳而不欲言。吾所学者，直土梗耳！夫魏真为我累耳！"

温伯雪子适齐，舍于鲁。鲁人有请见之者，温伯雪子曰："不可。吾闻中国之君子，明乎礼义而陋于知人心，吾不欲见也。"至于齐，反舍于鲁，是人也又请见。温伯雪子曰："往也蕲见我，今也又蕲见我，是必有以振我也。"出而见客，入而叹。明日见客，又入而叹。其仆曰："每见之客也，必入而叹，何邪？"曰："吾固告子矣：'中国之民，明乎礼义而陋乎知人心。'昔之见我者，进退一成规、一成矩，从容一若龙、一若虎，其谏我也似子，其道我也似父，是以叹也。"仲尼见之而不言。子路曰："吾子欲见温伯雪子久矣，见之而不言，何邪？"仲尼曰："若夫人者，目击而道存矣，亦不可以容声矣。"

颜渊问于仲尼曰："夫子步亦步，夫子趋亦趋，夫子驰亦驰，夫子奔逸绝尘，而回瞠若乎后矣！"夫子曰："回，何谓邪？"曰："夫子步，亦步也；夫子言，亦言也；夫子趋，亦趋也；夫子辩，亦辩也；夫子驰，亦驰也；夫子言道，回亦言道也；及奔逸绝尘而回瞠若乎后者，夫子不言而信，不比而周，无器而民滔乎前，而不知所以然而已矣。"仲尼曰："恶！可不察与！夫哀莫大于心死，而人死亦次之。日出东方而入于西极，万物莫不比方，有目有趾者，待是而后成功，是出则存，是入则亡。万物亦然，有待也而死，有待也而生。吾一受其成形，而不化以待尽。效物而动，日夜无隙，而不知其所终。薰然其成形，知命不能规乎其前，丘以是日徂。吾终身与汝交一臂而失之，可不哀与？女殆著乎吾所以著也。彼已尽矣，而女求之以为有，是求马于唐肆也。吾服女也甚忘；女服吾也甚忘。虽然，女奚患焉！虽忘乎故吾，吾有不忘者存。"

孔子见老聃，老聃新沐，方将被发而干，慹然似非人②。孔子便而待之，少焉见，曰："丘也眩与，其信然与？向者先生形体掘若槁木，似遗物离人而立于独也。"老聃曰："吾游于物之初。"孔子曰："何谓邪？"曰："心困焉而不能知，口辟焉而不能言。尝为汝议乎其将：至阴肃肃，至阳赫赫；肃肃出乎天，赫赫发乎地；两者交通成和而物生焉，或为之纪而莫见其形。消息满虚，一晦一明，日改月化，日有所为，而莫见其功。生有所乎萌，死有所乎归，始终相反乎无端，而莫知乎其所穷。非是也，且孰为之宗！"

孔子曰："请问游是。"老聃曰："夫得是，至美至乐也。得至美而游乎至乐，谓之至人。"孔子曰："愿闻其方。"曰："草食之兽不疾易薮，水生之虫不疾易水，行小变而不失其大常也，喜怒哀乐不入于胸次。夫天下也者，万物之所一也。得其所一而同焉，则四支百体将为尘垢，而死生终始将为昼夜而莫之能滑，而况得丧祸福之所介乎！弃隶者若弃泥涂，知身贵于隶也，贵在于我，而不失于变。且万化而未始有极也，夫孰足以患心！已为道者解乎此。"孔子曰："夫子德配天地，而犹假至言以修心，古之君子，孰能脱焉？"老聃曰："不然。夫水之于汋也③，无为而才自然矣。至人之于德也，不修而物不能离焉，若天之自高，地之自厚，日月之自明，夫何修焉！"孔子出，以告颜回曰："丘之于道也，其犹醯鸡与④！微夫子之发吾覆也，吾不知天地之大全也。"

庄子见鲁哀公。哀公曰："鲁多儒士，少为先生方者。"庄子曰："鲁少儒。"哀公曰："举鲁国而儒服，何谓少乎？"庄子曰："周闻之，儒者冠圜冠者，知天时；履句屦者，知地形；缓佩玦者，事至而断。君子有其道者，未必为其服也；为其服者，未必知其道也。公固以为不然，何不号于国中曰：'无此道而为此服者，其罪死！'"于是哀公号之五日，而鲁国无敢儒服者。独有一丈夫儒服而立乎公门。公即召而问以国事，千转万变而不穷。庄子曰："以鲁国而儒者一人耳，可谓多乎？"

百里奚爵禄不入于心，故饭牛而牛肥，使秦穆公忘其贱，与之政也。有虞氏死生不入于心，故足以动人。

宋元君将画图，众史皆至，受揖而立，舐笔和墨，在外者半。有一史后至者，儃儃然不趋，受揖不立，因之舍。公使人视之，则解衣盘礴臝。君曰："可矣，是真画者也。"

文王观于臧，见一丈人钓，而其钓莫钓；非持其钓有钓者也，常钓也。文王欲举而授之政，而恐大臣父兄之弗安也；欲终而释之，而不忍百姓之无天也。于是旦而属之大夫曰："昔者寡人梦见良人，黑色而髯，乘驳马而偏朱蹄，号曰：'寓而政于臧丈人，庶几乎民有瘳乎！'"诸大夫蹴然曰："先君王也。"文王曰："然则卜之。"诸大夫曰："先君之命，王其无它，又何卜焉！"遂迎臧丈人而授之政。典法无更，偏令无出。三年，文王观于国，则列士坏植散群，长官者不成德，斔斛不敢入于四竟⑤。列士坏植散群，则尚同也；长官者不成德，则同务也，斔斛不敢入于四竟，则诸侯无二心也。文王于是焉以为大师，北面而问曰："政可以及天下乎？"臧丈人昧然而不应，泛然而辞，朝令而夜遁，终身无闻。颜渊问于仲尼曰："文王其犹未邪？又何以梦为乎？"仲尼曰："默，汝无言！夫文王尽之也，而又何论刺焉！彼直以循斯须也。"

列御寇为伯昏无人射，引之盈贯，措杯水其肘上，发之，适矢复沓，方矢复寓。当是时，犹象人也。伯昏无人曰："是射之射，非不射之射也。尝与汝登高山，履危石，临百仞之渊，若能射乎？"于是无人遂登高山，履危石，临百仞之渊，背逡巡，足二分垂在外，揖御寇而进之。御寇伏地，汗流至踵。伯昏无人曰："夫至人者，上窥青天，下潜黄泉，挥斥八极，神气不变。今汝怵然有恂目之志，尔于中也殆矣夫！"

肩吾问于孙叔敖曰："子三为令尹而不荣华，三去之而无忧色。吾始也疑子，今视子之鼻间栩栩然，子之用心独奈何？"孙叔敖曰："吾何以过人哉！吾以其来不可却也，其去不可止也。吾以为得失之非我也，而无忧色而已矣。我何以过人哉！且不知其在彼乎？其在我乎？其在彼邪，亡乎我；在我邪，亡乎彼。方将踌躇，方将四顾，何暇至乎人贵人贱哉！"仲尼闻之曰："古之真人，知者不得说，美人不得滥，盗人不得劫，伏羲、黄帝不得友。死生亦大矣，而无变乎己，况爵禄乎！若然者，其神经乎大山而无介，入乎渊泉而不濡，处卑细而不惫，充满天地，既以与人，己愈有。"

楚王与凡君坐，少焉，楚王左右曰"凡亡"者三。凡君曰："凡之亡也，不足以丧吾存。夫'凡之亡不足以丧吾存'，则楚之存不足以存存。由是观之，则凡未始亡，而楚未始存也。"

【玄义注释】

①倘然：若有所失的样子。②慹然：木然不动的样子。③沕（zhuó）：自然涌出的水。④醯（xī）鸡：醋变质生出的小飞虫。⑤䤫（yǔ）：古代的一种容器，也是容量单位。

【白话翻译】

田子方陪坐在魏文侯身旁，多次称赞豀工。魏文侯说："豀工，是你的老师吗？"田子方说："不是老师，是我的邻里；他的言论谈吐总是十分中肯恰当，所以我称赞他。"文侯说："那你没有老师吗？"子方说："有"。文侯说："你的老师是谁

呢?"田子方说:"东郭顺子。"文侯说:"那么先生为什么不曾称赞过他呢?"田子方回答:"他的为人十分真朴,相貌跟普通人一样而内心却合于自然,顺应外在事物而且能保持固有的真性,心境清虚宁寂而且能包容外物。外界事物不能合符'道',便严肃指出使之醒悟,从而使人的邪恶之念自然消除。我做学生的能够用什么言辞去称赞老师呢?"田子方走了出来,魏文侯若有所失地整天不说话,召来在跟前侍立的近臣对他们说:"实在是深不可测呀,德行完备的君子!起初我总认为圣智的言论和仁义的品行算是最为高尚的了,如今我听说了田子方老师的情况,我真是身形怠惰而不知道该做什么,嘴巴像被钳住一样而不能说些什么。我过去所学到的不过都是些泥塑偶像似的毫无真实价值的东西,至于魏国也只是我的拖累罢了!"

　　温伯雪子往齐国去,途中寄宿于鲁国。鲁国有个人请求见他,温伯雪子说:"不可以。我听说中原的君子,明于礼义而浅于知人心,我不想见他。"到齐国后,返回时又住宿鲁国,那个人又请相见。温伯雪子说:"往日请求见我,今天又请求见我,此人必定有启示于我。"出去见客,回来就慨叹一番,明天又见客,回来又慨叹不已。他的仆人问,"每次见此客人,必定回来慨叹,为何呢?"回答说:"我本来已告诉过你:'中原之人明于知礼义而浅于知人心。'刚刚见我的这个人,出入进退一一合乎礼仪,动作举止蕴含龙虎般不可抵御之气势。他对我直言规劝像儿子对待父亲般恭顺,他对我指导又像父亲对儿子般严厉,所以我才慨叹。"孔子见到温伯雪子后一句话也不说,子路问:"先生想见温伯雪子很久了,见了面却不说话,为何呀?"孔子说:"像这样人,用眼睛一看而知大道存之于身,也不容再用语言了。"

　　颜渊向孔子问道:"先生慢步我也慢步,先生快步我也快步,先生奔跑我也奔跑,先生脚不沾地迅疾飞奔,学生只能干瞪着眼落在后面了!"孔子说:"颜回,你这些话是什么意思呢?"颜回说:"先生慢步,我也跟着慢步;先生说话,我也跟着说话;先生快步,我也跟着快步;先生辩论,我也跟着辩论;先生奔跑,我也跟着奔跑;先生谈论大道,我也跟着谈论大道;等到先生快步如飞、脚不沾地迅速奔跑而学生干瞪着眼落在后面,是说先生不说什么却能够取信于大家,不表示亲近却能使情意传遍周围所有的人，不居高位、不获权势却能让人民像滔滔流水那样涌聚于身前，而我却不懂得先生为什么能够这样。"孔子说："噢！不可不明察呀！悲哀莫大过心死，而身死还在其次。太阳从东方出来而入于西天尽头，万物莫不顺从这个道理，凡有眼有脚的，必待日出而后有所作为，日出则作，日落而息。万物亦是这样，待造化之往来而有生有死。我一秉受天赋之形体，就不会转化为他物而等待着穷尽天年。随着外物而运动，日夜不停息，而不知终极之处。和气自动聚合成形体，知命的人也不能测度将来的命运。我终身与你在一起，这极好机会却当面错过而不能使你了解这个道理，这不悲哀吗？你只是着眼于我显著的方面，而那些显著有形迹的东西已经过去了，你还着意追寻以为实有，这就如同在空虚市场上寻求马一样不可能。我之所习，你要把它全部遗忘；你之所习，我也把它全部遗忘。虽然如此，你又何必担忧！虽然忘记了过去的我，我还有永存的，不被忘记的东西在。"

孔子去见老聃，老聃刚洗完发，正在披散头发晾干，木然而立，不像一个活人。孔子蔽于隐处等待，过一会儿入见，说："是我眼花呢？还是真的呢？刚才先生身体独立不动像槁木，像遗弃万物离开众人而独立自存的样子。"老聃说："我在神游物初生之混沌虚无之境。"孔子说："这是何意呢？"老聃说："心困惑于它而不能知，口对它开而不合不能言说。尝试为你说一下它的大略：地之极致为阴冷之气，天之极致为炎热之气；阴冷之气恨于天，炎热之气本于地；两者相互交通和合而生成万物，或为万物的规律而又不见它的形体。消亡又生息，盈满又空虚，一暗一明，日日改变，月月转化，每日有所作为而不见其功效。生有所萌发之处，死有所归往之地，始终相反没有边际，而不知其穷尽。没有它，谁来主宰啊！"

孔子说："请问神游大道之情形。"老聃说："能得神游于此为至美至乐。能得至美而游于至乐，就叫做至人。"孔子说："请问达于至美至乐之道。"老聃说："食草的兽类不担忧更换生活的草泽，水生的虫类不害怕改变生活的水域，这是因为只进行了小小的变化而没有失去惯常的生活环境，这样喜怒哀乐的各种情绪就不会进入到内心。普天之下，莫不是万物共同生息的环境。获得这共同生活的环境而又混同其间，那么人的四肢躯体都将最终变成尘垢，而生存终结、开始也将像昼夜更替一样没有什么力量能够扰乱它，更何况去介意那些得失祸福呢！舍弃得失祸福之类附属于己的东西就像丢弃泥土一样，懂得自身远比这些附属于自己的东西更为珍贵，珍贵在于我自身而不因外在变化而丧失。况且宇宙间的千变万化从来就没有过终极，还有什么值得使内心忧患！已经体察大道的人便能通晓这个道理。"孔子说："先生的德行合于天地，仍然借助于至理真言来修养心性，古时候的君子，又有谁能够免于这样做呢？"老聃说："不是这样的。水激涌而出，不借助于人力方才自然。道德修养高尚的人对于德行，无须加以培养万物也不会脱离他的影响，就像天自然的高，地自然的厚，太阳与月亮自然光明，又哪里用得着修养呢！"孔子从老聃那儿走出，把见到老聃的情况告诉给了颜回，说："我对于大道，就好像醋瓮中的小飞虫那样无知！不是老聃的启迪揭开了我的蒙昧，我不知道天地之大那是完完全全的了。"

庄子拜见鲁哀公。哀公说："鲁国多儒学之士，很少有从事先生的道术的。"庄子说："鲁国儒学之士很少。"哀公说："全鲁国的人都穿儒者服装，怎么说少呢？"庄子说："我听说，儒者中戴圆帽的通晓天时；穿方形鞋子的懂得地理；佩戴五彩丝带穿系玉块的，事至而能决断。君子中怀有其道术的，未必穿戴那样的服饰；穿戴那样服饰的，未必真有道术。你一定以为不是这样，为什么不在国内发布号令说：'不懂此种道术而穿戴此种服饰的，要处以死罪！'"于是哀公发布这样的命令，五天以后鲁国没有敢穿儒服的人。唯独有一位男子，身穿儒服立在哀公门外。哀公即刻召见他以国事相问，千转万变发问也不能难住他。庄子说："以鲁国之大只有一个儒者，能说多吗？"

百里奚从不把爵位和俸禄放在心上，所以饲养牛时牛喂得很肥，使秦穆公忘记了他地位的卑贱，而把国事交给他。虞舜从不把死生放在心上，所以他的高尚品德能够打动人心。

宋元君要画画，众位画师都来了，受君命拜揖而立，润笔调墨准备着，门外面还有一大半画师没有进来。有一位后到的画师，舒缓闲适、不慌不忙地走着，受命拜揖后也不在那站着，而往馆舍走去。宋元君派人去看，见他脱掉上衣赤着上身盘腿而坐。宋元君说："可以了，这位就是真正的画师。"

文王在臧地巡视，看见一位老人在水边垂钓，身在钓鱼，心不在钓鱼上。他并非以持竿钓鱼为事，而是别有所钓，他经常就是这样钓鱼。文王一心要起用他并把朝政委托给他，可是又担心大臣和宗族放心不下；打算就此作罢，放弃这个念头，却又不忍心天下的百姓得不到天子的恩泽。于是大清早便召来诸大夫说："昨晚我梦见了一位非常贤良的人，他长着黑黑的面孔，长长的胡须，骑着一匹斑驳的杂色马，而且四只马蹄半侧是红的，他对我大声呼喊说：'把你的朝政托付给那位臧地的老人，恐怕你的百姓也就差不多解除痛苦啦！'"诸位大夫惊恐不安地说："这个显梦的人就是君王的父亲！"文王说："既然如此，那么我们还是卜问这件事吧。"诸位大夫说："这是先君的命令，君王还是不必多虑，又哪里用得着再行卜问呢！"于是就迎接臧地老者，把国事托付给他。这个人掌政，以往典章法令没有更改，一篇新政令也未发出。三年之后，文王巡视国内，则见各种文士武士结成的私党都散掉了，官长们也不显扬个人功德，标准不一的量器也不敢进入国境之内使用。文士武士们的私党散掉，则政令通达上下同心；官长不显扬个人功德，则能同以国事为务；标准不一的量器不入境使用，则诸侯们也就没有二心了。文王于是把臧地老人当做老师，北面而立请教说："这样的政事可以推行于天下吗？"臧丈人默然不回答，淡漠无心地告辞而去，早晨还接受文王指令，晚上就逃走了，终身没有消息。颜渊问孔子说："文王还不足以取信于人吗？何必要假托于梦呢？"孔子说："别作声，你不要说了！文王已经做得很完美了，你又何必议论讥刺呢！他只是在顺应众人一时的感情需要罢了。"

　　列御寇为伯昏无人表演射箭，把弓拉得满满的，放一杯水在左肘上，发射出去，箭射出后又有一只扣在弦上，刚刚射出又一只搭在弦上，连续不停。在那个时候，他就像一个木偶一般纹丝不动。伯昏无人说："这是有心于射的射法，不是无心之射的射法。尝试和你登上高山，踏着险石，对着百仞深渊，你能射吗？"于是伯昏无人就登上高山，脚踏险石，背对着百仞深渊向后退却，直到脚下有三分之二悬空在石外，在那里揖请列御寇退至相同位置表演射箭。列御寇惊惧得伏在地上，冷汗流到脚跟。伯昏无人说："作为至人，上可探测青天，下可潜察黄泉，纵放自如于四面八方，而神情没有变化。现在你有惊恐目眩之意，你想射中恐怕很难了！"

　　肩吾向孙叔敖问道："你三次出任令尹却不显出荣耀，你三次被罢官也没有露出忧愁的神色,起初我还以为你是装出来的,如今看见你容颜是那么欢畅自适,果真不假,你心里究竟是怎样的呢?"孙叔敖说:"我哪里有什么过人之处啊!我认为官职爵禄的到来不必去推却,它们的离去也不可以去阻止。我认为得与失都不是出自我自身,因而无忧无虑罢了。我哪里有什么过人之处啊!况且我不知道这官爵可贵,如果可贵的是官爵,那么与我无关;如果可贵的是我,那么与令尹无关。我正心安理得悠闲自在,我正踌躇满志四处张望,哪里有闲暇去顾及人的尊贵与卑贱啊!"孔子听到这件事,说:"古时候的真人,最有智慧的人不能说服他,最美的女人不能使他淫乱,强盗不能够抢劫他,就是伏羲和黄帝也无法跟他结为朋友。死与生也算得上是大事情了,却不能使他有什么改变,更何况是爵位与俸禄呢!像这样的人,他的精神穿越大山不会遇上阻碍,潜入深渊不会沾湿衣裳,处身卑微不会感到困乏,他的精神充满于天地,将全部奉献给他人,自己却越发感觉到充实富有。"

楚王和凡国之君共坐,过一会儿,楚王左右之臣多次来讲凡国已经灭亡了。凡国之君说:"凡国灭亡,不足以丧失我之存在。而凡国之灭亡既不足以丧失我之存,而楚国之存在也不足以存在为存。由此看来,则凡国未曾灭亡而楚国未曾存在。"

【义理评析】

田子方,人名,魏国人,相传为魏文侯的老师。本篇以人名为篇名,与篇义无关。全篇重在表现虚怀无为、随应自然、不受外物束缚的思想。

通过文中的几则寓言故事,我们不难看出庄子的人生态度和哲学思想。在田子方与魏文侯对话的过程中,魏文侯作为霸气十足的一国之君,竟对田子方所说的"全德君子"的真性所感动,可见本真的事物力量是多么伟大。"温伯雪子适齐"的故事讽刺了某些儒士们总是摆出一副教诲别人的架势,而他们的内心却缺乏真诚,虚伪充数。

在庄子看来,真性的品德是真正的圣贤们所必须具备的,唯有做到这一点,在悟道得道的过程中才能享受到持久的快乐。而从常人的角度来讲,这也是修身养性的一个境界、一个目标,只要勉力而为,持之以恒,同样可以将其做到尽善尽美。

知北游第二十二

【原典欣赏】

知北游于玄水之上，登隐弅之丘①，而适遭无为谓焉。知谓无为谓曰："予欲有问乎若：何思何虑则知道？何处何服则安道？何从何道则得道？"三问而无为谓不答也。非不答，不知答也。知不得问，反于白水之南，登狐阕之上②，而睹狂屈焉。知以之言也，问乎狂屈。狂屈曰："唉！予知之，将语若。"中欲言而忘其所欲言。知不得问，反于帝宫，见黄帝而问焉。黄帝曰："无思无虑始知道，无处无服始安道，无从无道始得道。"知问黄帝曰："我与若知之，彼与彼不知也，其孰是邪？"黄帝曰："彼无为谓真是也，狂屈似之，我与汝终不近也。夫知者不言，言者不知，故圣人行不言之教。道不可致，德不可至。仁可为也，义可亏也，礼相伪也。故曰：'失道而后德，失德而后仁，失仁而后义，失义而后礼。'礼者，道之华而乱之首也。故曰：'为道者日损，损之又损之，以至于无为。无为而无不为也。'今已为物也，欲复归根，不亦难乎！其易也，其唯大人乎！生也死之徒，死也生之始，孰知其纪！人之生，气之聚也。聚则为生，散则为死。若死生为徒，吾又何患！故万物一也。是其所美者为神奇，其所恶者为臭腐。臭腐复化为神奇，神奇复化为臭腐。故曰：'通天下一气耳。'圣人故贵一。"知谓黄帝曰："吾问无为谓，无为谓不应我，非不我应，不知应我也；吾问狂屈，狂屈中欲告我而不我告，非不我告，中欲告而忘之也；今予问乎若，若知之，奚故不近？"黄帝曰："彼其真是也，以其不知也；此其似之也，以其忘之也；予与若终不近也，以其知之也。"狂屈闻之，以黄帝为知言。

天地有大美而不言，四时有明法而不议，万物有成理而不说。圣人者，原天地之美，而达万物之理。是故至人无为，大圣不作，观于天地之谓也。今彼神明至精，与彼百化。物已死生方圆，莫知其根也，扁然而万物，自古以固存。六合为巨，未离其内；秋毫为小，待之成体。天下莫不沉浮，终身不故；阴阳四时运行，各得其序。惛然若亡而存，油然不形而神，万物畜而不知。此之谓本根，可以观于天矣。

啮缺问道乎被衣，被衣曰："若正汝形，一汝视，天和将至；摄汝知，一汝度，神将来舍。德将为汝美，道将为汝居，汝瞳焉，如新生之犊而无求其故！"言未卒，啮缺睡寐。被衣大说，行歌而去之，曰："形若槁骸，心若死灰，真其实知，不以故自持。媒媒晦晦③，无心而不可与谋。彼何人哉！"

舜问乎丞曰："道可得而有乎？"曰："汝身非汝有也，汝何得有夫道！"舜曰："吾身非吾有也，孰有之哉？"曰："是天地之委形也；生非汝有，是天地之委和也；性命非汝有，是天地之委顺也；孙子非汝有，是天地之委蜕也。故行不知所往，处不知所持，食不知所味。天地之强阳气也，又胡可得而有邪！"

孔子问于老聃曰："今日晏闲，敢问至道。"老聃曰："汝齐戒，疏瀹而心，澡雪而精神，掊击而知！夫道，窅然难言哉④！将为汝言其崖略：夫昭昭生于冥冥，有伦生于无形，精神生于道，形本生于精，而万物以形相生，故九窍者胎生，八窍者卵生。其来无迹，其往无崖，无门无房，四达之皇皇也。邀于此者，四肢强，思虑恂达，耳目聪明，其用心不劳，其应物无方。天不得不高，地不得不广，日月不得不行，万物不得不昌，此其道与！且夫博之不必知，辩之不必慧，圣人以断之矣。若夫益之而不加益，损之而不加损者，圣人之所保也。渊渊乎其若海，魏魏乎其终则复始也，运量万物而不匮。则君子之道，彼其外与！万物皆往资焉而不匮，此其道与！中国有人焉，非阴非阳，处于天地之间，直且为人，将反于宗。自本观之，生者，喑醷物也⑤。虽有寿夭，相去几何？须臾之说也，奚足以为尧、桀之是非！果蓏有理，人伦虽难，所以相齿。圣人遭之而不违，过之而不守。调而应之，德也；偶而应之，道也。帝之所兴，王之所起也。人生天地之间，若白驹之过郤，忽然而已。注然勃然，莫不出焉；油然漻然，莫不入焉。已化而生，又化而死，生物哀之，人类悲之。解其天弢，堕其天袠，纷乎宛乎，魂魄将往，乃身从之，乃大归乎！不形之形，形之不形，是人之所同知也，非将至之所务也，此众人之所同论也。彼至则不论，论则不至。明见无值，辩不若默。道不可闻，闻不若塞。此之谓大得。"

东郭子问于庄子曰："所谓道，恶乎在？"庄子曰："无所不在。"东郭子曰："期而后可。"庄子曰："在蝼蚁。"曰："何其下邪？"曰："在稊稗。"曰:"何其愈下邪?"曰:"在瓦甓⑥。"曰:"何其愈甚邪?"曰:"在屎溺。"东郭子不应。庄子曰:"夫子之问也,固不及质。正获之问于监市履狶也,'每下愈况'。汝唯莫必,无乎逃物。至道若是,大言亦然。周、遍、咸三者,异名同实,其指一也。尝相与游乎无何有之宫,同合而论,无所终穷乎!尝相与无为乎!澹而静乎!漠而清乎!调而闲乎!寥已吾志,无往焉而不知其所至,去而来而不知其所止,吾已往来焉而不知其所终。彷徨乎冯闳⑦,大知入焉而不知其所穷。物物者与物无际,而物有际者,所谓物际者也。不际之际,际之不际者也。谓盈虚衰杀,彼为盈虚非盈虚,彼为衰杀非衰杀,彼为本末非本末,彼为积散非积散也。"

妸荷甘与神农同学于老龙吉⑧。神农隐几阖户昼瞑,妸荷甘日中㧟户而入曰⑨:"老龙死矣!"神农隐几拥杖而起,嚗然放杖而笑⑩,曰:"天知予僻陋谩訑,故弃予而死。已矣!夫子无所发予之狂言而死矣夫!"弇堈吊闻之⑪,曰:"夫体道者,天下之君子所系焉。今于道,秋毫之端万分未得处一焉,而犹知藏其狂言而死,又况夫体道者乎!视之无形,听之无声,于人之论者,谓之冥冥,所以论道,而非道也。"于是泰清问乎无穷,曰:"子知道乎?"无穷曰:"吾不知。"又问乎无为。无为曰:"吾知道。"曰:"子之知道,亦有数乎?"曰:"有。"曰:"其数若何?"无为曰:"吾知道之可以贵,可以贱,可以约,可以散,此吾所以知道之数也。"泰清以之言也问乎无始,曰:"若是,则无穷之弗知与无为之知,孰是而孰非乎?"无始曰:"不知深矣,知之浅矣;弗知内矣,知之外矣。"于是泰清中而叹曰:"弗知乃知乎?知乃不知乎?孰知不知之知?"无始曰:"道不可闻,闻而非也;道不可见,见而非也;道不可言,言而非也。知形形之不形乎!道不当名。"无始曰:"有问道而应之者,不知道也;虽问道者,亦未闻道。道无问,问无应。无问问之,是问穷也;无应应之,是无内也。以无内待问穷,若是者,外不观乎宇宙,内不知乎大初。是以不过乎昆仑,不游乎太虚。"

光曜问乎无有曰:"夫子有乎?其无有乎?"光曜不得问,而孰视其状貌,窅然空然,终日视之而不见,听之而不闻,搏之而不得也。光曜曰:"至矣,其孰能至此乎!予能有无矣,而未能无无也;及为无有矣,何从至此哉!"

大马之捶钩者,年八十矣,而不失豪芒。大马曰:"子巧与?有道与?"曰:"臣有守也。臣之年二十而好捶钩,于物无视也,非钩无察也。

是用之者假不用者也，以长得其用，而况乎无不用者乎！物孰不资焉！"

冉求问于仲尼曰："未有天地可知邪？"仲尼曰："可。古犹今也。"冉求失问而退。明日复见，曰："昔者吾问：'未有天地可知乎？'夫子曰：'可。古犹今也。'昔日吾昭然，今日吾昧然，敢问何谓也？"仲尼曰："昔之昭然也，神者先受之；今之昧然也，且又为不神者求邪！无古无今，无始无终。未有子孙而有子孙，可乎？"冉求未对。仲尼曰："已矣，未应矣！不以生生死，不以死死生。死生有待邪？皆有所一体。有先天地生者，物邪？物物者非物，物出不得先物也，犹其有物也，犹其有物也，无已！圣人之爱人也终无已者，亦乃取于是者也。"

颜渊问乎仲尼曰："回尝闻诸夫子曰：'无有所将，无有所迎。'回敢问其游。"仲尼曰："古之人外化而内不化，今之人内化而外不化。与物化者，一不化者也。安化安不化，安与之相靡，必与之莫多。狶韦氏之囿，黄帝之圃，有虞氏之宫，汤武之室。君子之人，若儒墨者师，故以是非相𩐈也，而况今之人乎！圣人处物不伤物。不伤物者，物亦不能伤也。唯无所伤者，为能与人相将迎。山林与，皋壤与，使我欣欣然而乐与！乐未毕也，哀又继之。哀乐之来，吾不能御，其去弗能止。悲夫，世人直为物逆旅耳！夫知遇而不知所不遇，能能而不能所不能。无知无能者，固人之所不免也。夫务免乎人之所不免者，岂不亦悲哉！至言去言，至为去为。齐知之所知，则浅矣。"

【玄义注释】

①隐弅（fèn）：虚构的地名。②狐阕：虚构的山名。③媒媒晦晦：混混沌沌、糊糊涂涂的样子。④窅（yǎo）然：高深莫测。⑤喑醷（yīn yì）：把气聚集起来。⑥甓（pì）：砖。⑦冯闳（hóng）：广阔空虚之境。⑧妸（ē）荷甘、神农、老龙吉：都是庄子虚构的人名。⑨爹（zhà）户：开门。⑩曝（bó）然：手杖落地发出的声音。⑪弇堈吊：虚构的人名。

【白话翻译】

知去北边的玄水岸边游玩，登上了隐弅山，正巧在那里遇上了无为谓。知对无为谓说："我想请教你几个问题：如何思索、如何考虑才可以通晓道？怎样处世、怎样行事才可以持守道？借助什么途径、什么方法才可以获得道?"连续问了几次无为谓都没有回答,并非他不愿意回答,而是不知道该怎样回答。知从无为谓那里未能得到答案,便返回到白水的南岸,登上狐阕山,在那里见到了狂屈。知于是拿同样的问题请教他,狂屈说:"唉,我知道怎样回答这些问题,马上就告诉你。"然而,狂屈心中想说给知听,却不知道该怎样描述。知从狂屈那里也没有得到解答,便转回到黄帝的住所,见到黄帝后便又向他请教同样的问题。黄帝说:"无思无虑才能够懂得道,不去刻意讲究处世原则和行事方式才能够符合于道,不去刻意地寻找途径和方法才能够获得道。"知接着问黄帝:"我与您懂得这些道理,无为谓和狂屈不明白这些道理,那么,谁才是正确的呢?"黄帝说:"那个无为谓是真正正确的,狂屈接近于正确,我和你终究是远离大道的。那些真正通晓大道的人是不去谈论大道的,谈论大道的人并不通晓大道,因此圣人推行不言之教化。道是不能获取的,德是不能达到的。仁可以去做,义可以损弃,礼是相互欺骗的。因此说:'失去了道之后才提倡德行,失去了德行之后才提倡仁爱,失去了仁爱之后才提倡道义,失去了道义之后才提倡礼仪。'礼仪只是道华丽的外表,而为祸乱之开端。因此还说:'从事于道要天天减损华伪的形迹,减损而又减损,以达到无为,无为而后方能无不为。'现已成为有形之物,要想返回虚无之境,不是很困难的吗!可以轻而易举地做到这一点的,恐怕只有得道的至人了!生存与死亡是同一类事情,死亡是另一种生存的开端,谁又能知晓这其中蕴藏的规律呢!人之出生是气之聚合。气聚合到一起就形成了生命,气离散之后就意味着死亡。既然生存与死亡是同一类事情,我们又何必为死亡而忧虑呢!所以万物是一体的。人们把自己认为美好的称神奇,把自己厌恶的称臭腐。臭腐可以转化为神奇,神奇可以转化为臭腐。所以说:'贯通天下只是一气而已。'因而圣人重视同一。"知又对黄帝说:"我向无为谓请教,无为谓没有回答,并非不愿意回答,是不知道该怎样回答;我向狂屈请教,狂屈想告诉我却没有告诉我,并非不愿意告诉我,而是不知道该怎样描述;现在我想再次请教你,你懂得我所提出的问题,为什么又说回答了我便不是接近于道呢?"黄帝说:"无为谓他是真正了解大道的,因为他什么也不知道;狂屈他是接近于道的,因为他忘记了;我和你终究是远离大道的,因为我们什么都知道。"狂屈听说了这件事,认为黄帝的话是最了解道的谈论。

心如澄澈秋水，身如不系之舟

天地有最大的美而不言说，四时有明确的规律而不议论，万物有明确的生成之理而无须解说。圣人推究天地之美德而通达万物生成之理。所以至人自然无为，大圣人不造作，观察天地之道加以效法而已。现今天地之神明极精微，参与万物的无穷变化，物发生或生或灭或方或圆的变化，没有办法知道它的根源，万物自古以来原本就这样普遍存在着。"六合"虽然巨大，未超出道之外；秋毫虽小，待道而成形体。天下万物无时不在发生变化，终生都不会陈旧；阴阳四时运行，各得其秩序。大道暗昧模糊似亡而存，流动变化没有形状而神妙莫测，万物为其畜养而不显其功。这就叫做本根，可以由此观见自然之道。

啮缺向被衣请教道，被衣说："你要端正你的形体，集中你的视力，自然的和气便会到来；收敛你的心智，集中你的思忖，精神就会来你这里停留。玄德将为你而显得美好，大道将居处于你的心中，你那瞪着圆眼稚气无邪的样子就像初生的小牛犊而不固执于故我！"被衣话还没说完，啮缺便已睡着。被衣见了十分高兴，唱着歌儿离去，说："身形犹如枯骸，内心犹如死灰，朴实的心思返归本真，而且并不因为这个缘故而有所矜持。浑浑噩噩，昏昏暗暗，没有心计而不能与之共谋。那将是什么样的人啊！"

舜问丞说："道可以获得和拥有吗？"丞回答说："你的身体都不是你所拥有，你怎么能拥有道呢！"舜说："我的身体非我所有，归谁所有呢？"丞回答说："是天地寄托给你一个形体；生命非你所有，是天地寄托给你和气；性命非你所有，是天地寄托给你顺应自然之属性；子孙非你所有，是天地寄托给你繁衍子孙的能力。所以行时不知往哪里去，住时不知持守什么，吃东西不知味道。这一切都受强健运动之气所支配，又怎么能获得和拥有呢！"

孔子对老聃说："今天安居闲暇，我冒昧地向你请教至道。"老聃说："你先得斋戒静心，再疏通你的心灵，清扫你的精神，弃去你的才智！大道，真是深奥神妙，难以言表啊！不过我将为你说个大概：明亮的东西产生于昏暗，具有形体的东西产生于无形，精神产生于道，形体产生于精微之气，万物全都凭借形体而诞生，所以，具有九个孔窍的动物是胎生的，具有八个孔窍的动物是卵生的。大道的来临没有踪迹，它的离去没有边界，不知从哪儿进出、在哪儿停留，通向广阔无垠的四面八方。顺遂大道的人，四肢强健，思虑通达，耳目灵敏，运用心思不会劳顿，顺应外物不拘定规。天不从它那儿获得什么便不会高远，地不从那儿获得什么便不会广大，太阳和月亮不从那儿获得什么便不会运行，万物不从那儿获得什么便不会昌盛，可以说这就是道啊！况且，博学之人不一定真知，善辩之人不一定有智慧，圣人是断弃这些的。如那想增加也无法增加，想减少也不能减少之道，是圣人之所信守的。渊深啊，它就像大海，高大巍峨啊，它在终而复始地运行，运载包容万物而不穷竭。然而君子遵行之道，岂不就太渺小外道了吗！万物都前往资取，它也不匮乏，这就是道啊！国中有这样的人，既不是阴性，也不是阳性，住在天地之间，只是暂且把他称作人，他将要返回他的本根去。从本始观察，所谓生，不过是气之聚集而已。虽然有长寿和夭折，相差又有多少呢？只是片刻之间的一种说法，怎么能够以它来确定尧和桀的是非呀！瓜果的生长各有其规律，人间伦理关系虽然复杂，也可以排成伦序的。圣人遭遇此类事不逃避，过去了也不留恋。调和顺应这一切，便是德；无心偶合于这一切，便是道。帝王兴起之道理即在于此。人生活在天地之间，就像骏马驰过缝隙一样短暂，不过瞬息而已。万物生长兴起，都会走向繁华兴盛；万物变化消逝，无不趋于消亡。已经变化生出，又变化而死去，生物为其同类之死而悲哀，人类为其亲人之死而伤悲。解开自然弓袋，毁坏天然的剑囊，纷纭宛转，魂魄将归去，身体也随之消亡，这就是最大的复归呀！从没有形体达到有形体，又从有形体变为没有形体，这是人所共知的，不是将至于大道之人所从事的，这是众人所共同议论的。那些达于道之人不议论，议论之人则未至于道。用聪明智慧去识见大道就不能相遇，善辩不如沉默。道是不能闻知的，闻听不如闭塞。这样才能得到真正的大道。"

东郭子向庄子请教说："人们所说的道，究竟存在于什么地方呢？"庄子说："大道无所不在。"东郭子曰："必定得指出具体存在的地方才行。"庄子说："在蝼蚁之中。"东郭子说："怎么处在这样低下卑微的地方？"庄子说："在稻田的稊草里。"东郭子说："怎么越发低下了呢？"庄子说："在瓦块砖头中。"东郭子说："怎么越来越低下呢？"庄子说："在大小便里。"东郭子不再出声。庄子说："先生所问的，本来就没有接触道的实质。管理市场之官正获问他的助手如何踩猪腿检验猪的肥瘦，助手告知他愈是往下面踩愈能了解清楚，猪的下腿肥了，猪的全身还能不肥吗？你不必要求证实道在哪个物上，所有的物都未逃离道外。最高之道是这样，表达至道的大言也是这样。周、遍、咸三个称谓，名不同而实相同，它们所指之实是同一的。尝试让我们一起游历至道虚无之境，把你的言论合同于至道之言，就不会有所穷尽了！试着相互顺任自然无为吧！淡漠而清静啊！寂寞而清虚啊！调和而安闲啊！这样一来，我的心虚空寂寥，本无所往，故往而不知所至何处，去了又来不知止于哪里，我已在其间来来往往，而不知哪里是终点。逍遥自在于广漠空虚之中，大知之人进入此境也不知大道的边际。创生万物者与物没有分界，而物是有分界的，就是物之界限。由没有分界之道转成有形之物，又由有形之物复归没有分界之道。所谓盈满、空虚、衰败、衰杀，道使物发生盈虚变化，而自身却没有盈虚分别；道使物发生衰杀之变，而自身并不衰杀；道使物有本末之变，而自身无本末；道使物有积散变化，而自身无积散。"

　　妸荷甘和神农一同在老龙吉处学习。神农大白天靠着几案、关着门睡觉，中午时分，妸荷甘推门而入说："老龙吉死了！"神农抱着拐杖站起身来，"啪"的一声丢下拐杖而笑起来，说："老龙吉知道我见识短浅心志不专，所以丢下了我而死去。完了，先生没有留下启发我的至言而死去了！"弇堈吊听后说："与道相合的人，是天下君子所归依之人。现在他对于大道，连秋毫末端万分之一都未得到，还能够怀藏其至言而死去，又何况那些与道相合的人呐！道看起来无形，听起来无声，人们对它的种种议论，叫做暗昧不明，他们所论述之道并不是真道。"于是泰清向无穷请教："你知晓道吗？"无穷回答："我不知晓。"又问无为。无为回答说："我知晓道。"泰清又问："你知晓道，道也有名数吗？"无为说："有。"泰清说："道的名目怎么样呢？"无为说："我知道道可以处于尊贵，也可以处于卑贱，可以聚合，也可以离散，这就是我所了解的道的名数。"泰清把这话来问无始，说："如果是这样，则无穷之不知道与无为之知道，究竟谁是谁非呢？"无始说："不知是对道知之甚深，知是对道所知极浅；不知是内心悟道，知是只了解一点道的外在形式。"于是泰清仰天而叹说："不知就是知吗？知就是不知吗？谁能知道不用名言相状表述之知是什么？"无始说："道不可闻知，所闻知的都不是道；道不可见，所见者都不是道；道不可言说，被言说出来的都不是道。须知创生有形万物的东西是无形的呀！道与它的名是不相应的。"无始说："有人问道而给予应答的，就是不懂道；就是那个问道之人，也是没听说过道。道是不能问的，有问也无法回答，这是心中没有真道的表现。本不可问又要问，这种问是空的；本不应回答而回答，这种回答是没有内容的。以没有真实内容的回答去对空洞的问，如果这样，对外不能观察宇宙之无限，对内不能了解道之根本。因此他不能超越有形之界域，不能逍遥于广漠之虚空。"

光曜问无有说："先生是有呢？还是无有呢？"光曜没有得到回答而仔细观察其状貌，只见他一副隐晦空寂的样子，整天看他也看不见，听也听不到，摸也摸不着。光曜说："最高的境界啊，谁能够达到这种境界呢！我能够做到'无'，却未能达到'无无'；等到做到了'无'却仍然是在基于'有'，又哪儿能够达到这种境界啊！"

大司马家锻制带钩的人，年纪虽然已经八十，却一点也不会出现差误。大司马说："你是特别灵巧呢，还是有什么门道呀？"工匠老人说："我遵循着道。我二十岁时就喜好锻制带钩，对于其他外在的事物我什么也看不见，不是带钩就不会引起我的专注。锻制带钩这是得用心专一的事，借助这一工作便不再分散自己的用心，而且锻制出的带钩得以长期使用，更何况对于那些无可用心之事啊！能够这样，外物有什么不会予以资助呢！"

冉求向孔子请教说："天地尚未出现之前的情形可以知晓吗？"孔子说："可以。古代与当今是一样的。"冉求不再问便退出屋来。第二天又来拜见孔子，说："昨天我问：'天地尚未出现之前的情形可以知晓吗？'先生说：'可以。古代与当今是一样的。'昨天我还明白，今天我又糊涂了。这是什么原因呢？"孔子说："昨天你明白，是用空虚之心神去接受和领会它；今天又糊涂，是因为又拘滞于具体形象而有所疑问吧！没有古代就不会有今天，未曾开始也就谈不上终结。如果说以前没有子孙之前而有了子孙，这样说可以吗？"冉求没有回答。孔子说："算了，不必再回答了！不要因为自己活着就要求已经死去的人重新获得生命，也不要因为自己即将死去就要求活着的人也都死去。死亡与生存是相互依赖而存在的吗？但这二者又都发生在同一个人的身上。天地尚未出现之前就已经存在事物了吗？生成物的那个东西一定不是物自身，被生成之物不得先于生成它的物而存在，生成物上面仍然还有生成者，生成者上面仍然有生成者，是没有止境的呀！圣人的爱人类没有止境，也就是效法了大道啊。"

颜渊向孔子请教说："我曾听先生说过：'不要有所送，也不要有所迎。'请问先生，一个人该怎样处世呢？"孔子说："古人外表言行随机应变但内心却一直保持平静安宁，今人内心情绪变化无常而外表言行也无法做到顺物而变。随应外物变化的人，内心却一直保持平静安宁而不离散游移。对于变化与不变化都能安然听任，安闲自得地跟外在环境相顺应，必定会与外物一道变化而不有所偏移。狶韦氏的范围，黄帝的果林，虞舜的宫室，商汤、周武王的房舍，可见世道日衰，眼界欲窄。到了后来所谓的君子，如像儒家、墨家之流，以是非好坏来相互诋毁，更何况现今的这些平常人呢！圣人与外物相处却不损伤外物。不伤害外物的人，外物也不会伤害他。正因为无所伤害，因而能够与他人自然相送或相迎。郁郁的山林啊，优美的水景啊，你们都使我感到无限欢乐啊！可是欢乐还未消逝，悲哀又接着到来。悲哀与欢乐的到来，我无法阻挡，悲哀与欢乐的离去，我也不可能制止。实在是可悲啊，世人只不过是外物临时栖息的旅舍罢了！人们知道遇上了什么却不知道遇不上什么，能够做自身能力所及的事却不能做自身能力所不及的事。不知道与不能够，本来就是人们所不可回避的，一定要避开自己所不能避开的事，难道不可悲吗！最正确的言论就是不发表任何言论，最正确的作为就是不采取任何作为。要想把每个人所知道的各种认识全都等同起来，那就实在是浅陋了。"

【义理评析】

本篇取开头三字"知北游"作为篇名，"知"是庄子虚构的人名，"北游"即到北方游历。在中国传统哲学中，北方又被称为"玄"，而"玄"有深奥的意思。庄子的用意很明显，就是想以此来说明"道"之"玄"。

在正文中，庄子论述了道家哲学的宇宙论、认识论，提出道是万物之本，既产生万物，又在万物之中，并主宰其运动变化，天地万物都不能离开道，并对事物矛盾对立，新故相除，死生交替的发展观作了多方面阐述，这些思想对后代哲学发展有多方面影响。

杂篇

庚桑楚第二十三

【原典欣赏】

老聃之役有庚桑楚者，偏得老聃之道，以北居畏垒之山，其臣之画然知者去之，其妾之挈然仁者远之。拥肿之与居，鞅掌之为使①。居三年，畏垒大壤。畏垒之民相与言曰："庚桑子之始来，吾洒然异之。今吾日计之而不足，岁计之而有馀。庶几其圣人乎！子胡不相与尸而祝之，社而稷之乎？"

庚桑子闻之，南面而不释然。弟子异之。庚桑子曰："弟子何异于予？夫春气发而百草生，正得秋而万宝成。夫春与秋，岂无得而然哉？天道已行矣。吾闻至人，尸居环堵之室，而百姓猖狂不知所如往。今以畏垒之细民，而窃窃焉欲俎豆予于贤人之间，我其杓之人邪②？吾是以不释于老聃之言。"

弟子曰："不然。夫寻常之沟，巨鱼无所还其体，而鲵鳅为之制③；步仞之丘陵，巨兽无所隐其躯，而孽狐为之祥。且夫尊贤授能，先善与利，自古尧、舜以然，而况畏垒之民乎！夫子亦听矣！"

庚桑子曰："小子来！夫函车之兽，介而离山，则不免于网罟之患；吞舟之鱼，砀而失水，则蚁能苦之。故鸟兽不厌高，鱼鳖不厌深。夫全其形生之人，藏其身也，不厌深眇而已矣。且夫二子者，又何足以称扬哉！是其于辩也，将妄凿垣墙而殖蓬蒿也。简发而栉，数米而炊，窃窃乎又何足以济世哉！举贤则民相轧，任知则民相盗。之数物者，不足以厚民。民之于利甚勤，子有杀父，臣有杀君，正昼为盗，日中穴阫④。吾语女，大乱之本，必生于尧、舜之间，其末存乎千世之后。千世之后，其必有人与人相食者也！"

南荣趎蹴然正坐曰："若趎之年者已长矣，将恶乎托业以及此言邪？"庚桑子曰："全汝形，抱汝生，无使汝思虑营营。若此三年，则可以及此言矣。"南荣趎曰："目之与形，吾不知其异也，而盲者不能自见；耳之与形，吾不知其异也，而聋者不能自闻；心之与形，吾不知其异也，而狂者不能自得。形之与形亦辟矣，而物或间之邪，欲相求而不能相得？今谓趎曰：'全汝形，抱汝生，勿使汝思虑营营。'趎勉闻道达耳矣！"庚桑子曰："辞尽矣。曰奔蜂不能化藿蠋⑤，越鸡不能伏鹄卵，鲁鸡固能矣。鸡之与鸡，其德非不同也，有能与不能者，其才固有巨小也。今吾才小，不足以化子。子胡不南见老子？"南荣趎赢粮，七日七夜至老子之所。老子曰："子自楚之所来乎？"南荣趎曰："唯。"老子曰："子何与人偕来之众也？"南荣趎惧然顾其后。老子曰："子不知吾所谓乎？"南荣趎俯而惭，仰而叹，曰："今者吾忘吾答，因失吾问。"老子曰："何谓也？"南荣趎曰："不知乎？人谓我朱愚。知乎？反愁我躯。不仁则害人，仁则反愁我身；不义则伤彼，义则反愁我己。我安逃此而可？此三言者，趎之所患也，愿因楚而问之。"老子曰："向吾见若眉睫之间，吾因以得汝矣，今汝又言而信之。若规规然若丧父母，揭竿而求诸海也。女亡人哉，惘惘乎！汝欲反汝情性而无由入，可怜哉！"

南荣趎请入就舍，召其所好，去其所恶，十日自愁，复见老子。老子曰："汝自洒濯，熟哉郁郁乎！然而其中津津乎犹有恶也。夫外韄者不可繁而捉⑥，将内揵⑦；内韄者不可缪而捉，将外揵。外内韄者，道德不能持，而况放道而行者乎！"南荣趎曰："里人有病，里人问之，病者能言其病，然其病病者，犹未病也。若趎之闻大道，譬犹饮药以加病也，趎愿闻卫生之经而已矣。"老子曰："卫生之经，能抱一乎？能勿失乎？能无卜筮而知吉凶乎？能止乎？能已乎？能舍诸人而求诸己乎？能翛然乎？能侗然乎？能儿子乎？儿子终日嗥而嗌不嗄⑧，和之至也；终日握而手不掜，共其德也；终日视而目不瞚⑨，偏不在外也。行不知所之，居不知所为，与物委蛇，而同其波。是卫生之经已。"南荣趎曰："然则是至人之德已乎？"曰："非也。是乃所谓冰解冻释者，能乎？夫至人者，相与交食乎地而交乐乎天，不以人物利害相撄，不相与为怪，不相与为谋，不相与为事，翛然而往，侗然而来，是谓卫生之经已。"曰："然则是至乎？"曰："未也。吾固告汝曰：'能儿子乎？'儿子动不知所为，行不知所之，身若槁木之枝而心若死灰。若是者，祸亦不至，福亦不来。祸福无有，恶有人灾也！"

宇泰定者，发乎天光。发乎天光者，人见其人，物见其物。人有修者，乃今有恒；有恒者，人舍之，天助之。人之所舍，谓之天民；天之所助，谓之天子。

学者，学其所不能学也；行者，行其所不能行也；辩者，辩其所不能辩也。知止乎其所不能知，至矣。若有不即是者，天钧败之。

备物以将形，藏不虞以生心，敬中以达彼。若是而万恶至者，皆天也，而非人也，不足以滑成，不可内于灵台。灵台者有持，而不知其所持，而不可持者也。不见其诚己而发，每发而不当，业入而不舍，每更为失。为不善乎显明之中者，人得而诛之；为不善乎幽闲之中者，鬼得而诛之。明乎人，明乎鬼者，然后能独行。券内者，行乎无名；券外者，志乎期费。行乎无名者，唯庸有光；志乎期费者，唯贾人也。人见其跂，犹之魁然。与物穷者，物入焉；与物且者，其身之不能容，焉能容人！不能容人者无亲，无亲者尽人。兵莫憯于志⑩，镆铘为下；寇莫大于阴阳，无所逃于天地之间。非阴阳贼之，心则使之也。

道通，其分也成也，其成也，毁也。所恶乎分者，其分也以备；所以恶乎备者，其有以备。故出而不反，见其鬼；出而得，是谓得死。灭而有实，鬼之一也。以有形者象无形者而定矣。出无本，入无窍。有实而无乎处，有长而无乎本剽，有所出而无窍者有实。有实而无乎处者，宇也。有长而无本剽者，宙也。有乎生，有乎死，有乎出，有乎入，入出而无见其形，是谓天门。天门者，无有也，万物出乎无有。有不能以有为有，必出乎无有，而无有一无有。圣人藏乎是。

古之人，其知有所至矣。恶乎至？有以为未始有物者，至矣，尽矣，弗可以加矣！其次以为有物矣，将以生为丧也，以死为反也，是以分已。其次曰始无有，既而有生，生俄而死；以无有为首，以生为体，以死为尻；孰知有无死生之一守者，吾与之为友。是三者虽异，公族也。昭景也，著戴也，甲氏也，著封也，非一也。

有生黬也⑪，披然曰移是。尝言移是，非所言也。虽然，不可知者也。腊者之有膍胲，可散而不可散也；观室者周于寝庙，又适其偃焉，为是举移是。请尝言移是。是以生为本，以知为师，因以乘是非；果有名实，因以己为质，使人以为己节，因以死偿节。若然者，以用为知，以不用为愚，以彻为名，以穷为辱。移是，今之人也，是蜩与学鸠同于同也。

蹍市人之足⑫，别辞以放骜⑬，兄则以妪，大亲则已矣。故曰，至礼有不人，至义不物，至知不谋，至仁无亲，至信辟金。

彻志之勃，解心之谬，去德之累，达道之塞。贵富显严名利六者，勃志也。容动色理气意六者，谬心也。恶欲喜怒哀乐六者，累德也。去就取与知能六者，塞道也。此四六者不荡胸中则正，正则静，静则明，明则虚，虚则无为而无不为也。道者，德之钦也；生者，德之光也；性者，生之质也。性之动，谓之为；为之伪，谓之失。知者，接也；知者，谟也。知者之所不知，犹睨也。动以不得已之谓德，动无非我之谓治，名相反而实相顺也。

羿工乎中微而拙乎使人无己誉。圣人工乎天而拙乎人。夫工乎天而俍乎人者⑭，唯全人能之。唯虫能虫，唯虫能天。全人恶天？恶人之天？而况吾天乎人乎！

一雀适羿，羿必得之，威也；以天下为之笼，则雀无所逃。是故汤以庖人笼伊尹，秦穆公以五羊之皮笼百里奚。是故非以其所好笼之而可得

者，无有也。

介者拸画⑮，外非誉也；胥靡登高而不惧，遗死生也。夫复謵不馈而忘人，忘人，因以为天人矣。故敬之而不喜，侮之而不怒者，唯同乎天和者为然。出怒不怒，则怒出于不怒矣；出为无为，则为出于无为矣。欲静则平气，欲神则顺心，有为也欲当，则缘于不得已。不得已之类，圣人之道。

【玄义注释】

①鞅掌：形容敦厚而不修礼仪的样子。②杓：榜样，标准。③鲵鳅：小鱼。④穴阫（péi）：在墙上打洞。⑤藿蠋（zhú）：虫名，即叶豆虫。⑥鞿：束缚。⑦捷（jiàn）：闭塞，堵塞。⑧嗌：喉咙。嗄（shà）：嘶哑。⑨瞚（shùn）：眨眼。⑩憯（cǎn）：毒，伤害。⑪覹（yǎn）：黑色斑点。⑫踵（zhǎn）：踩踏。⑬骜（ào）：通"傲"，放肆。⑭俍（liáng）：善，好。⑮拸（chǐ）：遗弃，放弃。

【白话翻译】

老聃的弟子中有个叫庚桑楚的，独得老聃真传，居住在北边的畏垒山，徒仆中着力炫耀才智的他就让他们纷纷离去，侍婢中着力标榜仁义的他就让她们远离自己。只有敦厚朴实的人跟他住在一起，只有任性自得的人作为他的役使。居住三年，畏垒山一带大丰收。畏垒山一带的人民相互传言："庚桑楚刚来畏垒山，我们对他的行为都微微吃惊，感到诧异。如今我们一天天地计算收入虽然还嫌不足，但一年总的计算收益也还富足有余。庚桑楚恐怕就是圣人了吧！大家何不共同像供奉神灵一样供奉他，像对待国君一样地敬重他？"

庚桑子听到这种议论，心中感到不快。弟子们很奇怪。庚桑子说："你们对我有什么感到奇怪的呢？春天阳气上升而百草禾苗生长，秋天而各种果实成熟。春季与秋季，难道无故就能这样吗？这是天道自然运行的必然结果。我听说得道的至人，寂静地居住在方丈的小室之中，而百姓纵恣迷妄地不知其所往。现在畏垒山区的人民，都窃窃私语想把我奉侍于贤人之间，我难道是那种标准的人吗？我想起老聃的教导而感到焦虑。"

弟子说:"不是这样,深八尺,长一丈六尺的小水沟,大鱼无法转体,而小鱼回旋自如;六八尺高的小土丘,巨兽无法藏身,而妖狐却为之得意。况且尊贤授能,赏善施利,自古尧舜已是如此,何况畏垒山区的人民呢!先生就听他们的吧!"

庚桑楚说:"小子你过来!口能含车的巨兽,一旦独个出山,那就不能免于罗网的灾祸;口能吞舟的大鱼,一旦被水波荡出水流,小小的蚂蚁也会使它困苦不堪。所以鸟兽不厌山高,鱼鳖不厌水深。保全身形本性的人,隐匿自己的身形,不厌深幽高远罢了。至于尧与舜两个人,又哪里值得加以称赞和褒扬呢!尧与舜那样分辨世上的善恶贤愚,就像是在胡乱地毁坏好端端的垣墙而去种上没有什么用处的蓬蒿。像他们那样挑着一根根头发来梳理,点数米粒来烹煮,计较于区区小事又怎么能够有益于世啊!举荐贤才人民就会相互出现伤害,任用智能之人百姓就会相互出现伪诈。这数

种作法,不足以给人民带来好处。人们对于追求私利向来十分迫切,为了私利有的儿子杀了父亲,有的臣子杀了国君,大白天抢劫,光天化日之下在别人墙上打洞。我告诉你,天下大乱的根源,必定是产生于尧、舜的时代,而它的流弊又一定会留存于千年之后。千年之后,还将会出现人与人相食的情况呀!"

心如澄澈秋水，身如不系之舟

南荣趎显出不安的样子，正容端坐着说："像我的年龄已经这样大了，要怎样学习才能达到你所说的精神境界呢？"庚桑子说："不伤你的身体，不失你的天性，不使你的思虑过度操劳。如此三年，就可以达到我所说的精神境界了。"南荣趎说："看盲人眼睛的外形，我看不出它们与常人有什么差异，而盲人却视而不见；聋人耳朵的外形，我看不出它们与常人有什么区别，而聋子却听而不闻；狂人心的外形，我也看不出它们与常人有什么不同，而疯狂的人却思而不得。我的形体的外形与你也相同，或许由于对外物的感受有分别，使得想相互求得心心相通却不能相得吗？现在你对我说：'不伤你的身体，不失你的天性，不使你的思虑过度操劳。'我只能勉强听到耳朵里！"庚桑子说："我的话说尽了。小土蜂不能孵化出豆叶虫，越鸡不能孵化天鹅蛋，而鲁鸡却能够做到。鸡与鸡，它们的禀赋并没有什么不同，有的能做到有的不能做到，是因为它们的本领原本就有大有小。拿现在说我的才干就很小，不足以使你受到感化。你何不到南方去拜见老子？"南荣趎带足干粮，走了七天七夜来到老子的住所。老子说："你是从庚桑楚那儿来的吧？"南荣趎说："是的。"老子说："怎么跟你一块儿来的人如此多呢？"南荣趎恐惧地回过头来看看自己的身后。老子说:"你不知道我所说的意思吗?"南荣趎低下头来羞惭满面,而后仰面叹息:"现在我已忘记了我应该怎样回答,因为我忘掉了我的提问。"老子说:"什么意思呢?"南荣趎说:"不聪明吗?人们说我愚昧无知。聪明吗?反而给身体带来愁苦和危难。不具仁爱之心便会伤害他人,推广仁爱之心反而给自身带来愁苦和危难;不讲信义便会伤害他人,推广信义反而给自己带来愁苦和危难。我怎样才能避免这些?这三种情况,正是我忧患的事,希望因为庚桑楚的引介而获得您的教诲。"老子说:"刚来时我察看你眉宇之间,也就借此了解了你的心思,如今你的谈话更证明了我的观察。你失神的样子真像是失去了父母,又好像在举着竹竿探测深深的大海。你确实是一个丧失了真性的人啊,是那么迷惘而又昏昧!你一心想返归你的真情与本性,却不知道从哪里做起,实在是值得同情啊!"

  南荣趎回到寓所,求取自己所喜好的东西,舍弃自己所讨厌的东西,整整十天愁思苦想,再去拜见老子。老子说:"你自己洗涤内心,为什么还忧郁不乐呢!然而心中还有恶的自然流露。缠护于外,利害纷繁,无从把握它,于是关闭内心以控制;缠护于内,思虑就会产生谬结,也无从把握它,于是关闭外物以杜绝其因缘。外内缠护的人,即使有道之人也不能自己守持,何况是刚学道的人呢!"南荣趎说:"屯里的人生病,邻人问他,病人能讲清自己的病情,能把病当做病,他的病还未达到病甚的程度。像我这样学习大道,好像吃药加重了病一样,我只想听听保身全生之术就够了。"老子说:"保身全生之术,能弃多知而抱朴吗?能不丧失本性吗?能不占卜而知道吉凶吗?能守住本分吗?能不再追求已经过去的东西吗?能舍弃效法别人而求之于己吗?能自由自在吗?能浑然无知吗?能像婴儿那样纯真吗?婴儿整天号哭而喉咙却不哽塞嘶哑,这是和谐所至;婴儿整天握拳而手不曲拳,这是共守他的本性;整天睁眼而目不转睛,是心不偏向外求。行走不知所去的方向,停下来不知要做什么事情,因顺自然,随波逐流。这就是保身全生之术。"南荣趎说:"那么这就是至人的道了吗?"答说:"不是。这乃是所说的冰解冻释那样解除症结而使心性灵通,怎么能说是达到至人的境界呢?那种至人,因顺自然而求食于大地,因顺自然而同乐于天,不因人事利害而纠缠,不相互怪异,不相互图谋,

心如澄澈秋水，身如不系之舟

不相互务事，自由自在而去，无知无虑而来，这就是保身全生之术了。"问说："那么，这就是达到至道了吗？"答说："没有。我曾告诉你说：'能像婴儿那样纯真吗？'婴儿的举动不知干什么，行走不知所去的方向，身体像槁木枝而心灵像死灰。像这样，祸也不会到，福也不会来。没有祸福，哪里还有人为的灾害呢！"

心境安泰镇定的人，就会发出自然的光芒。发出自然光芒的，人各自显其为人，物各自显其为物。注重修养的人，才能保持较高的道德修养境界；保持较高的道德修养境界，人们就会自然地向往他，上天也会帮助他。人们所归附的人，称他叫做天民；上天辅佐的，称他叫做天子。

学习，是想要学习那些不能学到的东西；实践，就是要做他所不能做到的；分辨，是想要分辨那些不易辨清的事物。知道停留于所不知道的境域，便达到了知道的极点。假如有人不是这样，那么自然的禀性一定会使他败亡。

具备必要的物资以养形体，深埋思虑来修养本心，用诚敬之心来应接外物。如果达到这种境界还有种种灾祸到来，那都是天命流行，而不是人事所不修，不足以扰乱德性，不可以积存于内心。心灵有主见而行之又无主见，不可有意把持。还看不见诚成于己就向外发作，每次发作都是不恰当的，习已成性的外事侵入内心而不舍弃，每变一次丧失就愈甚一次。行为不善在显明之中的，人们因此而责难他；行为不善在隐蔽之处的，会受到鬼的谴责。光明正大地面对人和鬼神，然后才能独行而不畏惧。契合于内的人，行为不留名迹；契合于外的人，志向在于求用。行为不拘于名迹的人，虽庸常而有光辉；志向在于求用的人，只是商人的行为。人看到他踮起脚跟站着，像是高大的样子。能尽物之性的，人物而无间；和外物苟且的，连自身都不能相容，怎能容人呢！不能容人的人就没人亲近他，没人亲近的人周围就空无一人。武器没有比心志更毒的，莫邪那样的利剑也在其下；伤害没有大于阴阳的，人们无法逃脱天地之间。不是阴阳伤害他，而是人心驱使他如此。

从道的观点来看是齐一无别的，万物总体的分就是众体的成，新事物的成又是旧事物的毁。因此，不管怎样分散，它的分散是完备的；所以不管怎样完备，还是追求更大的完备。所以心神离散外逐欲情而不能返归，就会徒具形骸而显于鬼形；心神离散外逐欲情而能有所得，那么也就心定体安了。迷灭本性而徒有外形，也就跟鬼一个样。把有形的东西看做是无形，那么内心就会得到安宁。产生没有根本，消逝没有踪迹。具有实在的形体却看不见确切的处所，有成长却见不到成长的始末，有所产生却

没有产生的孔窍的情况又实际存在着。具有实在的形体而看不见确切的处所的，是因为处在四方上下没有边际的空间中。有成长却见不到成长的始末，是因为处在古往今来没有极限的时间里。存在着生，存在着死，存在着出，存在着入，入与出都没有具体的形迹，这就叫做自然之门。所谓自然之门，就是不存在一个人为的门，万事万物都出自这一自然之门。"有"不可能用"有"来产生"有"，必定要出自"无有"，而"无有"就是一切全都没有。圣人就藏身于这样的境域。

古时候的人，他们的认识有最高的境界。什么是最高的境界？他们认为宇宙未曾形成万物的初始时刻，认识是最高的，尽善尽美的，无以复加的！其次，则认为宇宙开始有了万物时，把生当做丧失，把死视为返本，这已经有生与死的区别了。再次，有的说宇宙形成时就是无有外物，后来有了生命，顷刻间而又归于死亡；把无有当头颅，把生命当躯干，把死亡当屁股；谁知道有无死生，守持一体的，我就和他交朋友。这三者虽然有差别，但却属于一个宗族。昭氏、景氏，因尊奉先人而著称，甲氏因封地而著称，虽然同为王族又有区别。

生命的过程犹如锅底上的黑点，有蔓延分散的性质，称为移此而达彼，是非不定。试说说这是非不定的问题，并不是能说得清楚的。虽然说了，还不能为常人所了解。腊祭时祭品中有牛胃和牛蹄，平时牛胃和牛蹄是可以分开放的，但祭祀时却非陈列不可散的；犹如游观屋室的人周游于东西厢的寝庙和无东西厢的寝室，又难免要去厕所，这都像是非的移易不定。让我说说是非不定的道理。这是以生为根本，以认识为标准，因而能驾驭是非；果真有名实之别，因而以自己为主来定是非，人都以自己为节操，以至于用死偿节。像这样，凡举用的就是智，举不用的为愚，通达向上的就有名声，穷塞在下为耻辱。是非的移易不定，是现今人的问题，这正如蜩与学鸠讥笑大鹏一样，是同样无知的。

踩了路上行人的脚，就要道歉说自己放肆，踩了兄长的脚就要怜惜抚慰，踩了父母的脚也就算了。因此说，最好的礼仪就是不分彼此视人如己，最好的道义就是不分物我各得其宜，最高的智慧就是无须谋虑，最大的仁爱就是对任何人也不表示亲近，最大的诚信就是无须用贵重的东西作为凭证。

毁除意志的干扰，解脱心灵的束缚，遗弃道德的牵累，打通大道的阻碍。高贵、富有、尊显、威严、声名、利禄六种情况，全是扰乱意志的因素。容貌、举止、美色、辞理、气调、情意六种情况，全是束缚心灵的因素。憎恶、欲念、欣喜、愤怒、悲哀、欢乐六种情况，全是牵累道德的因素。离去、靠拢、贪取、施与、智虑、技能六种情况，全是堵塞大道的因素。这四个方面各六种情况不震荡胸中，内心就会平正，内心平正就会宁静，宁静就会明澈，明澈就会虚空，虚空就能恬适顺应无所作为而又无所不为。大道，是自然的敬仰；生命，是盛德的光华；禀性，是生命的本根。合乎本性的行动，称之为率真的作为；受伪情驱使而行动，称之为失却本性。知识，出自与外物的应接；智慧，出自内心的谋划。具有智慧的人也会有不了解的知识，就像斜着眼睛看，所见必定有限。有所举动却出于不得已叫做德，有所举动却不是为了自我叫做治，德与治虽然称谓相异，其实质是相同的。

羿精于射中微细之物而拙于人们不称誉自己。圣人精于顺应自然而拙于使人忘却自己。精于顺应自然而又善于周旋人世，只有"全人"能够这样。只有鸟兽才能够安于为鸟兽，只有鸟兽才能合于天然。全人哪里知道什么是天然？全人哪里知道什么是人为的天然？何况用自己的想法来分别天然和人为呢！

一只山雀飞过羿的地方，羿一定能捕到它，这是他的威力；把天下当做笼子，那么所有的山雀就无法逃脱了。所以商汤用庖厨之职来笼络伊尹，秦穆公用五张羊皮笼络百里奚。所以不用他们的所好来笼络住他们是没有过的。

断足的人离弃规矩礼法，是把毁掉名誉置之度外；囚徒登到高处而不恐惧，是在于遗弃了死生。熟习道而无内疚于己而忘却人事，忘却人事，便可以因此而成为接近自然的天人了。所以，尊敬他，他也不因此而高兴；侮辱他，他也不因此而愤怒，只有同于自然的人才能做到。超出愤怒而不算愤怒，愤怒是由不愤怒产生的；超出有为而无所作为，则有为产生于无为。要想安静就要平静和气，要想奋起精神就要顺应心意，有为要得当，这种有为由于不得已而为。一切都出于不得已，便是圣人之道。

【义理评析】

与《田子方》一样，本篇以人名"庚桑楚"来命名。

在本篇，庄子谈到了多方面的内容，但就其整体而言，还是以讨论养生为主。首先借助庚桑楚与他的学生的交谈，指出一切事物皆有其自然规律。其次则用老聃的谈话，来阐明养生之道"藏身于无"，表现了一种随物而应、处之无为的生活态度。接下来讨论了万物的生成与变化，讨论人认识的局限，说明是与非不是永远不变的，可以转移和变化。最后讨论修身养性，指出扰乱人心的诸多情况，把养生之道归纳到"平气""顺心"的基本要求上来。

徐无鬼第二十四

【原典欣赏】

徐无鬼因女商见魏武侯，武侯劳之曰："先生病矣！苦于山林之劳，故乃肯见于寡人。"徐无鬼曰："我则劳于君，君有何劳于我！君将盈耆欲，长好恶，则性命之情病矣；君将黜耆欲，掔好恶①，则耳目病矣。我将劳君，君有何劳于我！"武侯超然不对。少焉，徐无鬼曰："尝语君吾相狗也。下之质执饱而止，是狸德也；中之质若视日，上之质若亡其一。吾相狗，又不若吾相马也。吾相马，直者中绳，曲者中钩，方者中矩，圆者中规，是国马也，而未若天下马也。天下马有成材，若卹若失，若丧其一，若是者，超轶绝尘②，不知其所。"武侯大说而笑。

徐无鬼出，女商曰："先生独何以说吾君乎？吾所以说吾君者，横说之则以诗书礼乐，从说之则以金板六弢，奉事而大有功者不可为数，而吾君未尝启齿。今先生何以说吾君，使吾君说若此乎？"徐无鬼曰："吾直告之吾相狗马耳。"女商曰："若是乎？"曰："子不闻夫越之流人乎？去国数日，见其所知而喜；去国旬月，见所尝见于国中者喜；及期年也，见似人者而喜矣；不亦去人滋久，思人滋深乎？夫逃虚空者，藜藋柱乎鼪鼬之径③，踉位其空，闻人足音跫然而喜矣，又况乎昆弟亲戚之謦欬其侧者乎！久矣夫，莫以真人之言謦欬吾君之侧乎！"

徐无鬼见武侯，武侯曰："先生居山林，食芧栗，厌葱韭，以宾寡人，久矣夫！今老邪？其欲干酒肉之味邪？其寡人亦有社稷之福邪？"徐无鬼曰："无鬼生于贫贱，未尝敢饮食君之酒肉，将来劳君也。"君曰："何哉？奚劳寡人？"曰："劳君之神与形。"武侯曰："何谓邪？"徐无鬼曰："天地之养也一，登高不可以为长，居下不可以为短。君独为万乘之主，以苦一国之民，以养耳目鼻口，夫神者不自许也。夫神者，好和而恶奸。夫

奸，病也，故劳之。唯君所病之，何也？"武侯曰："欲见先生久矣。吾欲爱民而为义偃兵，其可乎？"徐无鬼曰："不可。爱民，害民之始也；为义偃兵，造兵之本也。君自此为之，则殆不成。凡成美，恶器也，君虽为仁义，几且伪哉！形固造形，成固有伐，变固外战。君亦必无盛鹤列于丽谯之间④，无徒骥于锱坛之宫，无藏逆于得，无以巧胜人，无以谋胜人，无以战胜人。夫杀人之士民，兼人之土地，以养吾私与吾神者，其战不知孰善？胜之恶乎在？君若勿已矣，修胸中之诚，以应天地之情而勿撄。夫民死已脱矣，君将恶乎用夫偃兵哉！"

黄帝将见大隗乎具茨之山，方明为御，昌㝢骖乘，张若、謵朋前马，昆阍、滑稽后车；至于襄城之野，七圣皆迷，无所问涂。适遇牧马童子，问涂焉，曰："若知具茨之山乎？"曰："然。""若知大隗之所存乎？"曰："然。"黄帝曰："异哉小童！非徒知具茨之山，又知大隗之所存。请问为天下。"小童曰："夫为天下者，亦若此而已矣，又奚事焉！予少而自游于六合之内，予适有瞀病，有长者教予曰：'若乘日之车而游于襄城之野。'今予病少痊，予又且复游于六合之外。夫为天下亦若此而已。予又奚事焉！"黄帝曰："夫为天下者，则诚非吾子之事。虽然，请问为天下。"小童辞。黄帝又问。小童曰："夫为天下者，亦奚以异乎牧马者哉！亦去其害马者而已矣！"黄帝再拜稽首，称天师而退。

知士无思虑之变则不乐，辩士无谈说之序则不乐，察士无凌谇之事则不乐，皆囿于物者也。招世之士兴朝，中民之士荣官，筋力之士矜难，勇敢之士奋患，兵革之士乐战，枯槁之士宿名，法律之士广治，礼教之士敬容，仁义之士贵际。农夫无草莱之事则不比，商贾无市井之事则不比。庶人有旦暮之业则劝，百工有器械之巧则壮。钱财不积则贪者忧，权势不尤则夸者悲。势物之徒乐变，遭时有所用，不能无为也。此皆顺比于岁，不物于易者也。驰其形性，潜之万物，终身不反，悲夫！

庄子曰："射者非前期而中，谓之善射，天下皆羿也，

可乎？"惠子曰："可。"庄子曰："天下非有公是也，而各是其所是，天下皆尧也，可乎？"惠子曰："可。"庄子曰："然则儒墨杨秉四，与夫子为五，果孰是邪？或者若鲁遽者邪？其弟子曰：'我得夫子之道矣，吾能冬爨鼎而夏造冰矣。'鲁遽曰：'是直以阳召阳，以阴召阴，非吾所谓道也。吾示子乎吾道。'于是为之调瑟，废一于堂，废一于室，鼓宫宫动，鼓角角动，音律同矣。夫或改调一弦，于五音无当也，鼓之，二十五弦皆动，未始异于声，而音之君已。且若是者邪？"惠子曰："今夫儒墨杨秉，且方与我以辩，相拂以辞，相镇以声，而未始吾非也，则奚若矣？"庄子曰："齐人蹢子于宋者，其命阍也不以完，其求鈃钟也以束缚，其求唐子也而未始出域，有遗类矣！夫楚人寄而蹢阍者，夜半于无人之时而与舟人斗，未始离于岑⑤，而足以造于怨也。"

庄子送葬，过惠子之墓，顾谓从者曰："郢人垩漫其鼻端若蝇翼，使匠石斫之。匠石运斤成风，听而斫之，尽垩而鼻不伤，郢人立不失容。宋元君闻之，召匠石曰：'尝试为寡人为之。'匠石曰：'臣则尝能斫之。虽然，臣之质死久矣。'自夫子之死也，吾无以为质矣，吾无与言之矣！"

管仲有病，桓公问之，曰："仲父之病病矣，不可讳云，至于大病，则寡人恶乎属国而可？"管仲曰："公谁欲与？"公曰："鲍叔牙。"曰："不可。其为人，洁廉善士也，其于不己若者不比之，又一闻人之过，终身不忘。使之治国，上且钩乎君，下且逆乎民。其得罪于君也，将弗久矣！"公曰："然则孰可？"对曰："勿已，则隰朋可。其为人也，上忘而下不畔，愧不若黄帝而哀不己若者。以德分人谓之圣，以财分人谓之贤。以贤临人，未有得人者也；以贤下人，未有不得人者也。其于国有不闻也，其于家有不见也。勿已，则隰朋可。"

吴王浮于江，登乎狙之山。众狙见之，恂然弃而走，逃于深蓁。有一狙焉，委蛇攫抓，见巧乎王。王射之，敏给搏捷矢。王命相者趋射之，狙执死。王顾谓其友颜不疑曰："之狙也，伐其巧，恃其便以敖予，以至此殛也⑥。戒之哉！嗟乎，无以汝色骄人哉！"颜不疑归而师董梧，以锄其色，去乐辞显，三年而国人称之。

南伯子綦隐几而坐，仰天而嘘。颜成子入见曰："夫子，物之尤也。形固可使若槁骸，心固可使若死灰乎？"曰："吾尝居山穴之中矣。当是时也，田禾一睹我，而齐国之众三贺之。我必先之，彼故知之；我必卖之，彼故鬻之。若我而不有之，彼恶得而知之？若我而不卖之，彼恶得而鬻之？嗟乎！我悲人之自丧者，吾又悲夫悲人者，吾又悲夫悲人之悲者，其后而日远矣！"

仲尼之楚，楚王觞之，孙叔敖执爵而立，市南宜僚受酒而祭，曰："古之人乎！于此言已。"曰："丘也闻不言之言矣，未之尝言，于此乎言之。市南宜僚弄丸而两家之难解，孙叔敖甘寝秉羽而郢人投兵。丘愿有喙三尺。"彼之谓不道之道，此之谓不言之辩，故德总乎道之所一，而言休乎知之所不知，至矣。道之所一者，德不能同也；知之所不能知者，辩不能举也。名若儒、墨而凶矣。故海不辞东流，大之至也。圣人并包天地，泽及天下，而不知其谁氏。是故生无爵，死无谥，实不聚，名不立，此之谓大人。狗不以善吠为良，人不以善言为贤，而况为大乎！夫为大不足以为大，而况为德乎！夫大备矣，莫若天地，然奚求焉而大备矣。知大备者，无求，无失，无弃，不以物易己也。反己而不穷，循古而不摩，大人之诚。

子綦有八子，陈诸前，召九方歅曰："为我相吾子，孰为祥？"九方歅曰："梱也为祥。"子綦瞿然喜曰："奚若？"曰："梱也将与国君同食以终其身。"子綦索然出涕曰："吾子何为以至于是极也！"九方歅曰："夫与国君同食，泽及三族，而况父母乎！今夫子闻之而泣，是御福也。子则祥矣，父则不祥。"子綦曰："歅，汝何足以识之，而梱祥邪？尽于酒肉，入于鼻口矣，而何足以知其所自来？吾未尝为牧，而牂生于奥⑦，未尝好田而鹑生于宎，若勿怪，何邪？吾所与吾子游者，游于天地。吾与之邀乐于天，吾与之邀食于地；吾不与之为事，不与之为谋，不与之为怪；吾与之乘天地之诚而不以物与之相撄，吾与之一委蛇而不与之为事所宜。今也然有世俗之偿焉！凡有怪征者，必有怪行，殆乎，非我与吾子之罪，几天与之也！吾是以泣也。"无几何而使梱之于燕，盗得之于道，全而鬻之则难，不若刖之则易，于是乎刖而鬻之于齐，适当渠公之街，然身食肉而终。

啮缺遇许由，曰："子将奚之？"曰："将逃尧。"曰："奚谓邪？"曰："夫尧畜畜然仁，吾恐其为天下笑。后世其人与人相食与！夫民，不难聚也。爱之则亲，利之则至，誉之则劝，致其所恶则散。爱利出乎仁义，捐仁义者寡，利仁义者众。夫仁义之行，唯且无诚，且假夫禽贪者器。是以一人之断制利天下，譬之犹一覕也⑧。夫尧知贤人之利天下也，而不知其贼天下也，夫唯外乎贤者知之矣！"

　　有暖姝者，有濡需者，有卷娄者。所谓暖姝者，学一先生之言，则暖暖姝姝而私自说也，自以为足矣，而未知未始有物也，是以谓暖姝者也。濡需者，豕虱是也，择疏鬣自以为广宫大囿，奎蹄曲隈，乳间股脚，自以为安室利处，不知屠者之一旦鼓臂布草操烟火，而己与豕俱焦也。此以域进，此以域退，此其所谓濡需者也。卷娄者，舜也。羊肉不慕蚁，蚁慕羊肉，羊肉膻也。舜有膻行，百姓悦之，故三徙成都，至邓之虚而十有万家。尧闻舜之贤，举之童土之地，曰冀得其来之泽。舜举乎童土之地，年齿长矣，聪明衰矣，而不得休归，所谓卷娄者也。是以神人恶众至，众至则不比，不比则不利也。故无所甚亲，无所甚疏，抱德炀和以顺天下，此谓真人。于蚁弃知，于鱼得计，于羊弃意。

　　以目视目，以耳听耳，以心复心。若然者，其平也绳，其变也循。古之真人，以天待人，不以人入天。古之真人，得之也生，失之也死；得之也死，失之也生。

　　药也，其实堇也，桔梗也，鸡雍也，豕零也，是时为帝者也，何可胜言！句践也以甲楯三千栖于会稽。唯种也能知亡之所以存，唯种

也不知其身之所以愁。故曰，鸱目有所适，鹤胫有所节，解之也悲。故曰，风之过河也有损焉，日之过河也有损焉。请只风与日相与守河，而河以为未始其撄也，恃源而往者也。故水之守土也审，影之守人也审，物之守物也审。故目之于明也殆，耳之于聪也殆，心之于殉也殆。凡能其于府也殆，殆之成也不给改。祸之长也兹萃，其反也缘功，其果也待久。而人以为己宝，不亦悲乎！故有亡国戮民无已，不知问是也。

故足之于地也践，虽践，恃其所不蹍而后善博也；人之于知也少，虽少，恃其所不知而后知天之所谓也。知大一，知大阴，知大目，知大均，知大方，知大信，知大定，至矣。大一通之，大阴解之，大目视之，大均缘之，大方体之，大信稽之，大定持之。尽有天，循有照，冥有枢，始有彼。则其解之也似不解之者，其知之也似不知之也，不知而后知之。其问之也，不可以有崖，而不可以无崖。颉滑有实，古今不代，而不可以亏，则可不谓有大扬攉乎⑨！阖不亦问是已，奚惑然为！以不惑解惑，复于不惑，是尚大不惑。

【玄义注释】

①擎（qiān）：除去。②超轶（yì）：超越。③藜藋（lí diào）：一种野草。鼪鼬（shēng yòu）：黄鼠狼。④丽谯：高楼。⑤岑（cén）：岸边。⑥殛（jí）：死。⑦牂（zāng）：母羊。⑧覕（piē）：同"瞥"，看一眼。⑨大扬攉（què）：大体轮廓。

【白话翻译】

徐无鬼在女商的引荐之下得以见到魏武侯，武侯慰问他说："先生一定是困乏到极点了！为隐居山林的劳累所困苦，所以方才肯前来会见我。"徐无鬼说："我是来慰问你的，你对于我有什么慰问呢！你想要满足嗜好和欲望，增多喜好和憎恶，那么性命攸关的心灵就会弄得疲惫不堪；你想要废弃嗜好和欲望，退却喜好和憎恶，那么耳目的享用就会困顿乏厄。我正打算来慰问你，你对于我有什么可慰问的！"武侯听了怅然若失，不能应答。过了一会儿，徐无鬼说："我是告诉你，我是如何相狗的。下等狗的才智，只是捕兽得食而止的，这是山猫的德性；中等才智的狗，眼睛看得高望得远，上等才智的狗好像忘掉自己的身体。我的观狗术，又不如我的观马术。我观察马，奔跑起来，直的地方与绳墨相符合，弯曲的地方与钩相符合，方的地方与矩相符合，圆的地方与规相符合，这就是国中良马，然而还赶不上天下最好的马。天下最好的马有天生的材质，走起路来像有忧思，又像形体不复存在，一旦跑起来，超越绝尘，不知所止，不知去向。"武侯很高兴地笑了。

徐无鬼走出宫廷，女商说："先生究竟是用什么办法使国君高兴的呢？我用来使国君高兴的办法是，从远处说向他介绍诗书礼乐，从近处说向他谈论太公兵法，侍奉国君而大有功绩的不可计数，而国君从不曾有过笑脸。如今你究竟用什么办法来取悦国君，竟使国君如此高兴呢？"徐无鬼说："我只不过告诉他我怎么相狗、相马罢了。"女商说："就是这样吗？"徐无鬼说："你没有听说过越地流亡人的故事吗？离开都城几天，见到故交旧友便十分高兴；离开都城十天整月，见到在国都中所曾经见到过的人便大喜过望；等到过了一年，见到好像是同乡的人便欣喜若狂；不就是离开故人越久，思念故人的情意越深吗？逃向空旷原野的人，丛生的野草堵塞了黄鼠狼出入的路径，一个人在杂草丛中的空隙里跌跌撞撞地生活，听到人的脚步声就高兴起来，更何况是兄弟亲戚在身边说笑呢！很久很久了，没有谁用真

人纯朴的话语在国君身边说笑了啊！"

徐无鬼去见魏武侯，魏武侯说："先生身居深山老林，吃橡子，食葱韭，你摈弃我已很长时间了！你现在老了吗？是想求得酒肉的滋味呢？还是为我的国家造福呢？"徐无鬼说："我出身贫穷低贱，不曾敢想享用你的酒肉，我是来慰劳你的。"武侯说："怎么？你怎样来慰劳我？"徐无鬼说："慰劳你的精神和形体。"武侯说："什么意思？"徐无鬼说："天地的养育之功是一视同仁的，身居高位不可自以为长，身居低位不可自以为短。你独自为万乘的君主，奴役一国的人民，用以奉养耳目鼻口的私欲，而心神不能自得。得道的人喜好和同万物而厌恶奸私。奸私是一种毛病，所以来慰劳你。只有你犯这种毛病，为什么呢？"武侯说："想见先生很久了。我想爱民，为了义而停止用兵，可以吗？"徐无鬼说："不可以。爱民，是害民的开始；为了义而停止用兵，是制造战争的祸根。你从这里去做，就会危险而不会成功。凡是成就美名的，就是作恶的工具，你虽然要行仁义，但接近作伪啊！仁义的形迹必定要造成作伪的形态，成功了必定要自夸，有变乱必定有公开的战争。你一定不要将盛大的军队像鹤群一样排列在高楼之间，不要集合步骑兵于锱坛的宫内，不要隐藏矛盾去妄取，不要用巧诈去胜人，不要以阴谋去胜人，不要用战争去胜人。那种杀害别人的士兵和民众，夺取养育别人的土地，用来奉养我们的私欲和满足我们的心神需要的战争，不知有什么好处？不知胜利在什么地方？你不如停止战争，修养胸中的诚心，来顺应天地的自然情意，而不搅扰他物。人民这样就能免除死亡，你哪里还用得着讲什么停止战争呢！"

黄帝到具茨山去拜见大隗，方明赶车，昌寓陪乘，张若、謵朋在马前导引，昆阍、滑稽在车后跟随；来到襄城的旷野，七位圣人都迷失了方向，而且没有什么地方可以问路。正巧遇上一位牧马的少年，便向牧马少年问路，说："你知道具茨山吗？"少年回答："是的。"又问："你知道大隗居住在什么地方吗？"少年回答："是的。"黄帝说："真是奇怪啊，这位少年！不只是知道具茨山，而且知道大隗居住的地方。请问怎样治理天下。"少年说："治理天下，也就像牧马一样罢了，又何须多事呢！我幼小时独自在宇宙范围内游玩，碰巧生了头眼眩晕的病，有位长者教导我说：'你还是乘坐太阳车去襄城的旷野里游玩吧。'如今我的病已经有了好转，我又将到宇宙之外去游玩。至于治理天下恐怕也就像牧马一样罢了。我又何须去多事啊！"黄帝说："治理天下，固然不是你操心的事。虽然如此，我还是要向你请教怎样治理天下。"少年听了拒绝回答。黄帝又问。少年说："治理天下，跟牧马哪里有什么不同呢！也就是去除伤害马本性的东西、任其自然罢了！"黄帝听了叩头至地行了大礼，口称"天师"而退去。

　　善用智谋的人没有思虑的变换就不高兴，善辩论的人没有言谈的话题就不高兴，善于苛求的人没有凌辱责骂之辞就不高兴，这些人都是为外物所局限的人。出类拔萃的人振兴朝政，中等的人只想营一官职，身强力壮的人以解难自豪，勇敢的人奋起除患，披甲戴盔的人乐于征战，隐于山林的人喜好恃守名誉，讲求法律的人希望推广法治，讲求礼乐的人注重仪表，施用仁义的人注重交际。农民没有开垦田地的事就不能安居乐业，商人没有经商的事也不能安居乐业。庶人有朝夕的事业就会自勉，工匠有器械的技巧就会气壮。钱财不能积聚而贪图的人就会忧虑，权势不大却贪图虚名的人就会悲哀。迷于权势财物的人喜欢变乱，这些人遇到有所用时是不能无所作为的。这些人都是顺时投机，为一种事物束缚而不能变易。无限地使用他的形体和心性，沉没在万

物之中，终身执迷不悟，真可悲啊！

庄子说："射箭的人不是预先设定目标而误中靶的，称他是善于射箭，那么普天下都是羿那样善射的人，可以这样说吗？"惠子说："可以。"庄子说："天下本没有共同认可的正确标准，却各以自己认可的标准为正确，那么普天下都是唐尧那样圣明的人，可以这样说吗？"惠子说："可以。"庄子说："那么郑缓、墨翟、杨朱、公孙龙四家，跟先生你一道便是五家，到底谁是正确的呢？或者都像是周初的鲁遽那样吗？鲁遽的弟子说：'我学得了先生的学问，我能够在冬天制鼎在夏天制出冰块。'鲁遽说：'这只

不过是用具有阳气的东西来招引出具有阳气的东西，用具有阴气的东西来招引出具有阴气的东西，不是我所倡导的学问。我告诉给你我所主张的道理。'于是当着大家调整好瑟弦，放一张瑟在堂上，放一张瑟在内室，弹奏起这张瑟的宫音而那张瑟的宫音也随之应合，弹奏那张瑟的角音而这张瑟的角音也随之应合，调类相同的缘故啊。如果其中任何一根弦改了调，就会使两只瑟的五个音不能和谐，弹奏起来，二十五根弦发生共鸣，还是瑟发出的声音，那么改掉的一根弦可以算是众音的君主了。先生的观点也能像这样吗？"惠子说："如今郑缓、墨翟、杨朱、公孙龙，他们正跟我一道辩论，相互间用言辞进行指责，相互间用声望压制对方，却从不曾认为自己是不正确的，那么将会怎么样呢？"

庄子说："齐国有个人使自己的儿子滞留于宋国，命令守门人守住他而不让他回来，他获得一只长颈的小钟唯恐破损而包了又包，捆了又捆，他寻找远离家门的儿子却不曾出过郊野，这就像辩论的各家忘掉了跟自己相类似的情况！楚国有个人寄居别人家而怒责守门人，半夜无人时走出门来又跟船家打了起来，还不曾离开岸边就又结下了怨恨。"

庄子给亲朋送葬，经过惠施的坟墓，回头对随从的人说："郢人在他的鼻尖上粘上了像苍蝇翅膀那样大小的白灰，让匠石把白点砍掉。匠石运斧如风，声声作响地砍它，砍尽了白灰而没伤鼻子，郢人站立面不改色。宋元君听到此事，召匠石说：'试试为我砍一次看看。'匠石说：'我以前砍过，但是，我砍的对象已经死很久了。'自从先生死了后，我没有对手了，我没有辩论的对象了！"

管仲生了病，齐桓公问他："你的病已经很重了，不避讳地说，一旦病危不起，我将把国事托付给谁才合适呢？"管仲说："你想要交给谁呢？"齐桓公说："鲍叔牙。"管仲说："不可以。鲍叔牙为人，算得上是清白廉正的好人，他对于不如自己的人不够亲近，而且一听到别人的过错，一辈子也忘不掉。让他治理国家，对上势必约束国君，对下势必忤逆百姓。一旦得罪于国君，也就不会长久执政了！"齐桓公说："那么谁可以呢？"管仲回答说："要不，隰朋还可以。隰朋为人，对上不显示位尊而对下不分别卑微，自愧不如黄帝又能怜悯不如自己的人。能用道德去感化他人的称作圣人，能用财物去周济他人的称作贤人。以贤人自居而驾临于他人之上，不会获得人们的拥戴；以贤人之名而能谦恭待人，不会得不到人们的拥戴。他对于国事有所不闻，他对于家庭有所不见。不得已，还是隰朋可以。"

吴王泛舟于江上，登上猴子聚居的山头。群猴看见他，恐惧地弃地跑掉，逃到榛材丛中。有一只猴子，从容自得地攀搏抓取，向吴王显示灵巧。吴王射它，它敏捷地接取箭头。吴王命令随从者上前一齐射它，猕猴中箭抱树而死。吴王回头对他的朋友颜不疑说："这只猕猴，自夸灵巧，依靠它的灵便来傲视我，以至于这样死去！要引以为戒啊！唉！不要用你骄傲的态度对待别人啊！"颜不疑回去而拜董梧为师，去除骄矜之心，抛弃享乐，辞显贵，甘淡漠，三年而国人都称赞他。

南伯子綦靠着几案静静地坐着，然后又仰着头缓缓地吐气。颜成子进屋来看见后说："先生，你真是了不起的人物！人的形体可以使它像枯槁的骸骨，心灵难道也可以像死灰一样吗？"南伯子綦说："我曾在山林洞穴里居住。当时齐太公田禾曾来看望我，因而齐国的民众再三向他表示祝贺得到贤士。我必定是名声在先，他所以能够知道我；我必定是名声张扬，他所以能利用我的名声。假如我不具有名声，他怎么能够知道我呢？假如我不是名声张扬于外，他又怎么能够利用我的名声呢？唉，我悲悯自我迷乱失却真性的人，我又悲悯那些悲悯别人的人，我还悲悯那些悲悯人们的悲悯者，从那以后我便一天天远离人世沉浮而达到心如死灰的境界！"

孔子去楚国，楚王摆宴款待他，孙叔敖拿着酒器侍立一旁，市南宜僚接过酒器洒酒祭祀，说："古代的人啊！在这里总是有话要说的。"孔子说："我也听到过不说的言论了。未曾说过的话，在这里说说它。市南宜僚玩弄弹丸，而解决了两家兵难的难题；孙叔敖安寝摇扇而卧，敌国不敢侵犯而使楚人停止用兵。我就是有三尺长喙，又有何用！"他们所说的是不言之道，孔子所说的是不言之辩，故而归根到底是德与道的齐一，而言语停止在知的就是所不知的地方，就是极点了。道的同一，德不能同；知道所不能知道的，善辩的人也不能尽举。像儒墨那样的以声名相标榜，那就危险了。所以大海不拒绝河水东流，才能大到极点。圣人包容天地，恩泽到天下，而不知他姓甚名谁。所以，他活时无爵位，死后无谥号，实利不集聚，名声不建立，这就是大德之人。狗不因为善于叫唤便是好的，人不因为会说教便是贤人，何况成就大名的人呢！大名，不足以成为大名，何况成德呢！最大而完备的，莫如天地，然而没有什么追求的，它却最大而完备了。知道大而完备的，是无所追求，无所丧失，无所舍弃，不用外物改变自己。返回自己的本性而不穷尽，因循常道行事而不磨灭，这就是大德之人的至诚无息。

子綦有八个儿子，让他们排列在子綦身前，叫来九方歅说："给我八个儿子看看相，谁最有福气？"九方歅说："梱最有福气。"子綦惊喜地说："怎么最有福气呢？"九方歅回答："梱将会跟国君一道饮食而终了一生。"子綦泪流满面地说："我的儿子为什么会达到这样的境遇！"九方歅说："跟国君一道饮食，恩泽将施及三族，何况父母啊！如今先生听了这件事就泣不成声，这是拒绝要降临的福禄。你的儿子倒是有福气，你做父亲的却是没有福分了。"子綦说："歅，你哪里知道来由，梱确实是有福呢？享尽酒肉，只不过从口鼻进到肚腹里，又哪里知道这些东西从什么地方来？我不曾牧养而羊却出现在我屋子的西南角，不曾打猎而鹌鹑却出现在我屋子的东南角，假如不把这看做是怪事，又是为了什么呢？我和我的儿子所游乐的地方，只在于天地之间。我跟他一道在苍天里寻乐，我跟他一道在大地上求食；我不跟他建功立业，不跟他出谋划策，不跟他标新立异；我只和他一道随顺天地的实情而不因外物便相互背违，我只和他一应顺其自然而不为任何外事所左右。如今我却得到了世俗的回报啊！大凡有了怪异的征兆，必定会有怪异的行为，实在是危险啊，这并不是我和我儿子的罪过，大概是上天降下的罪过！我因此泣不成声。"不久梱被派遣到燕国去，强盗在半道上劫持了他，想要保全其身形而卖掉实在担心他跑掉，不如截断他的脚容易卖掉些，于是截断他的脚卖到齐国，正好齐国的富人渠公买了去给自己看守街门，因此仍能够一辈子吃肉而终了一生。

啮缺遇见许由，说："你要到哪里去？"许由说："要逃避尧的让位。"啮缺说："为什么呢？"许由说："尧大力推行仁义，我恐怕他被天下人所讥笑。后世将要人和人相食！民众，不难聚集；爱他们便亲近，有利给他们就来到，奖励他们就劝勉，致使他们厌恶就离散。爱和利都出于仁义，舍弃仁义的少，取利于仁义的多。仁义的行动，只要没有诚意，就会成为贪婪如禽兽的人借为诈骗作恶的工具。这是以一个人的独断专行来取利天下，就犹如一瞥之见。尧只知道贤人有利于天下，而不知道他也会有害于天下，只有在贤人以外的人才能明白这个道理！"

有沾沾自喜的人，不偷安矜持的人，有弯腰驼背、勤苦不堪的人。所谓沾沾自喜的人，懂得了一家之言，就沾沾自喜地私下里暗自得意，自以为满足了，却不知道未曾有万物之前就有大道存在了，所以称他为沾沾自喜的人。所谓偷安矜

心如澄澈秋水，身如不系之舟

持的人，就像猪身上的虱子一个样，选择稀疏的鬃毛当中自以为就是广阔的宫廷与园林，后腿和蹄子间弯曲的部位，乳房和腿脚间的夹缝，就认为是安宁的居室和美好的处所，殊不知屠夫一旦挥动双臂布下柴草生起烟火，便跟随猪身一块儿烧焦。这就是依靠环境而安身，这又是因为环境而毁灭，而这也就是所说的偷安自得的人。所谓弯腰驼背、勤苦不堪的人，就是舜那样的人。羊肉不会爱慕蚂蚁，蚂蚁却喜爱羊肉，因为羊肉有膻腥味。舜有膻腥的行为，百姓都十分喜欢他，所以他多次搬迁居处都自成都邑，去到邓的废址就聚合了十万家的人。尧了解到舜的贤能，便推举他到了荒芜的地方当国君，说是希望他能把恩泽布施百姓。舜从荒芜的土地上被举荐出来，年岁逐渐老了，敏捷的听力和视力衰退了，还不能退回家，这就是所说的弯腰驼背、勤苦不堪的人。所以超凡脱俗的神人讨厌众人跟随，众人跟随就不会亲密和睦，不亲密和睦也就不会带来好处。因此没有什么特别的亲密，没有什么格外的疏远，持守德行、温暖和气以顺应天下，这就叫做真人。就像是蚂蚁不再追慕膻腥，鱼儿得水似的悠闲自在，羊肉也清除了膻腥的气味。

　　用眼睛只看该看的，用耳朵只听该听的，用心灵领悟心灵能领悟的。像这样，他的心既平静又直率，他的行为既变化也因顺。古代的真人，以自然之道对待人事，不以人事之道对待自然。古代的真人，视得为生，视失为死；也视得为死，视失为生，一任自然。

药物，其实不过就是乌头、桔梗、鸡头草、猪苓根等，这些药物根据不同的病情作为主药，怎么可以说尽呢！勾践以士兵三千栖身于会稽山，唯有文种能预知在即将灭亡中求得生存的谋略，也唯有文种不考虑自身未来的忧患。所以说，猫头鹰的眼睛有所适用就无所适用，鹤的小腿长有所适宜，截短了就会悲哀。所以说，风吹过河水，河水就有所损失，太阳照过河水，河水也会有损失。如果说风和太阳相互一起吹晒河水，而河水不曾受它们干扰的话，这是由于依靠源头不断地往来。所以河水守着土壤就安定，影守住人就得以显现，物守住物就融合不离。所以，眼睛过于求明察就危险了，耳朵过于求敏听就危险了，心思过于虑物就危险了。凡是智能藏于内心就会危险，危险一旦形成就来不及改悔。祸患的产生和滋长是集聚的，要想消除灾祸返归本性，需要等待很长的时间。而人们把智慧和聪明看做可贵，不也悲哀吗！因此有亡国杀人不止，是不知道问个根源啊。

所以，脚踩之地很小很小，虽然很小，仰赖所不曾践踏的地方而后才可以去到更为博大、旷远的地方；人对于各种事物的了解也很少很少，虽然很少，仰赖所不知道的知识而后才能够知道自然的真谛。知道"天"，知道"地"，知道"大目"，知道"大均"，知道"大方"，知道"大信"，知道"大定"，这就达到了认识的极限。"天"加以贯通，"地"加以化解，万物各视其所见，顺其本性令其自得，各得其宜自成轨迹，各守其实无使超逸，顺任安定持守不渝。万物之中全都有其自然，顺应就会逐渐明朗清晰，深奥的道理之中都存在着枢要，而任何事物产生的同时又必然出现相应的对立面。那么，自然的理解好像是没有理解似的，自然的知晓好像是没有知晓，但这"不知"之后方才会有真知。深入一步问一问，本不可能有什么界限，然而又不可以没有什么界限。万物虽然纷扰杂乱却有它的根本，古今不能相互替换，但是无古无今、无今无古谁也不能缺少，这能不说是大道仅只显露其概略吗！何不再深入一步探问这博大玄妙的道理，何必迷惑成这个样呢！用不迷惑去解除迷惑，再回到不迷惑，这恐怕还是当初的不迷惑。

【义理评析】

徐无鬼，人名，魏国人，隐士。本篇由十余个故事组成，相互之间没有必然的联系。但就其主旨而言还是比较明朗的,那就是无论个人生活,还是国家政治,均需坚持清静无为的原则。

一开篇,写徐无鬼拜见魏武侯,用相马之术引发魏武侯的喜悦,借此讥讽诗、书、礼、乐的无用。在"黄帝将见大隗乎具茨之山"、"管仲有病"、"仲尼之楚"、"子綦有八子"和"以目视目"诸段中,庄子宣扬了因任自然的无为而治的政治主张。在"徐无鬼见武侯"、"知士无思虑之变则不乐"、"庄子曰:'射者非前期而中'"、"啮缺遇许由"、"有暖姝者"诸段中,庄子批判了有为的思想和有为的政治。在"吴王浮于江"、"南伯子綦隐几而坐"段落中,庄子指出了有为与无为的关系以及达到无为的途径。最后一部分是杂论,也可以看做是总结,主要阐明顺任自适的思想。

则阳第二十五

【原典欣赏】

则阳游于楚①,夷节言之于王,王未之见。夷节归。彭阳见王果曰:"夫子何不谭我于王?"王果曰:"我不若公阅休。"彭阳曰:"公阅休奚为者邪?"曰:"冬则擉鳖于江②,夏则休乎山樊。有过而问者,曰:'此予宅也。'夫夷节已不能,而况我乎!吾又不若夷节。夫夷节之为人也,无德而有知,不自许,以之神其交,固颠冥乎富贵之地。非相助以德,相助消也。夫冻者假衣于春,暍者反冬乎冷风③。夫楚王之为人也,形尊而严;其于罪也,无赦如虎。非夫佞人正德,其孰能桡焉!故圣人,其穷也,使家人忘其贫;其达也,使王公忘其爵禄而化卑;其于物也,与之为娱矣;其于人也,乐物之通而保己焉。故或不言而饮人以和,与人并立而使人化。父子之宜,彼其乎归居,而一闲其所施。其于人心者,若是其远也。故曰'待公阅休'。"

圣人达绸缪,周尽一体矣,而不知其然,性也。复命摇作而以天为师,人则从而命之也。忧乎知,而所行恒无几时,其有止也,若之何!生而美者，人与之鉴，不告则不知其美于人也。若知之，若不知之，若闻之，若不闻之，其可喜也终无已，人之好之亦无已，性也。圣人之爱人也，人与之名，不告则不知其爱人也。若知之，若不知之，若闻之，若不闻之，其爱人也终无已，人之安之亦无已，性也。

旧国旧都，望之畅然；虽使丘陵草木之缗，入之者十九，犹之畅然。况见见闻闻者也，以十仞之台县众间者也。冉相氏得其环中以随成，与物无终无始，无几无时。日与物化者，一不化者也，阖尝舍之！夫师天而不得师天，与物皆殉，其以为事也若之何？夫圣人未始有天，未始有人，未始有始，未始有物，与世偕行而不替，所行之备而不洫，其合之也若之何？汤得其司御门尹登恒为之傅之，从师而不囿，得其随成。为之司其名，之名嬴法。得其两见，仲尼之尽虑，为之傅之。容成氏曰："除日无岁，无内无外。"

魏莹与田侯牟约，田侯牟背之。魏莹怒，将使人刺之。犀首公孙衍闻而耻之，曰："君为万乘之君也，而以匹夫从仇。衍请受甲二十万，为君攻之，虏其人民，系其牛马，使其君内热发于背，然后拔其国。忌也出走，然后抶其背④，折其脊。"季子闻而耻之，曰："筑十仞之城，城者既十仞矣，则又坏之，此胥靡之所苦也。今兵不起七年矣，此王之基也。衍，乱人，不可听也。"华子闻而丑之，曰："善言伐齐者，乱人也；善言勿伐者，亦乱人也；谓'伐之与不伐乱人也'者，又乱人也。"君曰："然则若何？"曰："君求其道而已矣。"惠子闻之，而见戴晋人。戴晋人曰："有所谓蜗者，君知之乎？"曰："然。""有国于蜗之左角者，曰触氏；有国于蜗之右角

心如澄澈秋水，身如不系之舟

者，曰蛮氏。时相与争地而战，伏尸数万，逐北旬有五日而后反。"君曰："噫！其虚言与？"曰："臣请为君实之。君以意在四方上下有穷乎？"君曰："无穷。"曰："知游心于无穷，而反在通达之国，若存若亡乎？"君曰："然。"曰："通达之中有魏，于魏中有梁，于梁中有王，王与蛮氏有辩乎？"君曰："无辩。"客出而君惝然若有亡也。客出，惠子见。君曰："客，大人也，圣人不足以当之。"惠子曰："夫吹筦也，犹有嗃也；吹剑首者，吷而已矣⑤。尧、舜，人之所誉也。道尧、舜于戴晋人之前，譬犹一吷也。"

孔子之楚，舍于蚁丘之浆。其邻有夫妻臣妾登极者，子路曰："是稯稯何为者邪⑥？"仲尼曰："是圣人仆也。是自埋于民，自藏于畔。其声销，其志无穷，其口虽言，其心未尝言，方且与世违，而心不屑与之俱。是陆沈者也，是其市南宜僚邪？"子路请往召之。孔子曰："已矣！彼知丘之著于己也，知丘之适楚也，以丘为必使楚王之召己也，彼且以丘为佞人也。夫若然者，其于佞人也羞闻其言，而况亲见其身乎！而何以为存？"子路往视之，其室虚矣。

长梧封人问子牢曰："君为政焉勿卤莽，治民焉勿灭裂。昔予为禾，耕而卤莽之，则其实亦卤莽而报予；芸而灭裂之，其实亦灭裂而报予。予来年变齐，深其耕而熟耰之⑦，其禾繁以滋，予终年厌飧⑧。"庄子闻之曰：

"今人之治其形，理其心，多有似封人之所谓，遁其天，离其性，灭其情，亡其神，以众为。故卤莽其性者，欲恶之孽，为性萑苇蒹葭，始萌以扶吾形，寻擢吾性；并溃漏发，不择所出，漂疽疥痈，内热溲膏是也。"

柏矩学于老聃，曰："请之天下游。"老聃曰："已矣！天下犹是也。"又请之，老聃曰："汝将何始？"曰："始于齐。"至齐，见辜人焉，推而强之，解朝服而幕之，号天而哭之，曰："子乎！子乎！天下有大菑，子独先离之。曰'莫为盗，莫为杀人'。荣辱立，然后睹所病；货财聚，然后睹所争。今立人之所病，聚人之所争，穷困人之身，使无休时，欲无至此得乎？古之君人者，以得为在民，以失为在己；以正为在民，以枉为在己。故一形有失其形者，退而自责。今则不然。匿为物而愚不识，大为难而罪不敢，重为任而罚不胜，远其涂而诛不至。民知力竭，则以伪继之，日出多伪，士民安取不伪！夫力不足则伪，知不足则欺，财不足则盗。盗窃之行，于谁责而可乎？"

蘧伯玉行年六十而六十化，未尝不始于是之，而卒诎之以非也，未知今之所谓是之非五十九非也。万物有乎生而莫见其根，有乎出而莫见其门。人皆尊其知之所知，而莫知恃其知之所不知而后知，可不谓大疑乎！已乎！已乎！且无所逃。此所谓然与，然乎？

仲尼问于太史大弢、伯常骞、狶韦曰："夫卫灵公饮酒湛乐，不听国家之政；田猎毕弋，不应诸侯之际。其所以为灵公者何邪？"大弢曰："是因是也。"伯常骞曰："夫灵公有妻三人，同滥而浴。史鰌奉御而进所，搏币而扶翼。其慢若彼之甚也，见贤人若此其肃也，是其所以为灵公也。"狶韦曰："夫灵公也死，卜葬于故墓不吉，卜葬于沙丘而吉。掘之数仞，得石椁焉，洗而视之，有铭焉，曰：'不冯其子，灵公夺而里之。'夫灵公之为灵也久矣，之二人何足以识之！"

少知问于大公调曰："何谓丘里之言？"大公调曰："丘里者，合十姓百名而以为风俗也，合异以为同，散同以为异。今指马之百体而不得马，而马系于前者，立其百体而谓之马也。是故丘山积卑而为高，江河合水而为大，大人合并而为公。是以自外入者，有主而不执；由中出者，有正而不距。四时殊气，天不赐，故岁成；五官殊职，君不私，故国治；文武殊能，大人不赐，故德备；万物殊理，道不私，故无名。无名故无为，无为而无不为。时有终始，世有变化，祸福淳淳，至有所拂者而有所宜，自殉殊面，有所正者有所差。比于大泽，百材皆度；观于大山，木石同坛。此之谓丘里之言。"少知曰："然则谓之道，足乎？"

大公调曰："不然。今计物之数，不止于万，而期曰万物者，以数之多者号而读之也。是故天地者，形之大者也；阴阳者，气之大者也；道者为之公。因其大以号而读之，则可也，已有之矣，乃将得比哉？则若以斯辩，譬犹狗马，其不及远矣！"

少知曰："四方之内，六合之里，万物之所生恶起？"大公调曰："阴阳相照相盖相治，四时相代相生相杀。欲恶去就，于是桥起，雌雄片合，于是庸有。安危相易，祸福相生，缓急相摩，聚散以成。此名实之可纪，精微之可志也。随序之相理，桥运之相使，穷则反，终则始，此物之所有。言之所尽，知之所至，极物而已。睹道之人，不随其所废，不原其所起，此议之所止。"少知曰："季真之莫为，接子之或使，二家之议，孰正于其情，孰偏于其理？"大公调曰："鸡鸣狗吠，是人之所知；虽有大知，不能以言读其所自化，又不能以意测其所将为。斯而析之，精至于无伦，大至于不可围。或之使，莫之为，未免于物而终以为过。或使则实，莫为则虚。有名有实，是物之居；无名无实，在物之虚。可言可意，言而愈疏。未生不可忌，已死不可阻。死生非远也，理不可睹。或之使，莫之为，疑之所假。吾观之本，其往无穷；吾求之末，其来无止。无穷无止，言之无也，与物同理；或使莫为，言之本也，与物终始。道不可有，有不可无。道之为名，所假而行。或使莫为，在物一曲，夫胡为于大方？言而足，则终日言而尽道；言而不足，则终日言而尽物。道物之极，言默不足以载；非言非默，议有所极。"

【玄义注释】

①则阳：人名，姓彭，名阳，则阳为其字。②擉（chuò）：戳。③喝（hè）：中暑，伤暑。④挟（chì）：鞭打。⑤呋（xuè）：小声。⑥稯（zǒng）稯：有秩序地聚集在一起。⑦熟耰（yōu）：细致地反复除草。⑧厌飧（sūn）：吃得饱。⑨萑（huán）：一种形似芦苇的草。

【白话翻译】

彭阳到楚国去游历，楚臣夷节将其推荐给楚王，楚王却不予接见，夷节只得作罢。彭阳接着去拜见王果，说："您为何不向楚王引荐一下我呢？"王果说："我不如公阅休。"彭阳说："公阅休是干什么的？"王果说："他冬季到江河里刺鳖，夏季就到山脚下乘凉，有人经过而问他，他回答道：'这是我的归宿宅地。'夷节都不能将你引荐给楚王，更何况是我呢！我又不如夷节。夷节这个人，没有隐退之德却有世俗之人的智巧，不能收敛自己的行为做到虚静恬淡，用他特有的办法巧妙地与人周旋，沉溺于富贵名利之中而不能自拔。如此行为，不但对于美德的培养没有任何帮助，反而还毁损原有的一点美德。像受冻的人盼天暖当衣服，中暑的人反求冬天的冷风散热一样。楚王的为人，外表高贵而又威严；他对于有过错的人，像老虎一样不会给予一点宽恕。除了有才能、德行端正的人，还有谁可以将他说服呢！所以，圣人在穷困的时候，能使家人忘掉自己的贫困；他在通达的时候，能使王公大臣忘掉高官厚禄而与卑贱同化；他对于外物，可以与其和谐相处一同欢娱；他对于别人，乐于与其沟通而又能够保全自己的天性。他也许不言语却将平和的美德灌输给了别人，与人相处用不了多久就能使人受到感化。像父子相处相宜一样。他归隐于江山，而一味闲暇，无所事事。他所思所想与世俗的心态相差太远了。所以说'还得等待公阅休来感化楚王'。"

心如澄澈秋水，身如不系之舟

圣人通晓深奥的大道，周遍而又透彻地了解万物混同一体的状态，而人们却不知道圣人为何能够做到这一点，这是由他的本性所决定的。为回返真性而又有所动作也总是把师法自然作为榜样，人们由此称这样的人为"圣人"。而常人因自己的智虑不周而担忧，其行为就会反复无常而难以持久，总是半途而废，对于这样的人又能怎么样呢！生来就漂亮的人，是因为别人给他作了一面镜子，如果不通过比较他也不会知道自己比别人漂亮。无论他知道自己比别人漂亮，还是不知道这一点；无论他听到别人说自己比别人漂亮，还是没有听到这一点，他内心的喜悦都不会有所终止，人们对他的好感也不会有所终止，因为他的漂亮是天生的。圣人爱护众人，是因为人们给予了他相应的名字，如果人们不这样称誉他，圣人也不知道自己爱护他人。无论他知道自己是在爱护别人，还是不知道这一点；无论他听到别人说自己在爱护别人，还是没有听到这一点，他给予人们的爱不会终止，人们安于这样的抚爱也不会有所终止，因为他爱护别人的这种美德是天生的。

祖国与家乡，一看到就分外喜悦；即使是丘陵草木使之显得面目不清，甚至掩没了十之八九，心里还是十分欣喜。更何况亲身见闻到其真面目、真情况，就像是数丈高台耸立于众人的面前让人崇敬、仰慕啊。古圣王冉相氏体察了道的精髓，能够听任万物自由发展生长，所以能和万物无终无始、无时无刻地相处。虽然天天与外物一起变化，但是内在的精神是不变的，何尝舍弃过大道的精髓呢！有些人刻意去效法自然反而不能达到效法自然的效果，与别人一起去追名逐利，并将其作为自己的事业来做，这样做会怎么样呢？圣人不知道有天，不知道有人，不知道有开始，也从不曾想起有身外之物，与世道同行而不知偏废，所行完备而不知忧虑，他和自然如此契合又怎样呢？商汤得到司御门尹登恒，拜为老师，随师学习而又不受其局限，得到随顺成物的本性。称举老师的大名，而自己却不在意。有为之名产生多馀之法，如果局限于此，只能得其思贤之名与多馀之法两端。孔子也是费尽心思，为他人做师傅。容成氏说："除掉每一天就没有年了，这就像离开内就没有外一样。"

魏惠王与齐威王订立盟约，而齐威王违背了盟约。魏王大怒，打算派人刺杀齐威王。将军公孙衍知道后认为可耻，说："您是大国的国君，却用普通百姓的手段去报仇。我愿统领二十万部队，替你攻打齐国，俘获齐国的百姓，牵走他们的牛马，使齐国的国君心急如焚，热毒发于背心，然后我就攻占齐国的土地。等齐国的大将田忌望风逃跑，然后我再抓住他，鞭打他的背，折断他的脊骨。"季子知道后又认为公孙衍的做法可耻，说："譬如要建筑七八丈高的城墙，筑城已经七八丈高了，接着又把它毁掉，这是役使之人所苦的事。如今战争不起已经七年了，这是你王业的基础。公孙衍实在是挑起祸乱的人，不可听从他的主张。"华子知道以后又鄙夷公孙衍和季子的做法，说："极力主张讨伐齐国的人，是拨弄祸乱的

人；极力劝说不要讨伐齐国的人，也是拨弄祸乱的人；评说'讨伐齐国还是不讨伐齐国为拨弄祸乱之人'的人，他本身就是拨弄祸乱的人。"魏王说："既然如此，那将怎么办呢？"华子说："你还是求助于清虚淡漠、物我兼忘的大道吧。"惠施听了这件事，而引见戴晋人。戴晋人说："有所谓蜗牛，君主你知道吗？"魏惠王说："知道。""有个国家在蜗牛的左角，叫触氏；有个国家在蜗牛的右角，叫蛮氏。时常相争地盘而战争，横尸数万，追逐败兵十五天而后返回。"魏惠王说："唉！这是虚话吗？"说："臣请为君证实它。君主你想一下，在四方上下有穷尽吗？"君主说："没有穷尽。"说："知道游心于无穷的境域，而返于通达的国土，若有若无吗？"君主说："是这样。"说："通达的国土中有魏国，魏国中有梁都，在梁都中有君王，君王与蛮氏有区别吗？"君主说："没有区别。"戴晋人离开之后，魏惠王心中恍恍惚惚若有所失。客人走了，惠施进见。国君说："这位客人是位伟大人物，像尧、舜那样的圣人也不足以与他相比。"惠施说："吹竹管的，还有洪亮的声音；吹剑环的，只有小声而已。尧、舜是人所称誉的。但在戴晋人面前称道尧、舜，就好比一丁点微弱的声音罢了。"

孔子到楚国去，在蚁丘的一户卖浆的人家住了下来。这户人家邻居的夫妻、奴仆登上了屋顶观望孔子，子路问孔子："那么多人聚集到一起是要做什么呢？"孔子说："他们是圣人的仆从啊。这位圣人把自己隐藏在民间，藏身于田园之中。他的声名虽然从世上消失了，但其志向却是崇高的；他嘴里虽然在说着话，但其心中却未曾说过什么；他的行为处处与世俗相

违背，而且心中不屑与世俗之人为伍。这是隐遁于世俗中的隐士，这个人恐怕就是楚国的市南宜僚吧？"子路请求前往把他请来。孔子说："算了吧！市南宜僚知道我非常了解他，又知道我到了楚国，认为我必定会让楚王来召见自己，他必将认为我是一个花言巧语的人。倘若真的如此，他对于花言巧语的人一定会羞于听其言谈，更何况是亲自见到其人呢！再说你凭什么会认为他还在家中呢？"子路前往探视，市南宜僚的居室已经空无一人了。

长梧封人问子牢说："你处理政务不要鲁莽，管理人民不要乱来。过去我种庄稼，耕作粗疏，则果实也粗疏地报答我；除草乱来，其果实也因乱来而报复我。我第二年变更方法，深耕细作，禾苗繁盛滋壮，我得到终年饱食。"庄子听到这件事说："现在，人们对待自己的身体，修养自己的心神，很多像封人所说的，失掉天命，离开本性，灭绝真情，丧失精神，以从众俗行为。所以对本性鲁莽的，喜好厌恶的孳生，就如同萑苇没有秀穗本性一样，开始以此来扶养我的形体，渐渐地拔苗助长我的本性；四处溃烂发作，脓疮疥疽，心血发热，排泄带脂膏的尿，就是如此。"

柏矩就学于老聃，说："请求老师同意我到天下去游历。"老聃说："算了，天下就像这里一样。"柏矩再次请求，老聃说："你打算先去哪里？"柏矩说："先从齐国开始。"柏矩到了齐国，见到一个受刑后示众的死尸，推推尸体把他摆正，再解下朝服覆盖在尸体上，仰天号啕大哭地诉说："你呀！你呀！天下出现如此大的灾祸，偏偏你先碰上了。人们常说'不要做强盗，不要杀人'，为什么又去做了呢。世间一旦有了荣辱的区别，然后各种弊端就显示出来；财货日渐聚积，然后各种争斗也就表露出来。如今树立人们所厌恶的弊端，聚积人们所争夺的财物，贫穷困厄的人疲于奔命便没有休止之时，想要不出现这样的遭遇，怎么可能呢？古时候统治百姓的人，把社会清平归于百姓，把管理不善归于自己；把正确的做法归于百姓，把各种过错归于自己。所以只要有一个人其身形受到损害，便私下总是责备自己。如今却不是这样。他们隐匿事物的真情却责备人们不能了解，扩大办事的困难却归罪于不敢克服困难，加重承受的负担却处罚别人不能胜任，把路途安排得十分遥远却谴责人们不能达到。人民耗尽了智慧和力量，就用虚假来继续应付，上层的统治者天天出现那么多虚假的事情，百姓怎么会不弄虚作假应付！力量不够便作假，智巧不足就欺诈，财力不济便行盗。盗窃的行径，对谁加以责备才合理呢？"

蘧伯玉活了六十岁有六十次改善德行的变化，开始肯定的，后来又否定它，很难说今天所认为是对的就不是五十九年来所认为是错误的。万物有它的生而看不见生它的根源，有它的出处却看不见它的门径。人们都重视他的智慧所能知道的，而不能凭他的智慧所不知道而后知道的道理，可不是所谓大疑惑吗！算了吧！算了吧！况且没有能逃避得了的。这就是你说这样，他说那样吗？

孔子向太史大弢、伯常骞、狶韦请教："卫灵公饮酒作乐荒淫无度，不愿处理国家政务；经常出外张网打猎射杀飞鸟，又不参与诸侯间的交往与盟会。他死之后为什么还追谥为灵公呢？"大弢说："这样的谥号就是因为他具有这样的德行。"伯常骞说："那时候卫灵公有三个妻子，他们在一个盆池里洗澡。卫国的贤臣史䲡奉召进到卫灵公的寓所，只得急忙接过衣裳来相互帮助遮掩。他对待大臣是多么的傲慢，而他对贤人又是如此的肃敬，这就是他死后追谥为灵公的原因。"狶韦则说："当年卫灵公死了，占卜问葬说是葬在死前预筑的墓地不吉利，而葬改在沙丘上就能吉利。于是挖掘沙丘数丈，发现有一石制外棺，洗去泥土一看，上面还刻有一段文字，说：'不靠子孙，灵公将得此为冢。'灵公被叫做'灵'看来已经很久很久了，大弢和伯常骞怎么能够知道！"

少知问大公调："什么叫丘里之言？"大公调说："所说的'丘里'，指的是十来个族姓、数百个人聚居在一处，并且逐渐形成的风俗习惯，结合差异而成为同一，分散同一而成为差异。如今专指马的各个部位，而我们也难以得出马的一个整体印象，倘若将马拴在跟前，使马的各个部位综合到一起，作为一个整体呈现于我们面前，这才可以称得上是一匹马。因此，丘山是积累细小的土粒或石子才使自己高大起来的，江河是汇合了众多细小的支流才使自己宽广起来的，得道的人是兼听、采纳了众人的言论才形成至论的。所以，道理从别人那里吸收到自己心中，我有主见而不固执成见；道理由自己内心说出，虽正确而不拒绝别人的意见。四季的气候各不相同，但是上天绝不会去偏袒其中任何一个季节，所以岁序才得以顺利更迭；每个官职都有各自的责任，君主不偏私其中任何一个官职，所以国家才得到很好的治理；文武有不同的才能，伟人并不偏重于哪一种才能，所以文治武功之德齐备；万物具有各自的生长规律，天道不偏私其中任何一种事物，所以无法对其进行具体的描述。无法对其进行具体的描述就无所作为，无所作为也就无所不为。时间有终始，世事有变化，祸福转化难测，有所违背就有所适宜，各自追求有不同的方向，有正确的就有错误的。就拿山泽来说，上面生长的各种树木都有它的用途；再看看太山，树木和石头同做封禅的祭坛。这就是所谓丘里之言。"少知问："既然是这样，就将丘里之言看做大道，能行吗？"

　　大公调说："不行。现在计算一下物的种数，不止于一万，而限称为万物，是用数目中最多的来称述它。因此，天和地，是形体中最大的；阴与阳，是元气中最大的；而道是它们的主宰者。因为它太大就用'道'来称述是可以的，已经有了'道'的名称，还能够用什么来与它相提并论呢？倘若拿丘里之言与道相比较，就好像将狗与马放在一起作比较一样，其间的差别也就太大了！"

　　少知问："四境之内，宇宙之间，万物究竟是从哪里产生的呢？"大公调说："阴阳互相辉映、互相伤害又互相调治，四季互相更替、互相产生又互相克制。于是欲念、憎恶、离弃、靠拢就仿佛桥梁一般相互连接、相互兴起，雌、雄两性分开、交合而使世代长传。安危相互变换，祸福相互转化，缓急相互影响，聚散相互依存而成就万物。这些现象的名称与实际都能理出端绪，精细微妙之处都能记载下来。事物都遵循着一定的时序向前发展、变化,共同运行又相互制约,到了尽头就会折回,走到终点就又重新开始,这都是万物所共有的规律。言语所能表述的,智慧所能达到的,仅仅局限于人们所熟知的少数事物而已。懂得大道的人,不去探索万物消亡的原因,也不去追究万物产生的缘由,这就是言语评说所限止的境界。"少知接着问:"季真认为没有造物主,而接子认为有造物主,这两家的言论,谁最合乎事物的真情,谁又偏离了客观的规律呢?"大公调说:"鸡鸣狗叫,这是人人都能了解的现象;然而,即使是具有大智慧的人,也不能用言语来说明其鸡和狗是如何化育而出的,同样也不能臆断它们将来会发展、演变为什么事物。用这样的道理来加以推论和分析,事物的精妙可以达到无与伦比的地步,事物的浩大可以达到不可围量的程度。事物的产生有所支持,还是事物的产生全出于虚无,两种看法各持一端均不能免于为物所拘滞,因而最终只能是过而不当。有造物主的主张太过执滞,而没有造物主的观点太过虚空。有名称有实体,这就构成物的具体形象;没有名称没有实体,事物的存在也就显得十分虚无。可以言谈也可以测度这些虚无的事物,可是越是言谈距离事物的真实情况也就越远。尚未产生的事物,我们无法禁止它们的产生;已经死亡的事物,我们无法阻挡它们的死亡。死与生相距并不遥远,其中的规律却是难以察觉的。事物的产生有所支使,还是事物的产生全都出于虚无,两者都是

因为疑惑而借此生出的偏执之见。我观察事物的原本，事物的过去没有穷尽；我寻找事物的末绪，事物的将来不可限止。没有穷尽又没有限止，言语的表达不能做到，这就跟事物具有同一的规律；而有造物主和没有造物主的主张，用言谈各持一端，又跟事物一样有了外在的终始。道不可以用'有'来表达，'有'也不可以用无来描述。大道之所以称为'道'，只不过是借用了'道'的名称。有造物主和没有造物主的主张，各自偏执于事物的一隅，怎么可以称得上是大道呢？言语圆满周全，那么整天说话也能符合于道；言语不能圆满周全，那么整天说话也都窒碍于物。道是阐释万物的最高原理，言语和缄默都不能表述它；既不说话也不缄默，评议有极限而大道却是没有极限的。"

【义理评析】

则阳，人名，姓彭名阳，则阳为其字，鲁国人。全篇以"论道"为中心，反映了庄子以及道家学说的世界观。

全文可分为前、后两大部分，前一部分主要通过几个小故事来说明恬淡、清虚、顺任的志趣和生活态度，同时也对醉心于俗世、贪恋功名利禄的人们给予了无情的抨击。后一部分以论述为主，讨论宇宙万物的基本规律，讨论宇宙的起源，讨论对世间万物的认识和理解等。

文中穿插的几个故事生动深刻，非常精彩。将"无为"的思想和"道"的境界提升到了一个新的高度。

外物第二十六

【原典欣赏】

外物不可必，故龙逢诛，比干戮，箕子狂，恶来死，桀纣亡。人主莫不欲其臣之忠，而忠未必信，故伍员流于江，苌弘死于蜀，藏其血三年而化为碧。人亲莫不欲其子之孝，而孝未必爱，故孝己忧而曾参悲。木与木相摩则然，金与火相守则流。阴阳错行，则天地大绞，于是乎有雷有霆，水中有火，乃焚大槐。有甚忧两陷而无所逃，螴蜳不得成①，心若县于天地之间，慰暋沈屯，利害相摩，生火甚多，众人焚和，月固不胜火，于是乎有僓然而道尽②。

庄周家贫，故往贷粟于监河侯。监河侯曰："诺。我将得邑金，将贷子三百金，可乎？"庄周忿然作色曰："周昨来，有中道而呼者。周顾视车辙中，有鲋鱼焉。周问之曰：'鲋鱼来！子何为者邪？'对曰：'我东海之波臣也。君岂有斗升之水而活我哉？'周曰：'诺。我且南游吴越之王，激西江之水而迎子，可乎？'鲋鱼忿然作色曰：'吾失我常与，我无所处。吾得斗升之水然活耳，君乃言此，曾不如早索我于枯鱼之肆！'"

任公子为大钩巨缁，五十犗以为饵③，蹲乎会稽，投竿东海，旦旦而钓，期年不得鱼。已而大鱼食之，牵巨钩，錎没而下，骛扬而奋鬐④，白波若山，海水震荡，声侔鬼神，惮赫千里。任公子得若鱼，离而腊之，自制河以东，苍梧以北，莫不厌若鱼者。已而后世辁才讽说之徒，皆惊而相告也。夫揭竿累，趣灌渎，守鲵鲋，其于得大鱼难矣。饰小说以干县令，其于大达亦远矣。是以未尝闻任氏之风俗，其不可与经于世亦远矣。

儒以《诗》《礼》发冢。大儒胪传曰："东方作矣，事之何若？"小儒曰："未解裙襦，口中有珠。《诗》固有之曰：'青青之麦，生于陵陂。生不布施，死何含珠为？'""接其鬓，压其顪，而以金椎控其颐，徐别其颊，无伤口中珠。"

老莱子之弟子出取薪，遇仲尼，反以告，曰："有人于彼，修上而趋下，末偻而后耳，视若营四海，不知其谁氏之子。"老莱子曰："是丘也。召而来。"仲尼至。曰："丘，去汝躬矜与汝容知，斯为君子矣。"仲尼揖而退，蹙然改容而问曰："业可得进乎？"老莱子曰："夫不忍一世之伤而骜万世之患，抑固窭邪⑤，亡其略弗及邪？惠以欢为骜，终身之丑，中民之行进焉耳，相引以名，相结以隐。与其誉尧而非桀，不如两忘而闭其所誉。反无非伤也，动无非邪也。圣人踌躇以兴事，以每成功。奈何哉其载焉终矜尔！"

宋元君夜半而梦人被发窥阿门，曰："予自宰路之渊，予为清江使河伯之所，渔者余且得予。"元君觉，使人占之，曰："此神龟也。"君曰：

"渔者有余且乎？"左右曰："有。"君曰："令余且会朝。"明日，余且朝。君曰："渔何得？"对曰："且之网得白龟焉，其圆五尺。"君曰："献若之龟。"龟至，君再欲杀之，再欲活之，心疑，卜之，曰："杀龟以卜吉。"乃刳龟，七十二钻而无遗筴。仲尼曰："神龟能见梦于元君，而不能避余且之网；知能七十二钻而无遗筴，不能避刳肠之患。如是，则知有所困，神有所不及也。虽有至知，万人谋之。鱼不畏网而畏鹈鹕。去小知而大知明，去善而自善矣。婴儿生无石师而能言，与能言者处也。"

惠子谓庄子曰："子言无用。"庄子曰："知无用而始可与言用矣。天地非不广且大也，人之所用容足耳。然则厕足而垫之，致黄泉，人尚有用乎？"惠子曰："无用。"庄子曰："然则无用之为用也亦明矣。"

庄子曰："人有能游，且得不游乎？人而不能游，且得游乎？夫流遁之志，决绝之行，噫，其非至知厚德之任与！覆坠而不反，火驰而不顾，虽相与为君臣，时也，易世而无以相贱。故曰，至人不留行焉。夫尊古而卑今，学者之流也。且以狶韦氏之流观今之世，夫孰能不波？唯至人乃能游于世而不僻，顺人而不失己。彼教不学，承意不彼。"

目彻为明，耳彻为聪，鼻彻为颤，口彻为甘，心彻为知，知彻为德。凡道不欲壅，壅则哽，哽而不止则跈，跈则众害生。物之有知者恃息，其不殷，非天之罪。天之穿之，日夜无降，人则顾塞其窦。胞有重阆⑥，心有天游。室无空虚，则妇姑勃豀；心无天游，则六凿相攘。

大林丘山之善于人也，亦神者不胜。

德溢乎名，名溢乎暴，谋稽乎諴⑦，知出乎争，柴生乎守，官事果乎众宜。春雨日时，草木怒生，铫鎒于是乎始修⑧，草木之到植者过半而不知其然。

静然可以补病，眦搣可以休老⑨，宁可以止遽。虽然，若是，劳者之务也，非佚者之所尝过而问焉。圣人之所以駴天下，神人未尝过而问焉；贤人所以駴世，圣人未尝过而问焉；君子所以駴国，贤人未尝过而问焉；小人所以合时，君子未尝过而问焉。

演门有亲死者，以善毁爵为官师，其党人毁而死者半。尧与许由天下，许由逃之；汤与务光，务光怒之，纪他闻之，帅弟子而踆于窾水⑩，诸侯吊之，三年，申徒狄因以踣河。

荃者所以在鱼，得鱼而忘荃；蹄者所以在兔，得兔而忘蹄；言者所以在意，得意而忘言。吾安得夫忘言之人而与之言哉！

【玄义注释】

①籛（chén）：不安。蜳（dūn）：忧虑。②偾然：形容精神崩溃的样子。③犗（jiè）：阉割过的公牛。④鬐：鱼鳍。⑤窭（jù）：简陋、不足。此指知识贫乏的意思。⑥闉：空旷的地带。⑦諴（xián）：危急。⑧铫鎒：铫和鎒，两种除草的农具。⑨眦搣：按摩眼角。⑩踆（zūn）：蹲，在这里有隐居的意思。

【白话翻译】

外来的祸患是不可能预测的，所以忠良之士关龙逢被斩杀，比干遭杀害，箕子被迫装疯，而谀臣恶来同样不能免于一死，暴君夏桀和殷纣也同样身毁国亡。国君无不希望他的臣子效忠于己，可是竭尽忠心未必能够取得信任，所以伍子胥被赐死而且飘尸江中，苌弘被流放西蜀而死，西蜀人珍藏他的血液三年后竟化作碧玉。做父母的无不希望子女孝顺，可是竭尽孝心未必能够受到怜爱，所以孝己愁苦而死，曾参悲切一生。木与木相互摩擦就会燃烧，金属跟火相互接触就会熔化。阴与阳错乱不顺，天与地都会大受惊骇，于是雷声隆隆，雷雨中夹着闪电，甚至烧毁高大的树木。心存忧喜而且在这两种心境中越陷越深就会没有办法逃避，小心翼翼、恐惧不安而又一无所成，内心像高悬在天地之间，忧郁沉闷，利害得失在心中碰撞，于是内心烦乱焦躁万分，世俗人内热如火烧毁了中和之气，清虚淡泊的心境抑制不住内心如火的焦虑，于是便精神颓然生机荡然无存。

　　庄周家庭贫穷，所以向监河侯借粮。监河侯说："行。等我收到封地的赋税，借你三百金，可以吗？"庄周显出不高兴的样子，脸色一沉说："我昨天来时，在中途有喊叫我的，我回头向车辙中一看；里面有条鲫鱼，我问它说：'鲫鱼呀！你在这里做什么？'回答说：'我是东海波荡冲来而失水的水族仆臣，你难道不能用升斗的水来救活我吗？'我说：'行。等我游历吴越说服两国的国王，请他们把西江的水引来迎接你，可以吗？'鲫鱼气得脸色大变说：'我失去与我常处的水，我没有容身的处所，我得到升斗的水就可活命，你竟这样说，就不如早点到干鱼市场去找我！'"

　　任国公子做了个大鱼钩系上粗大的黑绳，用五十头牛牲做钓饵，蹲在会稽山上，把钓竿投向东海，每天都这样钓鱼，整整一年一条鱼也没钓到。不久大鱼吞食鱼饵，牵着巨大的钓钩，急速沉没海底，又迅急地扬起脊背腾身而起，掀起如山的白浪，海水剧烈震荡，吼声犹如鬼神，震惊千里之外。任公子钓得这样一条大鱼，将它剖开制成鱼干，从浙江以东，到苍梧以北,没有谁不饱饱地吃上这条鱼的。这以后那些浅薄之人和喜好品评议论之士,都大为吃惊,奔走相告。他们举着钓竿丝绳,奔跑在山沟小渠旁,守候小鱼上钩,至于想得到大鱼那就很难很难了。修饰浅薄的言辞以求得高高的美名,对于达到通达大道的境界来说距离也就很远很远了。因此说不理解任公子那种大志趣的人,恐怕也不可以说是善于治理天下,而且其间的差距也是很远很远了。

儒士表面上读诗尚礼,暗地里却干着盗墓的勾当。大儒士传话说:"东方亮了,事办得怎样了?"小儒士说:"衣裙还没有脱下来,口中含有珍珠。《诗经》中有这样的话:'青青的麦苗,生在山坡上。活时不接济别人,死后何必含珍珠?'""拖住他的鬓发,按住他的下巴,你用铁锤敲他的面颊,慢慢地别开他的两腮,不要损伤他口中的珍珠。"

老莱子的弟子出外打柴,遇上了孔丘,打柴归来告诉给老莱子,说:"有个人在那里,上身长下身短,伸颈曲背而且两耳后贴,眼光敏锐周遍四方,不知道他是姓什么的人。"老莱子说:"这个人一定是孔丘。快把他叫来。"孔丘来了,老莱子说:"孔丘,去掉你仪态上的矜持和容颜上的睿智之态,那就可以成为君子了。"孔丘听了后谦恭地作揖而退,面容顿改心悸不安地问道:"我所追求的仁义之学可以修进并为世人所用吗?"老莱子说:"不忍心一世的损伤却会留下使后世奔波不息的祸患,你是本来就孤陋蔽塞，还是才智赶不上呢？布施恩惠以博取欢心并因此自命不凡，这是终身的丑恶，是庸人的行为罢了，这样的人总是用名声来相互招引，用私利来相互勾结。与其称赞唐尧非议夏桀，不如两种情况都能遗忘而且堵住一切称誉。背逆事理与物性定会受到损伤，心性被搅乱就会邪念顿起。圣哲的人顺应事理，稳妥行事，因而总是事成功就。你执意推行仁义而且以此自矜又将会怎么样呢！"

宋元君半夜梦见一个披散头发的人在偏门窥视，说："我来自宰路的深渊，我做清江的使者到河神那里，被打鱼人余且捉到了我。"宋元君醒来，使人占梦，说："这是神龟。"宋元君说："打鱼的有余且这个人吗？"左右说："有。"宋元君说："令余且来朝见。"第二天，余且来朝。宋元君说："捕鱼得到了什么？"回答说："我的网得到一个白龟，周圆五尺。"宋元君说："献出你的龟。"龟送到，宋元君想杀了它，又想养活它，心里犹豫，叫人占卜，说："杀龟来卜卦吉。"于是剖空龟占卜，钻七十二孔而没有不应验的。孔子说："神龟能托梦于宋元君，而不能逃避余且的渔网；智能钻七十二孔而无不应验，不能逃避割肠的祸患。如此看来，智能也有穷困的时候，神也有不灵的地方。虽然有最高的智慧，也要上万人谋划它。鱼不怕网而怕鹈鹕。除掉小知而大知明，去掉善而自善了。婴儿生来没有大师教而能说话，这是与会说话的人在一起的缘故。"

惠子对庄子说："你的言论没有用处。"庄子说："懂得没有用处方才能够跟他谈论有用。大地不能不说是既广且大了，人所用的只是脚能踩踏的一小块罢了。既然如此，那么只留下脚踩踏的一小块其余全都挖掉，一直挖到黄泉，大地对人来说还有用吗？"惠子说："当然没有用处。"庄子说："如此说来，没有用处的用处也就很明白了。"

庄子说："人若能悠然自得，哪有得不到自得自适的呢？人如果不能悠然自得，哪能得道自得自适呢？人流亡逃遁的心志，弃世绝尘的行为，唉，那都不是真智大德以天下为己任的人！陷落而不返，火急而不顾，虽然有君臣贵贱之分，只是一时之间的事情，世代更替而不能因此相互轻贱。所以说，得道的人是能随世而行不固执的人。尊崇古代而鄙视当今是学者之流的短见。况且用狶韦氏的观点观察当今时代，谁能不偏颇呢？唯有得道的人才能游心于世而不偏僻，顺乎人情而不丧失自己的本性。他们作为教者不知学，学者承受教者的意见不敢违背他们。"

眼光敏锐叫做明，耳朵灵敏叫做聪，鼻子灵敏叫做膻，口感灵敏叫做甘，心灵透彻叫做智，聪明贯达叫做德。大凡道德总不希望有所壅塞，壅塞就会出现梗阻，梗阻不能排除就会出现相互践踏，相互践踏那么各种祸害就会随之而起。物类有知觉靠的是气息，假如气息不盛，那么绝不是自然禀赋的过失。自然的真性贯穿万物，日夜不停，可是人们却反而堵塞自身的孔窍。腹腔有许多空旷之处因而能容受五脏怀藏胎儿，内心虚空便会没有拘束地顺应自然而游乐。屋里没有虚空感，婆媳之间难免会有争吵不休；内心不能虚空而且游心于自然，那么六种官能就会出现纷扰。森林与山丘之所以适宜于人，也是因为心神经不起外物的干扰。

德行的外溢是由于名声，名声的外溢是由于张扬，谋略的考究是由于危急，才智的运用是由于争斗，闭塞的出现是由于执滞，官府事务处理果决是由于顺应了民众。春雨应时而降，草木勃然而生，锄地的农具开始整修，田地里杂草锄后再生超过半数，而人们往往并不知道为什么会这样。

内心沉静可以调养疾病，适度的活动按摩可以防止衰老，宁寂安定可以止息内心的急促。虽然这样，劳碌的人还要去做，而心里安闲的人不去过问。圣人之所以震惊天下，而神人却不去过问；贤人所以震惊天下，而

圣人不去过问；君子所以震惊国家，贤人不去过问；人小所以顺应时令，君子不去过问。

演门有双亲死了的人，以善于哀毁而封显官师，他的邻里人也学哀毁而死的过半。尧把天下让给许由，许由逃避；汤把天下让给务光，务光发怒投水而死；纪他听到这些事，带着弟子到窾水隐居，诸侯都去安慰他，过了三年，申徒狄因仰慕纪他而投河。

竹笼是用来捕鱼的，捕到鱼就遗忘了竹笼；兔网是用来捕兔的，捕到兔就遗忘了兔网；语言是用来表达思想意识的，掌握了思想意识就忘了语言。我到哪里去寻找遗忘语言的人来和他交谈呢！

【义理评析】

本篇的内容依旧很杂，但就其主题而言，依然是讨论养生处世，倡导顺应自然，反对多余的矫饰和做作，最终达到"虚己而忘言"的境界。

在一开篇，就申说外在事物不可能有个定准，指出世俗人追逐于利害得失之间，到头来只会精神崩溃，玄理丧尽。接着就写了庄周家贫前往借贷的故事，借以说明顺应自然、依其本性的必要。而任公子钓大鱼的故事，则巧妙地讽刺眼光短浅，好发议论的浅薄之士，比喻治理世事的人必须立志有所大成。之后在"庄子曰"、"目彻为明"段落中，庄子表明了自己的处世方法是"游于世而不僻，顺人而不失己"，以及"心有天游"的顺应自然的思想。在"德溢乎名"、"静然可以补病"等最后几个小段中，进一步阐述了"得意忘言"的忘人忘我而因顺自然的道理。

寓言第二十七

【原典欣赏】

寓言十九，重言十七，卮言日出①，和以天倪。

寓言十九，藉外论之。亲父不为其子媒。亲父誉之，不若非其父者也。非吾罪也,人之罪也。与己同则应,不与己同则反。同于己为是之,异于己为非之。

重言十七,所以已言也,是为耆艾②。年先矣,而无经纬本末以期年耆者,是非先也。人而无以先人,无人道也。人而无人道,是之谓陈人。

卮言日出,和以天倪,因以曼衍③,所以穷年。不言则齐,齐与言不齐,言与齐不齐也。故曰:"言无言。"言无言,终身言,未尝言;终身不言,未尝不言。有自也而可,有自也而不可;有自也而然,有自也而不然。恶乎然?然于然;恶乎不然?不然于不然。恶乎可?可于可;恶乎不可?不可于不可。物固有所然,物固有所可。无物不然,无物不可。非卮言日出,和以天倪,孰得其久!万物皆种也,以不同形相禅,始卒若环,莫得其伦,是谓天均。天均者,天倪也。

庄子谓惠子曰:"孔子行年六十而六十化,始时所是,卒而非之,未知今之所谓是之非五十九非也。"惠子曰:"孔子勤志服知也。"庄子曰:"孔子谢之矣,而其未之尝言。孔子云:'夫受才乎大本,复灵以生。鸣而当律,言而当法。利义陈乎前,而好恶是非直服人之口而已矣。使人乃以心服而不敢蘁④立,定天下之定。'已乎,已乎!吾且不得及彼乎!"

曾子再仕而心再化,曰:"吾及亲仕,三釜而心乐;后仕,三千钟

而不泪，吾心悲。"弟子问于仲尼曰："若参者，可谓无所县其罪乎？"曰："既已县矣！夫无所县者，可以有哀乎？彼视三釜、三千钟，如观雀蚊虻相过乎前也。"

颜成子游谓东郭子綦曰："自吾闻子之言，一年而野，二年而从，三年而通，四年而物，五年而来，六年而鬼入，七年而天成，八年而不知死、不知生，九年而大妙。"

生有为，死也。劝公，以其死也，有自也；而生阳也，无自也。而果然乎？恶乎其所适？恶乎其所不适？天有历数，地有人据，吾恶乎求之？莫知其所终，若之何其无命也？莫知其所始，若之何其有命也？有以相应也，若之何其无鬼邪？无以相应也，若之何其有鬼邪？

众罔两问于景曰⑤："若向也俯而今也仰，向也括撮而今也被发，向也坐而今也起，向也行而今也止，何也？"

景曰："搜搜也，奚稍问也！予有而不知其所以。予，蜩甲也，蛇蜕也，似之而非也。火与日，吾屯也；阴与夜，吾代也。彼，吾所以有待邪？而况乎以无有待者乎！彼来则我与之来，彼往则我与之往，彼强阳则我与之强阳。强阳者，又何以有问乎！"

阳子居南之沛，老聃西游于秦，邀于郊，至于梁而遇老子。老子中道仰天而叹曰："始以汝为可教，今不可也。"阳子居不答。

至舍，进盥漱巾栉，脱屦户外，膝行而前曰："向者弟子欲请夫子，夫子行不闲，是以不敢。今闲矣，请问其过。"

老子曰："而睢睢盱盱⑥，而谁与居？大白若辱，盛德若不足。"

阳子居蹴然变容曰："敬闻命矣！"

其往也，舍者迎将，其家公执席，妻执巾栉，舍者避席，炀者避灶。其反也，舍者与之争席矣。

【玄义注释】

①卮（zhī）言：无心而自然流露的言论。②耆艾：泛指老年人。③曼衍：发展变化。④蘁（wù）：违背，违逆。⑤罔两：影子之外的微影。⑥睢（huī）睢盱（xū）盱：形容高视阔步、骄矜自负的样子。

【白话翻译】

寓言故事占了十分之九，前辈圣哲的言论占了十分之七，随心表达、无有成见的言论天天变化更新，跟自然的变化相吻合。

占了十分之九的寓言故事，通常借助于客观事物来进行论述，就像做父亲的不便于为自己的儿子做媒。因为他夸奖自己的儿子，总不如别人来称赞显得真实可信。这并非父亲的过错，而是他人容易猜疑的过错。与自己的观点相吻合就应和，与自己的观点不吻合就反对。与自己的观点一致就予以肯定，与自己的观点不一致就予以否定。

占了十分之七的前辈圣哲的言论，通常是引述别人已经讲过的话，讲这些话的人都是年事已高的长者。一个人若年事已高，却无法具备治世的本领和通晓事理的端绪而符合长者的厚德，他就称不上是前辈长者。一个人若没有任何过人之处，也就意味着他不懂得为人处世的原则。一个人若不懂得为人处世的原则，他就会被视为迂腐无用之人。

随心表达、无有成见的言论天天变化更新，跟自然的变化相互吻合，并顺应万物而变化，故而可以持久延年、流传久远。不发表言论，事物的常理自然齐一，原本齐一的自然之理与主观的分辨事物的言论不同，就不可能等同齐一了；反过来主观的分辨事物的言论掺入原本齐一的自然之理，也就不可能等同齐一了。所以说："要说没有分辨的话。"有的人发表言论了等于什么言论都没有发表，然而他终其一生都在无休止地发表言论，事实上相当于什么言论也没能发表；有的人一生什么言论也没有发表，而事实是他什么都阐释清楚了。每种事物总是有一定的缘由才为世人所认可，也总是有一定的缘由而不为世人所认可；总是有一定的缘由为世人所肯定，也总是有一定的缘由而为世人所否定。那么，怎样才称得上是正确的？正确的就是正确的。怎样才称得上是不正确的？不正确的就是不正确的。如何予以肯定？肯定那些肯定的。如何予以否定？否定那应当否定的。万物本来就有对的，万物本来就有肯定的。没有什么事物不对，没有什么事物不可肯定。不是卮言天天讲，合于自然，还有什么能如它那样永恒持久呢！万物皆由各种变化来的，以不同的形态相代替，始终像个圆环一样，永远看不到端绪，这是所谓自然的变化。自然的变化就是自然的分际。

庄子对惠子说:"孔子活了六十岁了,而六十年来随年变化与日俱新,当初所肯定的,最终又作了否定,不知道现今所认为是对的不就是五十九岁时所认为是不对的。"惠子说:"孔子勤于励志用心学习吗?"庄子说:"孔子励志用心的精神已经大为减退,你不必再妄自评说。孔子说过:'禀受才智于自然,回复灵性以全生。发声应当合乎音律,说话应当符合礼法。如果将利与义同时陈列于人们的面前,进而分辨好恶与是非,这仅仅只能使人口服罢了。要使人们能够内心诚服,而且不敢有丝毫违逆,还得确立天下的规定。'算了,算了!我还比不上他呢!"

曾子第二次出来做官时心情又有变化,他说:"我父母双亲在世时,做官只有三釜俸禄而心情很快乐;后来做官得三千钟俸禄而不及奉养双亲,我心里却感到悲伤。"学生问孔子说:"像曾参那样,可以算是没把心悬系在俸禄上的过错了吧?"孔子说:"还是心有悬系!如要心无所悬系,会有悲哀吗?那种心无所悬系于俸禄的人看三釜、三千钟,就像看鸟雀蚊虻飞过眼前一样。"

颜成子游对东郭子綦说:"自从我听了你的谈话,一年之后就返归质朴,两年之后就顺从世俗,三年豁然贯通,四年与物混同,五年神情自得,六年灵会神悟,七年融于自然,八年就忘却生死,九年之后便达到了玄妙的境界。"

生前驰逐外物恣意妄为,必然要走向死亡。奉劝世人,生命的终结,

有它一定的原因；可是生命的产生却是感于阳气，并没有什么显明的迹象。你果真能够这样认识人的生与死吗？那么生与死何处算是适宜？又何处不算适宜呢？天有日月星辰和节气的变化，地有人们居住区域和寓所的划分，我又去哪里索求其中的道理呢？没有人能够真正懂得生命的归向与终了，怎么能说没有命运安排？没有人能够真正懂得生命的起始与形成，又怎么能说存在命运的安排？有时候可以跟外物形成相应的感召，怎么能说没有鬼神主使呢？有时候又不能跟外物形成相应的感召，又怎么能说是存在鬼神的驱遣呢？

影外的暗影问影子说："你刚才头是低下去的，而现在仰了起来；刚才束着发，而现在披散着头发；你刚才坐着的，而现在站了起来；你刚才在行走，而现在停止了脚步，这是什么原因呢？"

影子说："我是在毫无目的地活动啊，再说这样小的问题又何必来烦扰我呢！我活动而不知道这样做的原因。我，像蝉壳吗，像蛇皮吗，像是而又不是。有了火光和阳光，我就出现了；遇到阴天和黑夜，我便瞬间消

失不见了。形体，是我所依赖的吗？何况那无有依赖的东西呢！形体来我就随它来，形体去我就随它去，形体运动不止我就随它运动不止。我不过是个活动的影子，又有什么询问的必要呢！"

阳子居前往南边的沛地，老聃到西边的秦地闲游，二人约在沛地的郊外见面，可到了梁城才得以相见。老子在半路上仰天长叹说："当初我把你看做是可以教诲的人，如今看来你是不可受教的。"阳子居一句话也没说。

到了旅店，阳子居为老聃送去各种盥洗用具，把鞋子脱在门外，双膝跪地前行到老聃面前说："刚才我就想请教您，可不巧您匆匆赶路没有空闲，所以不敢贸然启齿。如今先生闲暇下来，恳请先生指出我的过错。"

老聃说："你昂首阔步，神态傲慢，谁还愿意与你相处呢？品质越是洁白无瑕，越是要警惕身上可能存在的污点，德行越是高尚越要发现自己的不足之处。"

阳子居听了脸色大变，羞惭不安地说："我由衷地接受您的教诲。"

阳子居刚来旅店的时候，店里的客人都得迎来送往，那个旅舍的男主人亲自为他安排坐席，女主人侍候他盥洗，旅客们见了他都得让出座位，烤火的人见了也就远离火边以表敬意。等到他离开旅店的时候，旅店的客人已经跟他无拘无束，争席而坐了。

【义理评析】

《寓言》一篇的篇名来自篇首的两个字。同时，"寓言"也是庄子在这一篇中重点论述的内容。在一开篇，庄子就说了，所谓寓言，就是寄寓的言论，就是假托他人之言来阐发自己的想法。常假托于故事人物，巧妙地利用寓言来阐述道家的治学智慧，正是《庄子》一书的一大语言特色。

全文大体分成六个部分，第一部分开头至"天均者，天倪也"，庄子把言论分成寓言、重言和卮言三种。其中只有无言之言的"卮言"才是符合自然的。只有卮言才有自然之理，才有万物齐一。第二部分至"吾且不得及彼乎"，评说孔子不再励志用心，指出言论不过是些表面的东西，并不能真正使人心悦诚服。第三部分至"如观雀蚊虻相过乎前也"，写曾参两次做官心情不一样，但都不能做到心无牵挂，所以还是不能摆脱外物的拘系。第四部分至"若之何其有鬼邪",表述体悟大道的过程,指出这其间最为重要的是忘却死生。第五部分至"强阳者又何以有问乎",写影外微阴问影子变化不定的故事,指出无所依恃才能随心而动。第六部分,说的是老子对阳子居的批评以及阳子居的悔改之意,借此说明谦虚平和,胸纳万物,才能达到修身养性的目的。

让王第二十八

【原典欣赏】

尧以天下让许由,许由不受。又让于子州支父,子州支父曰:"以我为天子,犹之可也。虽然,我适有幽忧之病,方且治之,未暇治天下也。"夫天下至重也,而不以害其生,又况他物乎!唯无以天下为者,可以托天下也。舜让天下于子州支伯。子州支伯曰:"予适有幽忧之病,方且治之,未暇治天下也。"故天下大器也,而不以易生,此有道者之所以异乎俗者也。舜以天下让善卷,善卷曰:"余立于宇宙之中,冬日衣皮毛,夏日衣葛绨;春耕种,形足以劳动;秋收敛,身足以休食;日出而作,日入而息,逍遥于天地之间而心意自得。吾何以天下为哉!悲夫,子之不知余也!"遂不受。于是去而入深山,莫知其处。舜以天下让其友石户之农,石户之农曰:"捲捲乎后之为人,葆力之士也①!"以舜之德为未至也,于是夫负妻戴,携子以入于海,终身不反也。

大王亶父居邠②,狄人攻之。事之以皮帛而不受,事之以犬马而不受,事之以珠玉而不受,狄人之所求者土地也。大王亶父曰:"与人之兄居而杀其弟,与人之父居而杀其子,吾不忍也。子皆勉居矣!为吾臣与为狄人臣奚以异!且吾闻之,不以所用养害所养。"因杖筴而去之。民相连而从之,遂成国于岐山之下。夫大王亶父,可谓能尊生矣。能尊生者,虽贵富不以养伤身,虽贫贱不以利累形。今世之人居高官尊爵者,皆重失之,见利轻亡其身,岂不惑哉!

越人三世弑其君，王子搜患之，逃乎丹穴[3]。而越国无君，求王子搜不得，从之丹穴。王子搜不肯出，越人熏之以艾。乘以王舆。王子搜援绥登车，仰天而呼曰："君乎！君乎！独不可以舍我乎！"王子搜非恶为君也，恶为君之患也。若王子搜者，可谓不以国伤生矣，此固越人之所欲得为君也。

韩魏相与争侵地。子华子见昭僖侯，昭僖侯有忧色。子华子曰："今使天下书铭于君之前，书之言曰：'左手攫之则右手废，右手攫之则左手废。然而攫之者必有天下。'君能攫之乎？"昭僖侯曰："寡人不攫也。"子华子曰："甚善！自是观之，两臂重于天下也，身亦重于两臂。韩之轻于天下亦远矣，今之所争者，其轻于韩又远。君固愁身伤生以忧戚不得也！"僖侯曰："善哉！教寡人者众矣，未尝得闻此言也。"子华子可谓知轻重矣。

鲁君闻颜阖得道之人也，使人以币先焉。颜阖守陋闾，苴布之衣，而自饭牛。鲁君之使者至，颜阖自对之。使者曰："此颜阖之家与？"颜阖对曰："此阖之家也。"使者致币。颜阖对曰："恐听谬而遗使者罪，不若审之。"使者还，反审之，复来求之，则不得已！故若颜阖者，真恶富贵也。故曰，道之真以治身，其绪余以为国家，其土苴以治天下[4]。由此观之，帝王之功，圣人之余事也，非所以完身养生也。今世俗之君子，多危身弃生以殉物，岂不悲哉！凡圣人之动作也，必察其所以之与其所以为。今且有人于此，以随侯之珠，弹千仞之雀，世必笑之。是何也？则其所用者重而所要者轻也。夫生者，岂特随侯之重哉！

子列子穷，容貌有饥色。客有言之于郑子阳者曰："列御寇，盖有道之士也，居君之国而穷，君无乃为不好士乎？"郑子阳即令官遗之粟。子列子见使者，再拜而辞。使者去，子列子入，其妻望之而拊心曰："妾闻为有道者之妻子，皆得佚乐，今有饥色。君过而遗先生食，先生不受，岂不命邪！"子列子笑谓之曰："君非自知我也。以人之言而遗我粟，至其罪我也又且以人之言，此吾所以不受也。"其卒，民果作难而杀子阳。

楚昭王失国，屠羊说走而从于昭王。昭王反国，将赏从者，及屠羊说。屠羊说曰："大王失国，说失屠羊。大王反国，说亦反屠羊。臣之爵禄已复矣，又何赏之有。"王曰："强之。"屠羊说曰："大王失国，非臣之

罪，故不敢伏其诛；大王反国，非臣之功，故不敢当其赏。"王曰："见之。"屠羊说曰："楚国之法，必有重赏大功而后得见。今臣之知不足以存国，而勇不足以死寇。吴军入郢，说畏难而避寇，非故随大王也。今大王欲废法毁约而见说，此非臣之所以闻于天下也。"王谓司马子綦曰："屠羊说居处卑贱而陈义甚高，子綦为我延之以三旌之位。"屠羊说曰："夫三旌之位，吾知其贵于屠羊之肆也；万钟之禄，吾知其富于屠羊之利也。然岂可以贪爵禄而使吾君有妄施之名乎？说不敢当，愿复反吾屠羊之肆。"遂不受也。

原宪居鲁，环堵之室，茨以生草⑤；蓬户不完，桑以为枢；而瓮牖二室，褐以为塞；上漏下湿，匡坐而弦歌。子贡乘大马，中绀而表素⑥，轩车不容巷，往见原宪。原宪华冠縰履，杖藜而应门。子贡曰："嘻！先生何病？"原宪应之曰："宪闻之，无财谓之贫，学而不能行谓之病。今宪，贫也，非病也。"子贡逡巡而有愧色。原宪笑曰："夫希世而行，比周而友，学以为人，教以为己，仁义之慝⑦，舆马之饰，宪不忍为也。"

曾子居卫，缊袍无表，颜色

肿哙⑧，手足胼胝。三日不举火，十年不制衣，正冠而缨绝，捉衿而肘见，纳屦而踵决。曳𦅪而歌《商颂》⑨，声满天地，若出金石。天子不得臣，诸侯不得友。故养志者忘形，养形者忘利，致道者忘心矣。

孔子谓颜回曰："回，来！家贫居卑，胡不仕乎？"颜回对曰："不愿仕。回有郭外之田五十亩，足以给饘粥⑩；郭内之田十亩，足以为丝麻；鼓琴足以自娱，所学夫子之道者足以自乐也。回不愿仕。"孔子愀然变容曰："善哉，回之意！丘闻之：'知足者不以利自累也，审自得者失之而不惧，行修于内者无位而不怍。'丘诵之久矣，今于回而后见之，是丘之得也。"

中山公子牟谓瞻子曰："身在江海之上，心居乎魏阙之下，奈何？"瞻子曰："重生。重生则利轻。"中山公子牟曰："虽知之，未能自胜也。"瞻子曰："不能自胜则从，神无恶乎？不能自胜而强不从者，此之谓重伤。重伤之人，无寿类矣。"魏牟，万乘之公子也，其隐岩穴也，难为于布衣之士；虽未至乎道，可谓有其意矣！

孔子穷于陈蔡之间，七日不火食，藜羹不糁，颜色甚惫，而弦歌于室。颜回择菜于外，子路、子贡相与言曰："夫子再逐于鲁，削迹于卫，伐树于宋，穷于商周，围于陈蔡，杀夫子者无罪，藉夫子者无禁。弦歌鼓琴，未尝绝音，君子之无耻也若此乎？"颜回无以应，入告孔子。孔子推琴，喟然而叹曰："由与赐，细人也。召而来，吾语之。"子路、子贡入。子路曰："如此者，可谓穷矣！"孔子曰："是何言也！君子通于道之谓通，穷于道之谓穷。今丘抱仁义之道以遭乱世之患，其何穷之为！故内省而不穷于道，临难而不失其德。大寒既至，霜雪既降，吾是以知松柏之茂也。陈蔡之隘，于丘其幸乎！"孔子削然反琴而弦歌，子路扢然执干而舞。子贡曰："吾不知天之高也，地之下也。"古之得道者，穷亦乐，通亦乐，所乐非穷通也，道德于此，则穷通为寒暑风雨之序矣。故许由娱于颍阳，而共伯得乎共首。

舜以天下让其友北人无择，北人无择曰："异哉后之为人也，居于畎亩之中，而游尧之门。不若是而已，又欲以其辱行漫我。吾羞见之。"因自投清泠之渊。

汤将伐桀，因卞随而谋，卞随曰："非吾事也。"汤曰："孰可？"曰：

"吾不知也。"汤又因瞀光而谋，瞀光曰："非吾事也。"汤曰："孰可？"曰："吾不知也。"汤曰："伊尹如何？"曰："强力忍垢，吾不知其他也。"汤遂与伊尹谋伐桀，剋之，以让卞随。卞随辞曰："后之伐桀也谋乎我，必以我为贼也；胜桀而让我，必以我为贪也。吾生乎乱世，而无道之人再来漫我以其辱行，吾不忍数闻也。"乃自投椆水而死⑪。汤又让瞀光，曰："知者谋之，武者遂之，仁者居之，古之道也。吾子胡不立乎？"瞀光辞曰："废上，非义也；杀民，非仁也；人犯其难，我享其利，非廉也。吾闻之曰：'非其义者，不受其禄；无道之世，不践其土。'况尊我乎！吾不忍久见也。"乃负石而自沈于庐水。

昔周之兴，有士二人处于孤竹，曰伯夷、叔齐。二人相谓曰："吾闻西方有人，似有道者，试往观焉。"至于岐阳，武王闻之，使叔旦往见之，与之盟曰："加富二等，就官一列。"血牲而埋之。二人相视而笑，曰："嘻，异哉！此非吾所谓道也。昔者神农之有天下也，时祀尽敬而不祈喜；其于人也，忠信尽治而无求焉。乐与政为政，乐与治为治，不以人之坏自成也，不以人之卑自高也，不以遭时自利也。今周见殷之乱而遽为政，上谋而行货，阻兵而保威，割牲而盟以为信，扬行以说众，杀伐以要利，是推乱以易暴也。吾闻古之士，遭治世不避其任，遇乱世不为苟存。今天下闇，周德衰，其并乎周以涂吾身也，不如避之，以絜吾行。"二子北至于首阳之山，遂饿而死焉。若伯夷、叔齐者，其于富贵也，苟可得已，则必不赖。高节戾行，独乐其志，不事于世，此二士之节也。

【玄义注释】

①葆（bǎo）：勤劳用力。②邠（bīn）：地名，在今陕西岐山县东北。③丹穴：山洞的名称。④土苴（jū）：糟粕。⑤茨：用茅或苇覆盖房子。⑥中绀（gàn）：内穿青红色衣服。⑦慝（tè）：邪恶，奸恶。⑧肿哙：浮肿。⑨曳縰：拖拉着破鞋。⑩飦（zhān）粥：粘粥，稠粥。⑪椆水：即桐水，河流名，在颍川。

【白话翻译】

尧要把天下让给许由，许由不接受。又让给子州支父，子州支父说：

"让我做天子,还可以。虽然如此,但我正有隐忧之患,刚要治疗它,没有闲暇时间去治理天下。"天下的地位最贵重,而不以这种地位危害本性,何况是其他的事物呢!只有不把治理天下当做一回事的人,才可以把天下委托给他。舜要把天下让给子州支伯。子州支伯说:"我正有隐忧之患,刚要治疗它,没有闲暇时间去治理天下。"像天下这样最贵重的大器物,而不以本性来换取它,这是有道的人和世俗之人的根本不同。舜要把天下让给善卷,善卷说:"我站在宇宙之中,冬天穿皮毛,夏天穿细布;春天耕田种地,身体足可以负担这种劳动;秋天收获,足可以休养安食;太阳出来去劳动,太阳落了就休息,逍遥自在于天地之间而心情悠然自得。我何必去治理天下呢!可悲啊,你是不了解我的!"便没有接受。于是离开故居而进入深山,没有人知道他的去处。舜要把天下让给他的朋友,一位在石户的农民,石户的农民说:"真勤苦的国君,是个保持勤劳的人!"他认为舜的德还没达到最高的境界,于是丈夫背着东西,妻子顶着东西,携带子女隐居大海的岛上,终身没有返回。

　　大王亶父居住在邠地,狄人常来侵扰。他敬献兽皮和布帛给狄人,狄人不愿意接受;敬献猎犬和宝马,狄人也不愿意接受;敬献珠宝和玉器,狄人仍不愿意接受,狄人所希望得到的是占有邠地的土地。大王亶父说:"跟别人的兄长

住在一起却杀死他的弟弟，跟别人的父亲住在一起却杀死他的子女，我不忍心这样做。你们都去和狄人勉力居住在一块儿吧！做我的臣民跟做狄人的臣民有什么不同！而且我还听说，不要为争夺用以养生的土地而伤害养育的人民。"于是拄着拐杖离开了邠地。邠地的百姓人连着人、车连着车跟随他，于是在岐山之下建立起一个新的国家。大王亶父，可以说是最能看重生命的了。能够珍视生命的人，即使富贵也不会贪恋俸养而伤害身体，即使贫贱同样也不会追逐私利而拘累形躯。当今世上的人们居于高官显位的，都时时担忧失去它们，见到利禄就轻率地为之抛弃了自己的性命，这难道不是很糊涂吗！

越人的国君有三代相继被越人杀害，王子搜忧患此事，逃到丹穴中。越国没有国君，寻找王子搜没有找到，一直找到丹穴。王子搜不肯出来，越人用艾蒿烟熏丹穴让他出洞，让他乘坐玉辇。王子搜攀着拉手上车，仰天呼号说："王位呀！王位呀！难道不肯放过我吗！"王子搜并不是厌恶做国君，而是厌恶做国君的祸患。像王子搜这样的人，可以说是不以国君的地位伤害生命了，这正是越人想要让他做国君的原因。

韩国和魏国相互争夺边界上的土地。子华子拜见昭僖侯，昭僖侯正面带忧色。子华子说："如今让天下所有人都来到你面前书写铭记，书写的言辞说：'左手抓到这个契约那么就砍掉右手，右手抓到这个契约那么就砍掉左手，不过抓到这个契约的人一定会拥有天下。'君侯会抓取吗？"昭僖侯说："我是不会去抓取的。"子华子说："很好！由此观之，两只手臂比天下更为重要，而人的自身又比两只手臂重要。韩国比起整个天下实在是微不足道的了，如今两国所争夺的土地，比起韩国来又更是微不足道的了。你又何苦愁坏身体、损害生命而担忧得不到那边界上的弹丸之地呢！"昭僖侯说："说得好啊！劝我的人很多很多了，却不曾听到过如此高明的言论。"子华子真可说是懂得谁轻谁重的了。

鲁国国君听说颜阖是得道的人，派人带着币帛去致意。颜阖住在简陋的巷子里，穿着粗麻布的衣裳自己在喂牛。鲁君的使者来了，颜阖亲自接待他。使者说："这是颜阖的家吗？"颜阖回答说："这是颜阖的家。"使者送上币帛。颜阖回复说："恐怕听错了而给你带来罪过，不如回去把鲁君命令再审核个明白。"使者回去，反复核实，再来找他，却找不到了。所以像颜阖这样的人，才真是厌恶富贵的人。所以说，道的精髓可以用来修身，它的残余可以用来治国，它的糟粕可以用来平天下。由此可见，帝王的功业，是圣人的余事，并不是用来全身养生的。现在世俗的君子，多是危害身体抛弃生命以追求物欲，难道不可悲吗！凡是圣人的行动和作为，一定要观察它所追求的目的和之所以这样做的原因。现在如果有这样一个人，用随侯的珍珠做弹丸去射千仞高的雀鸟，世人一定会嘲笑他。这是为什么呢？这是因为他所用的是贵重的东西而要求取的则是非常轻贱的东西。生命这东西，怎么能赶不上随侯的珍珠贵重呢！

　　列子生活贫困，面容常有饥色。有人对郑国的相国子阳说起这件事："列御寇，是一位有道的人，居住在你治理的国家却是如此贫困，你恐怕不喜欢贤达的士人吧？"子阳立即派官吏送给列子米粟。列子见到派来的官吏，再三辞谢不接受子阳的赐予。官吏离去后，列子进到屋里，列子的妻子埋怨他并且拍着胸脯伤心地说："我听说作为有道的人的妻子儿女，都能够享尽逸乐，可是如今我们却面有饥色。郑相子阳瞧得起先生方才会把食物赠送给先生，可是先生却拒不接受，这难道不是命里注定要忍饥挨饿吗！"列子笑着对她说："郑相子阳并非了解我。他因为别人的谈论而派人赠与我米粟，等到他想加罪于我时必定仍会凭借别人的谈论，这就是我不愿接受他赠与的原因。"后来，百姓果真发难而杀死了子阳。

　　楚昭王逃离国土，屠羊说也跟着昭王逃亡。楚昭王返回国土，要赏赐跟随他逃亡的人，赏到屠羊说时，屠羊说说："大王丧失国土，我丧失了宰羊的工作。大王返回国家，我也回来宰羊。我宰羊的爵禄已经恢复了，又有什么好赏赐的呢。"昭王说："强令赏他。"屠羊说说："大王逃离国土，不是我的罪过，所以

不敢伏案就杀；大王返回国家，也不是我的功劳，所以不敢受赏。"昭王说："我要见他。"屠羊说曰："楚国的法令规定，必有重赏大功的人而后才得接见。现在我的智慧不足以保存国家而勇敢不足以战死敌寇。吴国的军队侵入郢都时，我畏惧危难而逃避敌寇，并不是有意追随大王。现在大王要不顾楚国约法的规定而接见我，这不是我所愿传闻天下的事。"昭王对司马子綦说："屠羊说身处地位卑贱而陈说义理很高明，你为我请他任三公的职位。"屠羊说说："三公的职位，我知道它贵于屠羊的职业；万钟的俸爵，我知道它富于屠羊的利益。但是我怎么可以贪图爵禄而使我的君主有行赏不当的名声呢？我不敢接受这高官厚禄，还是愿意返回到我宰羊的地方。"终于没有接受奖赏。

原宪住在鲁国，家居方丈小屋，房顶盖着新割下的茅草；蓬草编成的门四处透亮，用桑树枝做门的转轴；用破瓮做窗隔出两个居室，再将粗布衣堵在破瓮口上；屋子上漏下湿，而原宪却端端正正地坐着弹琴唱歌。子贡驾着高头大马拉的车子，穿着暗红色的内衣外罩素雅的大褂，小小的巷子容不下这高大华贵的马车。子贡只得走路前去看望原宪。原宪戴着裂开口子的帽子穿着破了后跟的鞋，挂着藜杖应声开门。子贡说："哎呀！先生为什么如此困乏？"原宪回答："我听说，没有财物叫做贫，学习了却不能付诸实践叫做困乏。如今我原宪，是贫困，而不是困乏。"子贡听了退后数步，面有羞愧之色。原宪又笑着说："迎合世俗而行事，比附周旋而交朋结友，勤奋学习用以求取别人的夸赞，注重教诲是为了炫耀自己，用仁义作为奸恶勾当的掩护，讲求高车大马的华贵装饰，我原宪是不愿去做的。"

曾子住在卫国，絮衣破烂，面色浮肿，手脚都磨出老茧。三天做不上一顿饭，十年不做一件衣，整理帽子而帽缨断绝，提起领子而袖裂露，穿着麻鞋而后跟裂开。趿拉着破鞋而唱《商颂》，声音洪亮满天地，像出自金石乐器那样清脆。天子不能使他为臣子，诸侯不能和他交朋友。所以养志的人忘了形体，养形的人忘了利禄，求道的人忘了心机了。

孔子对颜回说："颜回，你过来！你家境贫寒居处卑微，为什么不外出做官呢？"颜回回答说："我无心做官。城郭之外我有五十亩地，足以供给我食粮；城郭之内我有十亩地，足够用来种麻养蚕；拨动琴弦足以使我欢娱，学习先生所教给的道理足以使我快乐。因此我不愿做官。"孔子听了深受感动改变面容说："颜回的心态很好啊！我听说：'知道满足的人不会因为利禄而使自己受到拘累，真正安闲自得的人明知失去了什么也不会畏缩焦虑，注意内心修养的人没有什么官职也不会因此惭愧。'我吟咏这样的话已经很久很久了，如今在你身上才算真正看到了它，这也是我的收获。"

中山公子魏牟对瞻子说："身在江湖之中，而心念念不忘朝廷，怎么办呢？"瞻子说："重视生命。重视生命就轻视利禄。"中山公子魏牟说："虽然明白这个道理，但是不能克制自己。"瞻子说："不能自己克制就任从去做，精神上就不会产生苦恼？不能克制自己而勉强不任从做事的人，这就叫受双重伤害。受双重伤害的人，他不可能长寿。"魏牟是万乘大国的公子，他能够隐居岩穴，比平民更为困难；虽然没有达到得道的境界，可以说有了得道的心意了！

孔子在陈、蔡之间遭受困厄，七天不能生火做饭，野菜汤里没有一粒米屑，脸色疲惫，可是还在屋里不停地弹琴唱歌。颜回在室外择菜，子路和子贡相互谈论："先生两次被赶出鲁国，在卫国被禁止居留遭受铲削足迹的侮辱，在宋国受到砍掉大树的羞辱，在商、周后裔居住的地方弄得走投无路，如今在陈、蔡之间又陷入如此困厄的境地，图谋杀害先生的没有被治罪，凌辱先生的没有被禁阻。可是先生还不停地弹琴吟唱，不曾中断过乐声，君子不懂得羞辱竟达到这样的地步吗？"颜回在旁没有应声，进屋告诉孔子。孔子推开琴，喟声叹气地说："子路和子贡，都是见识浅的人。叫他们进来，我有话告诉他们。"子路、子贡进入。子路说："像现在这样，可以说是穷困了！"孔子说："这是什么话！君子能通达道理的叫做通，不通达道理的才叫做穷。现在我孔丘坚守仁义的道理而遭到乱世的祸患，怎能说是穷困呢！所以，自我反省不是穷困于道，而是面临灾难不失掉自己的德行。正如寒天来到，霜雪降落，我这才知道松柏树的茂盛。陈、蔡被围困的危险，对我孔丘来说正是自己的幸运啊！"孔子又安然地继续弹琴唱歌，子路兴奋地手拿盾牌跳起舞来。子贡说："我真是不知天高，也不知道地深。"古时得道的人，穷困时快乐，通达也快乐，所欢乐的原因并不是穷困通达，明白了这种道理，就会把穷困通达看成像寒暑风雨的相继变化一样自然。所以许由能自娱于颍水之上，而共伯可自得于共丘山之下。

心如澄澈秋水，身如不系之舟

舜把天下让给他的朋友北人无择，北人无择说："奇怪啊国君的为人，处于田亩之中，却接受了尧的禅让。不就是如此而已，还要用他的耻辱行为来玷污于我。我见到他感到羞耻。"于是跳入名叫清泠的深渊而死去。

商汤打算讨伐夏桀，拿这事跟卞随商量，卞随说："这不是我该做的事。"商汤问："谁才可以呢？"卞随回答："我不知道。"商汤又拿这件事跟瞀光商量，瞀光说："这不是我该做的事。"商汤问："谁才可以呢？"瞀光回答："我不知道。"商汤说："伊尹怎么样？"瞀光说："伊尹这个人意志坚强而且能够忍受耻辱，至于其他方面我便不知道了。"商汤于是跟伊尹商量讨伐夏桀的事，打败桀王之后，商汤又想把天下让给卞随。卞随推辞说："君王讨伐夏桀曾经跟我商量，必定是把我看做凶残的人；战胜桀王之后想要禅让天下给我，必定是把我看做贪婪的人。我生活在天下大乱的年代，而且不明大道的人两次用他的丑行玷污我，我不能忍受听到如此频繁污辱我的话。"就自己跳入稠水而死去。商汤又让位给瞀光，说："有智慧

的人策谋之，武勇的人完成之，仁义的人来就位，这是自古以来的道理。你为什么不即位呢？"瞀光推辞说："废黜君上，不是义；杀害人民，不是仁；别人犯难，我享其利，不是廉。我听说：'不合于义的，不接受它的利禄；无道的社会，不踏它的土地。'何况是把我尊奉君位呢！我不忍心长久地目睹这种情况。"于是背负石头而自沉于庐水。

当年周朝兴起的时候，孤竹有两位贤人，名叫伯夷和叔齐。两人相互商量："听说西方有个人，好像是有道的人，我们前去看看。"他们来到岐山的南面，周武王知道了，派他的弟弟旦前去拜见，并且跟他们结下誓盟，说："增加俸禄二等，授予一等官职。"然后用牲血涂抹在盟书上埋入盟坛下。二人相视而笑，说："咦，奇怪啊！这不是我们所说的道。从前神农氏治理天下时，四时祭祀竭尽诚敬而不求福；对于民众，以忠信尽心治理而没有什么祈求。乐于正的人就同他同正，乐于治的人就同他同治，不以别人的失败来显示自己的成功，不以别人卑下而抬高自己，不以逢好时运而谋图私利。现在周朝看到殷朝的混乱而急速夺取政权，崇尚计谋用爵禄收买人心，专靠武力而保持威势，杀牺牲立盟作为信誓，宣扬自己的美行哗众取宠，屠杀攻伐来追求利益，这是推行乱政来代替暴政。我们听说古代的贤士，时逢治世不逃避自己的责任，时遇乱世不苟且偷生。现在天下昏暗，周德衰败，与其和周朝并存玷污我们，不如避开它，以洁净我们的德行。"二人向北到首阳山，便饿死在那里。像伯夷、叔齐这样的人，对于富贵，即使可以得到，那么也一定不去获取。而表现高尚的气节和不平凡的行为，独乐自己的志向，不用于世事，这就是二位贤士的节操。

【义理评析】

"让王"，辞让王位。在庄子看来，功名利禄不可贪，王位可以让，这种养生悟道的至高境界全在于个体对生命的认识和理解。

全篇宗旨在于阐明"轻外物，重养生"的思想。在"尧以天下让许由"至"韩魏相与争侵地"诸段中，写许由、子州支父、子州之伯、善卷和石户之农不愿接受禅让的故事，庄子着重阐述了重生的思想。在"鲁君闻颜阖得道之人也"至"楚昭王失国"诸段中，庄子认为富贵名利是一个人颐养天年的最大羁绊，只有弃权势，舍利禄，才能达到重生和养生的目的。在"原宪居鲁"至"孔子穷于陈蔡之间"诸段中,着重阐述养志忘形,养形忘利,致道忘心的思想。在"舜以天下让其友北人无择"至"昔周之兴"几段中,庄子对几位隐士和贤者鄙视地位权势而轻利忘身的做法表示了肯定和赞扬之情。

盗跖第二十九

【原典欣赏】

孔子与柳下季为友,柳下季之弟名曰盗跖①。盗跖从卒九千人,横行天下,侵暴诸侯,穴室枢户,驱人牛马,取人妇女,贪得忘亲,不顾父母兄弟,不祭先祖。所过之邑,大国守城,小国入保,万民苦之。孔子谓柳下季曰:"夫为人父者,必能诏其子;为人兄者,必能教其弟。若父不能诏其子,兄不能教其弟,别无贵父子兄弟之亲矣。今先生,世之才士也,弟为盗跖,为天下害,而弗能教也,丘窃为先生羞之。丘请为先生往说之。"柳下季曰:"先生言为人父者必能诏其子,为人兄者必能教其弟,若子不听父之诏,弟不受兄之教,虽今先生之辩,将奈之何哉?且跖之为人也,心如涌泉,意如飘风,强足以距敌,辩足以饰非,顺其心则喜,逆其心则怒,易辱人以言。先生必无往。"孔子不听,颜回为驭,子贡为右,往见盗跖。

盗跖乃方休卒徒大山之阳,脍人肝而铺之②。孔子下车而前,见谒者曰:"鲁人孔丘,闻将军高义,敬再拜谒者。"谒者入通。盗跖闻之大怒,目如明星,发上指冠,曰:"此夫鲁国之巧伪人孔丘非邪?为我告之:'尔作言造语,妄称文、武,冠枝木之冠,带死牛之胁,多辞缪说,不耕而食,不织而衣,摇唇鼓舌,擅生是非,以迷天下之主,使天下学士不反其本,妄作孝弟,而侥幸于封侯富贵者也。子之罪大极重,疾走归!不然,我将以子肝益昼铺之膳。'"

孔子复通曰:"丘得幸子季,愿望履幕下。"谒者复通。盗跖曰:"使来前！"孔子趋而进，避席反走，再拜盗跖。盗跖大怒，两展其足，案剑瞋目，声如乳虎，曰："丘来前！若所言顺吾意则生，逆吾心则死。"孔子曰："丘闻之，凡天下有三德：生而长大，美好无双，少长贵贱见而皆说之，此上德也；知维天地，能辩诸物，此中德也；勇悍果敢，聚众率兵，此下德也。凡人有此一德者，足以南面称孤矣。今将军兼此三者，身长八尺二寸，面目有光，唇如激丹，齿如齐贝，音中黄钟，而名曰盗跖，丘窃为将军耻不取焉。将军有意听臣，臣请南使吴越，北使齐鲁，东使宋卫，西使晋楚，使为将军造大城数百里，立数十万户之邑，尊将军为诸侯，与天下更始，罢兵休卒，收养昆弟，共祭先祖。此圣人才士之行，而天下之愿也。"

盗跖大怒曰："丘来前！夫可规以利而可谏以言者，皆愚陋恒民之谓耳。今长大美好，人见而悦之者，此吾父母之遗德也。丘虽不吾誉，吾独不自知邪？且吾闻之，好面誉人者，亦好背而毁之。今丘告我以大城众民，是欲规我以利，而恒民畜我也，安可久长也！城之大者，莫大乎天下矣。尧、舜有天下，子孙无置锥之地；汤、武立为天子，而后世绝灭；非以其利大故邪？且吾闻之，古者禽兽多而人少，于是民皆巢居以避之，昼拾橡栗，暮栖木上，故命之曰'有巢氏之民'。古者民不知衣服，夏多积薪，冬则炀之，故命之曰'知生之民'。神农之世，卧则居居，起则于于，民知其母，不知其父，与麋鹿共处，耕而食，织而衣，无有相害之心，此至德之隆也。然而黄帝不能致德，与蚩尤战于涿鹿之野，流血百里。尧、舜作，立群臣，汤放其主，武王杀纣。自是以后，以强凌弱，以众暴寡。汤、武以来，皆乱人之徒也。

"今子修文、武之道，掌天下之

辩，以教后世，缝衣浅带，矫言伪行，以迷惑天下之主，而欲求富贵焉，盗莫大于子。天下何故不谓子为盗丘，而乃谓我为盗跖？子以甘辞说子路而使从之，使子路去其危冠，解其长剑，而受教于子，天下皆曰'孔丘能止暴禁非'。其卒之也，子路欲杀卫君而事不成，身菹于卫东门之上③，是子教之不至也。子自谓才士圣人邪？则再逐于鲁，削迹于卫，穷于齐，围于陈、蔡，不容身于天下。子教子路菹此患，上无以为身，下无以为人，子之道岂足贵邪？世之所高，莫若黄帝，黄帝尚不能全德，而战涿鹿之野，流血百里。尧不慈，舜不孝，禹偏枯，汤放其主，武王伐纣，文王拘羑里。此六子者，世之所高也，孰论之，皆以利惑其真而强反其情性，其行乃甚可羞也。

"世之所谓贤士：伯夷、叔齐。伯夷、叔齐辞孤竹之君，而饿死于首阳之山，骨肉不葬。鲍焦饰行非世，抱木而死。申徒狄谏而不听，负石自投于河，为鱼鳖所食。介子推至忠也，自割其股以食文公，文公后背之，子推怒而去，抱木而燔死。尾生与女子期于梁下，女子不来，水至不去，抱梁柱而死。此六子者，无异于磔犬流豕操瓢而乞者④，皆离名轻死，不念本养寿命者也。世之所谓忠臣者，莫若王子比干、伍子胥。子胥沈江，比干剖心，此二子者，世谓忠臣也，然卒为天下笑。自上观之，至于子胥、比干，皆不足贵也。丘之所以说我者，若告我以鬼事，则我不能知也；若告我以人事者，不过此矣，皆吾所闻知也。今吾告子以人之情，目欲视色，耳欲听声，口欲察味，志气欲盈。人上寿百岁，中寿八十，下寿六十，除病瘦死丧忧患，其中开口而笑者，一月之中不过四五日而已矣。

天与地无穷，人死者有时，操有时之具而托于无穷之间，忽然无异骐骥之驰过隙也。不能说其志意，养其寿命者，皆非通道者也。丘之所言，皆吾之所弃也，亟去走归，无复言之！子之道，狂狂汲汲，诈巧虚伪事也，非可以全真也，奚足论哉！"

孔子再拜趋走，出门上车，执辔三失，目芒然无见，色若死灰，据轼低头，不能出气。归到鲁东门外，适遇柳下季。柳下季曰："今者阙然数日不见，车马有行色，得微往见跖邪？"孔子仰天而叹曰："然！"柳下季曰："跖得无逆汝意若前乎？"孔子曰："然。丘所谓无病而自灸也，疾走料虎头，编虎须，几不免虎口哉！"

子张问于满苟得曰："盍不为行？无行则不信，不信则不任，不任则不利。故观之名，计之利，而义真是也。若弃名利，反之于心，则夫士之为行，不可一日不为乎！"满苟得曰："无耻者富，多信者显。夫名利之大者，几在无耻而信。故观之名，计之利，而信真是也。若弃名利，反之于心，则夫士之为行，抱其天乎！"子张曰："昔者桀、纣贵为天子，富有天下，今谓臧聚曰：'汝行如桀、纣。'则有怍色，有不服之心者，小人所贱也。仲尼、墨翟，穷为匹夫，今谓宰相曰：'子行如仲尼、墨翟。'则变容易色称不足者，士诚贵也。故势为天子，未必贵也；穷为匹夫，未必贱也；贵贱之分，在行之美恶。"满苟得曰："小盗者拘，大盗者为诸侯，诸侯之门，义士存焉。昔者桓公小白杀兄入嫂，而管仲为臣；田成子常杀君窃国，而孔子受币。论则贱之，行则下之，则是言行之情悖战于胸中也，不亦拂乎！故书曰：'孰恶孰美？成者为首，不成者为尾。'"

子张曰："子不为行，即将疏戚无伦，贵贱无义，长幼无序，五纪六位，将何以为别乎？"满苟得曰："尧杀长子，舜流母弟，疏戚有伦乎？汤放桀，武王杀纣，贵贱有义乎？王季为适，周公杀兄，长幼有序乎？儒者伪辞，墨者兼爱，五纪六位将有别乎？且子正为名，我正为利。名利之实，不顺于理，不监于道。吾日与子讼于无约，曰：'小人殉财，君子殉名。其所以变其情、易其性则异矣；乃至于弃其所为而殉其所不为则一也。'故曰，无为小人，反殉而天；无为君子，从天之理。若枉若直，相而天极。面观四方，与时消息。若是若非，执而圆机。独成而意，与道徘徊。无转而行，无成而义，将失而所为。无赴而富，无殉而成，将弃而天。比干剖心，子胥抉眼⑤，忠之祸也；直躬证父，尾生溺死，信之患也；鲍子立干，申子不自理，廉之害也；孔子不见母，匡子不见父，义之失也。此上世之所传，下世之所语，以为士者正其言，必其行，故服其殃，离其患也。"

无足问于知和曰："人卒未有不兴名就利者。彼富则人归之，归则下之，下则贵之。夫见下贵者，所以长生安体乐意之道也。今子独无意焉，知不足邪？意知而力不能行邪？故推正不忘邪？"知和曰："今夫此人，以为与己同时而生，同乡而处者，以为夫绝俗过世之士焉；是专无主正，所以览古今之时，是非之分也，与俗化世。去至重，弃至尊，以为其所为也；此其所以论长生安体乐意之道，不亦远乎！惨怛之疾⑥，恬愉之安，不监于体；怵惕之恐，欣欢之喜，不监于心。知为为而不知所以为，是以贵为天子，富有天下，而不免于患也。"无足曰："夫富之于人，无所不利。穷美究势，至人之所不得逮，贤人之所不能及，侠人之勇力而以为威强，秉人之知谋以为明察，因人之德以为贤良，非享国而严若君父。且夫声色滋味权势之于人，心不待学而乐之，体不待象而安之。夫欲恶避就，固不待师，此人之性也。天下虽非我，孰能辞之！"

知和曰："知者之为，故动以百姓，不违其度，是以足而不争，无以为，故不求。不足，故求之，争四处而不自以为贪；有馀，故辞之，弃天下而不自以为廉。廉贪之实，非以迫外也，反监之度。势为天子，而不以贵骄人；富有天下，而不以财戏人。计其患，虑其反，以为害于性，故辞而不受也，非以要名誉也。尧、舜为帝而雍，非仁天下也，不以美害生也；善卷、许由得帝而不受，非虚辞让也，不以事害己。此皆就其利，辞其害，而天下称贤焉，则可以有之，彼非以兴名誉也。"无足曰："必持其名，苦体绝甘，约养以持生，则亦久病长厄而不死者也。"知和曰："平为福，有馀为害者，物莫不然，而财其甚者也。今富人，耳营钟鼓管籥之声，口嗛于刍豢醪醴之味，以感其意，遗忘其业，可谓乱矣；侅溺于冯气，若负重行而上坂也，可谓苦矣；贪财而取慰，贪权而取竭，静居则溺，体泽则冯，可谓疾矣；为欲富就利，故满若堵耳而不知避，且冯而不舍，可谓辱矣；财积而无用，服膺而不舍，满心戚醮⑦，求益而不止，可谓忧矣；内则疑劫请之贼，外则畏寇盗之害，内周楼疏，外不敢独行，可谓畏矣。此六者，天下之至害也，皆遗忘而不知察，及其患至，求尽性竭财，单以反一日之无故而不可得也。故观之名则不见，求之利则不得，缭意绝体而争此，不亦惑乎！"

【玄义注释】

①盗跖：人名，传说为春秋时期率领盗匪数千人的大盗，当时鲁国贤臣柳下惠（柳下季）的弟弟。②铺（bū）：食，吃。③菹（zū）：剁成肉酱。④磔（zhé）：古代在祭祀时，分裂牲畜的肢体。⑤抉眼：剜出眼睛。⑥惨怛（dá）：悲伤，痛苦。⑦戚醮：烦恼。

【白话翻译】

孔子有一个叫柳下季的朋友，柳下季有一个弟弟，名叫盗跖。盗跖手下的士卒有九千人，横行天下，侵袭诸侯，穿室破户，掠夺别人的牛马，劫去别人的妻女，贪得无厌，忘却亲友，甚至连父母兄弟也是不管不顾，连祖先也不去祭祀。他们所到过的地方，大国严守城池，小国坚守城堡，成千上万的百姓都被他们折磨得痛苦不堪。孔子对柳下季说："作为父亲，就必须要教导自己的儿子；作为兄长，就必须要教育自己的弟弟。倘若作为父亲却不能教导儿子，作为兄长却不能教育弟弟，那么也就不会有人

看重父子之间和兄弟之间的这份亲情了。如今，您是社会中有名的贤士，而弟弟却是盗跖，成为天下的祸害，而您却不能对他进行管教，我私下为您感到羞愧啊。请允许我替您去劝劝他。"柳下季说："先生谈到作为父亲，必定可以告诫自己的子女；作为兄长，必定可以教育自己的弟弟。可是，如果子女不听从父亲的告诫，兄弟不接受兄长的教育，即使像先生今天这样能言善辩，拿他又有什么办法呢？而且盗跖的为人，思想活跃犹如喷涌的泉水，感情变化就像骤起的暴风，勇武强悍足以抗击敌人，巧言善辩足以掩盖过失，顺从他的心意他就高兴，违背他的意愿他就发脾气，容易用言语侮辱别人。先生千万不要去见他。"孔子没有听取柳下季的意见，让颜回驾车，子贡陪乘，去见盗跖。

盗跖正在泰山的南边休整自己的士兵，食用切碎的人肝。孔子下车走上前去，见到负责通报的守卫，说："我是鲁国人孔丘，久闻你们将军为人高尚正义，恭敬地来拜见，还请你去通报一声。"守卫向盗跖禀报了这件事。盗跖一听说是孔子前来求见，便勃然大怒，双目圆睁亮如明星，头发怒起直冲帽顶，说："这不就是那鲁国的巧伪之人孔丘吗？替我告诉他：'你制造谬论，托伪于文王、武王的主张；你头戴装饰繁杂的帽子，腰上围着宽宽的牛皮带，满口的胡言乱语；你不种地却吃饱喝足，不织布却穿得讲究；你整天摇唇鼓舌，专门制造是非，以此来蛊惑天下的君主，使天下的读书人全都不能返归自然的本性，而且虚妄地标榜尽孝尊长的主张，通过这种手段来侥幸得到封侯的赏赐而从此大富大贵。你实在是罪恶滔天啊，赶快滚回去！否则，我将把你的心肝挖出来改善我们午餐的伙食！'"

孔子再次请求通报接见，说："我幸运地得到柳下季的介绍，衷心地希望可以进入大帐拜见将军。"守卫又向盗跖禀报了这件事。盗跖说："让他进来！"孔子快步而进，避开席位，又退了几步，对盗跖拜了两拜。盗跖对此却极为恼怒，伸开双腿，手按着宝剑瞪圆双眼声如乳虎，吼道："孔丘，你往前来！你所说的，如果合乎我的心意就放你一条生路，否则就要你的性命！"孔子说："我听说，凡天下的人有三种美德：天生就身材魁梧，美貌无人能及，无论老幼贵贱见了他都非常喜欢，这是上德；智慧能包容天地，才能足以辨别各种事物，这是中德；勇猛、强悍、果敢，聚众率兵，这是下德。大凡人具备这其中的一种美德，就完全可以南面称王了。如今将军同时具备了上述三种美德，您身高八尺二寸，面容和双眼熠熠有光，嘴唇鲜红犹如朱砂，牙齿整齐犹如编贝，声音洪亮合于黄钟，然而名字却叫盗跖，我私下里替将军感到羞耻并且认为您不应有此恶名。您倘若可以听取我的劝说，我将南边出使吴国越国，北边出使齐国鲁国，东边出使宋国卫国，西边出使晋国楚国，让他们为将军建造数百里的大城，确立数十万户人家的封邑，拥立您为诸侯，跟天下各国更除旧怨开启新的一页，弃置武器休养士卒，收养兄弟，供祭祖先。这才是圣人贤士的作为，也是天下人的心愿。"

盗跖听了大怒，说："孔丘，你往前来！凡是可以被他人用利禄来规劝的，可以被他人用语言来谏正的，都可以把他们叫做愚陋的平民。现在，身体高大，面目美好，人人见到都喜欢，这是我父母所遗留的德性。孔丘你即使不赞美我，难道我自己不知道吗？况且我听说，好当面赞美人的人，也是好背后毁谤人的人。现在孔丘你告诉我要建大城、聚民众，是想要用利禄规劝我，收买我当顺民，怎么可以长久呢！城再大，也没有比天下更大的了。尧、舜虽然有天下，但子孙没有立足的地方；商汤和周武王立为天子，而后代遭到灭绝；不正是他们贪大利的缘故吗？况且，我还听说，古代禽兽多而人少，于是人民都住在树巢中以躲避禽兽，白天捡橡栗充饥，夜晚栖于树上，所以叫他们是'有巢氏的民众'。古代人不知穿衣服，夏天积蓄薪材，冬天就用来烧火取暖，所以叫他们是'只知生存的民众'。神农时代，躺下时安静，行动时非常悠闲，人们只知自己的母亲，不知道自己的父亲，和野兽共同相处，他们耕地吃饭，织布穿衣，没有相害之心，这是道德的极盛时代。然而黄帝不能达到这种道德境界，他与蚩尤交战于涿鹿的郊野，流血百里。尧、舜做天子，设群臣，商汤流放他的君主夏桀，周武王杀殷纣。自此以后，以强大欺凌弱小，以势众侵暴寡少。商汤、周武王以来，都是叛逆作乱之徒。

"现在你修习周文王、武王治国之道，掌握天下的舆论，用来教化后代，你穿着宽大的衣裳，系着又宽又长的腰带，矫揉的言论，虚伪的行为，用以迷惑天下的君主，而想要求取富贵，强盗之中再也没有比你更大的了。天下的人为什么不叫你作盗丘，反而竟称我是盗跖呢？你用甜言蜜语说服了子路让他死心塌地地跟随你，使子路除去勇武的高冠，解除了长长的佩剑，受教于你的门下，天下人都说'孔丘能够制止暴力禁绝不轨'。可是后来，子路想要杀掉篡逆的卫君却未能成功，而且自身在卫国东门上被剁成了肉酱，这就是你那套说教的失败。你不是自称才智的学士、圣哲的人物吗？却两次被逐出鲁国，在卫国被人铲削掉所有足迹，在齐国被逼得走投无路，在陈国蔡国之间遭受围困，不能容身于天下。而你所教育的子路却又遭受如此的祸患，做师长的没有办法在社会上立足，做学生的也就没有办法在社会上为人，你的那套主张难道还有可贵之处吗？世上所尊崇的，莫过于黄帝，黄帝尚且不能保全德行，而征战于涿鹿的郊野，流血百里。唐尧不慈爱，虞舜不孝顺，大禹疲劳过度半身不遂，商汤放逐了他的君主，武王出兵征讨商纣，文王曾经被囚禁在羑里。这以上的六个人，都是世人所尊崇的，但是仔细评论起来，都是因为追求功利迷惑了真性，违反了自然的禀赋，他们的做法实在是极为可耻的。

"世上所说的贤士：伯夷、叔齐。伯夷、叔齐辞去孤竹国的君主地位，而饿死在首阳山上，尸骨得不到埋葬。鲍焦行为矫饰非议当世，不踩周地，抱着树木而枯死。申徒狄谏正国君而不听，背着石头投河自尽，为鱼鳖所食。介子推是最忠贞的，自己割下自己大腿上的肉，给晋文公吃，文公回国后却背弃他，子推一怒之下而离开，抱着树而被烧死。尾生和女子相约在桥下，女子没来，河水来到，尾生也不离开，抱着桥柱而淹死。这六个人，与分尸的狗、漂流的死猪和持瓢乞丐，没有什么区别，都是重于名而轻于死，不惦念本真保养寿命的人。世上所说的忠臣，莫如王子比干、伍子胥。伍子胥被杀死尸沉入江中，比干被挖心而死，这两个人，是世上所谓的忠臣，然而最终遭到天下人的耻笑。从上述来看，伍子胥，比干，都是不足推崇的。你孔丘用来说服我的，假如说些怪诞离奇的事，那我是不可能知道的；假如告诉我人世间实实在在的事，不过如此而已，都是我所听闻的事。现在让我来告诉你人之常情，眼睛想要看到色彩，耳朵想要听到声音，嘴巴想要品尝滋味，志气想要满足、充沛。人生在世高寿为一百岁，中寿为八十岁，低寿为六十岁，除掉疾病、死丧、忧患等苦楚，其中开口欢笑的时光，一月之中不过四五天罢了。天与地是无穷尽的，人的死亡却是有时限的，拿有时限的生命托付给无穷尽的天地之间，生命之短促，迅速地消逝就像是千里良驹从缝隙中骤然驰去一样。凡是不能够使自己心境获得愉快而颐养寿命的人，都不能算是通晓常理的人。你孔丘所说的，全都是我想要废弃的，你赶快离开这里滚回去，不要再说了！你的那套主张，癫狂失性钻营奔逐，全都是巧诈、虚伪的东西，不可能用来保全真性，有什么好谈论的呢！"

孔子再次拜谢之后急忙跑出门外，上车离去，马缰绳三次脱手，眼睛茫然不见，面色如同死灰，按着车轼低头，不能喘出气来。回到鲁国东门之外，正好遇见柳下季。柳下季说："近日怎么好几天没见到你，看你的车马像外出回来的样子，莫非去见跖了吗？"孔子仰天而叹说："是的。"柳下季说："跖是不是像我从前所说的违背了你的意愿呢？"孔子说："是的。我此举是没病而自己针灸，急跑挑弄虎头，编捋虎须，差一点被老虎吃掉啊！"

子张向满苟得问道："怎么不推行合于仁义的德行呢？没有德行就不能取得别人的信赖，不能取得别人的信赖就不会得到任用，不能得到任用就不会得到利益。所以，从名誉的角度来观察，从利禄的角度来考虑，能够实行仁义就真是这样的。假如弃置名利，只在内心求得反思，那么士大夫的所作所为，也不可能一天不去休养啊！"满苟得说："没有羞耻的人才会富有，善于吹捧的人才会显贵。大凡获得名利最大的，几乎全在于无耻而多言。所以，从名誉的角度来观察，从利禄的角度来考虑，能够吹捧就真是这样的。假如弃置名利，只在内心求得反思，那么士大夫的所作所为，也就只有保持他的天性了啊！"子张说："当年桀与纣贵为天子，富有到占有天下，如今对地位卑贱的奴仆说：'你的品行如同桀纣。'那么他们定会惭愧不已,产生不服气的思想,这是因为桀纣的所作所为连地位卑贱的人也瞧不起。仲尼和墨翟穷困到跟普通百姓一样,如今对官居宰相地位的人说:'你的品行如同仲尼和墨翟。'那么他一定会除去傲气谦恭地说自己远远比不上孔子和墨子,这是因为士大夫确实有可贵的品行。所以说,势大为天子,未必就尊贵;穷困为普通百姓,未必就卑贱;尊贵与卑贱的区别,决定了德行的美丑。"满苟得说:"小的盗贼被拘捕,大的强盗却成了诸侯,诸侯的门内,方才存有道义之士。当年齐桓公小白杀了兄长、娶了嫂嫂,而管仲却做了他的臣子;田成子常杀了齐简公自立为国君,而孔子却接受了他赠与的布帛。谈论起来总认为桓公、田常之流的行为卑下,做起来又总是使自己的行为更加卑下,这就是言行不一在胸中相互矛盾和斗争,岂不是情理上极不相合吗!所以古书上说过:'谁坏谁好?成功的居于尊上之位,失败的沦为卑下之人。'"

子张说:"你不修养品行,将会亲疏没有伦常,贵贱没有准则,长幼没有等次,五伦六位,将如何区别呢?"满苟得说:"尧杀掉大儿子,舜流放亲弟弟,亲疏有伦常吗?汤放逐桀,武王杀纣,贵贱有标准吗?王季代替嫡位,周公杀掉哥哥,长幼有序吗?儒者的虚伪言辞,墨子的兼爱,五伦六纪还有区别吗?况且你正在求名,我正在求利。其实名利,既不顺于理,又不明于道。我过去和你在无约面前争论,说:'小人为财而死,君子为名而死。他们之所以改变自己的真情,变更自己的本性的原因不相同;乃至于抛弃自己所应当做的而殉难自己所不应当做的却是相同的。'所以说,不要像小人那样贪财,要反求于自然;

不要像君子那样追逐名声，要顺从自然的规律。是曲是直，看其自然规律。面向四方，顺应四时的变化。是是非非，保持你的圆转枢机。独自顺遂你的意愿，与道周旋。不要专执你的行为，不要固守你的仁义，这将会失掉你的本性。不要追求你的富贵，不要用殉难换取你的成功，这样将会舍弃你的天性。比干被剖心，伍子胥被挖眼，这是忠的祸患；直躬证实父亲偷羊，尾生被水淹死，这是守信用的祸患；鲍焦站立枯死，申生宁可自缢也不申辩，这是清廉的祸患；孔子无暇见母亲，匡子见不到父亲，这是义的过失。这些事情从上代传下来，下代还要传下去，以此为士大夫端正言论，规范他们的行为，所以才遭到它的灾殃，受到它的祸患。"

无足向知和问道："人们终究没有谁不想树立名声并获取利禄的。那个人富有了人们就归附他，归附他也就自以为卑下，以自己为卑下就更会尊崇富有者。受到卑下者的尊崇，就是人们用来延长寿命、安康体质、快乐心意的办法。如今唯独你在这方面没有欲念，是才智不够用呢？还是力不从心呢？抑或推行正道而一心不忘呢？"知和说："如今有这么一种兴名就利的人，就认为跟自己是同时生、同乡处，而且认为是超越了世俗的人了；其实这种人内心里全无主心，用这样的办法去看待古往今来和是非的不同，只能是混同流俗而融合于世事。舍弃了贵重的生命，离开了最崇高的大道，而追求他一心想要追求的东西；这就是他们所说的延长寿命、安康体质、快乐心意的办法，不是跟事理相去太远吗！悲伤所造成的痛苦，愉快所带来的安适，对身体的影响自己不能看清；惊慌所造成的恐惧，欢欣所留下的喜悦，对于心灵的影响自己也不可能看清。知道一心去做自己想要去做的事却不知道为什么要这样去做，所以尊贵到成为天子，富裕到占有天下，却仍然不能免于忧患。"无足说："富有对于人，无所不利。穷尽完美和究尽权势，至人不能得到，圣人也不能达到，挟持别人勇敢和力量来增加自己的威势，拿别人的智谋来增强自己的观察问题的能力，用别人的品德来显示自己的贤良，不享有国土而威严如君主。况且声色、滋味、权势对于人，心不必去学就爱好它，身体不等模仿就感到安适。欲求、厌恶、避害、就利，本来就不用老师教导，这是人的本性。天下人即使都认为我的看法不对，但谁又能失掉这些呢！"

知和说："有智慧的人做事，行动以百姓的意愿为基础，不违背自然的法度，因此知足而不相争，无所作为，所以不贪求。不知足，所以才贪求它，争夺四方的财富，而自己却不认为是贪求；心知有余，所以有辞让，抛弃占据的天下之财而自己也不认为是清廉。清廉和贪求的实质，并不是受迫于外物，反观内在禀性所导致。有的人权势达到天子的程度，而不拿权贵作为资本，骄傲对待别人；有的人富足到拥有天下财富的程度，而不拿财富戏弄人。思量富贵带来的祸患，考虑其反面，认为有害于本性，所以推辞而不接受，并不是要以此追求名誉。尧、舜做帝王时，一再推让帝位，并不是在天下推行仁政，而是不以帝位而损害自己的本性；善卷、许由可得帝位而不接受，并不是虚伪地辞让，而是不想以政事损害自己的生命。这些都是趋利避害，而天下人称赞他们是贤人，就是说他们虽然有趋利避害的思想，他们并不是以兴名沽誉为目的。"无足说："必定要保持自己的名声，即使劳苦身形、谢绝美食、俭省给养以维持生命，那么这无异于是个长期疾病困乏而没有死去的人。"知和说："均平就是幸福，有余便是祸害，物类莫不是这样，而财物更为突出。如今富有的人，耳朵谋求钟鼓、箫笛的乐声，嘴巴满足于肉食、佳酿的美味，因而触发了他的欲念，遗忘了他的事业，真可说是迷乱极了；深深地陷入了愤懑的盛气之中，像背着重荷爬行在山坡上，真可说是痛苦极了；贪求财物而招惹怨恨，贪求权势而耗尽心力，安静闲居就沉溺于嗜欲，体态丰腴光泽就血气淤塞，真可说是疾病临头了；为了贪图富有追求私利，获取的财物堆满屋子也不知满足，而且越是贪婪就越发不知收敛，真可说是羞辱极了；财物囤积却没有用处，念念不忘却又不愿割舍，满腹的焦心与烦恼，企求增益永无休止，真可说是忧愁极了；在家内总担忧窃贼的伤害，在外面总害怕寇盗的残杀，在内遍设防盗的塔楼和射箭的孔道，在外不敢独自行走，真可说是畏惧极了。以上的昏乱、辛苦、疾病、耻辱、忧愁、畏惧六种情况，是天下最大的祸害，而人们全都遗忘不求审察，等到祸患来临，想要倾家荡产保全性命，只求返归贫穷求得一日的安宁也不可能。所以，想看看名声，而名声看不到，想求点利益而利益早已无踪，使心意和身体受到如此困扰地竭力争夺名利，岂不迷乱吗！"

【义理评析】

本篇重在阐明庄子的"返归原始,顺其自然"的主张,并再一次毫不留情地抨击了儒家的一些思想和观点,指出了它们的虚伪性和欺骗性。

在"孔子与柳下季为友"至"孔子再拜趋走"的几段中,庄子妙借孔子与盗跖相互批判的情节,表现了他既反盗贼又反儒家的一贯态度。在"子张问于满苟得"和"无足问于知和"的段落中,庄子将矛头指向儒家所提倡的仁义忠信,批判这些所谓的美德实质上是虚伪的,而且其危害性是非常大的。在最后一部分,通过无足和知和的对话和讨论进一步明确提出"不以美害生""不以事害己"的主张,提倡过一种知足恬淡的生活。这些论述和观点对儒墨的尊先王的思想都是严厉的批判。从中可以看出以庄子为代表的道家与儒墨学派思想观点的明显不同。

说剑第三十

【原典欣赏】

昔赵文王喜剑,剑士夹门而客三千余人。日夜相击于前,死伤者岁百余人。好之不厌。如是三年,国衰,诸侯谋之。太子悝患之[①],募左右曰:"孰能说王之意止剑士者,赐之千金。"左右曰:"庄子当能。"太子乃使人以千金奉庄子。庄子弗受,与使者俱往见太子,曰:"太子何以教周,赐周千金?"太子曰:"闻夫子明圣,谨奉千金以币从者。夫子弗受,悝尚何敢言。"庄子曰:"闻太子所欲用周者,欲绝王之喜好也。使臣上说大王而逆王意,下不当太子,则身刑而死,周尚安所事金乎?使臣上说大王,下当太子,赵国何求而不得也!"太子曰:"然。吾王所见,唯剑士也。"庄子曰:"诺。周善为剑。"太子曰:"然吾王所见剑士,皆蓬头突鬓,垂冠,曼胡[②]之缨,短后之衣,嗔目而语难,王乃说之。今夫子必儒服而见王,事必大逆。"庄子曰:"请治剑服。"治剑服三日,乃见太子。太子乃与见王。王脱白刃待之[③]。庄子入殿门不趋,见王不拜。王曰:"子欲何以教寡人，使太子先？"曰："臣闻大王喜剑，故以剑见王。"王曰："子之剑何能禁制？"曰："臣之剑十步一人，千里不留行。"王大悦，曰："天下无敌矣！"庄子曰："夫为剑者，示之以虚，开之以利，后之以发，先之以至。愿得试之。"王曰："夫子休，就舍待命，令设戏，请夫子。"

王乃校剑士七日，死伤者六十余人，得五六人，使奉剑于殿下，乃召庄子。王曰："今日试使士敦剑。"庄子曰："望之久矣！"王曰："夫子所御杖，长短何如？"曰："臣之所奉皆可。然臣有三剑，唯王所用，请先言而后试。"王曰："愿闻三剑。"曰："有天子剑，有诸侯剑，有庶人剑。"王曰："天子之剑何如？"曰："天子之剑，以燕谿、石城为锋，齐岱为锷，晋卫为脊，周宋为镡④，韩魏为铗⑤；包以四夷，裹以四时，绕以渤海，带以常山；制以五行，论以刑德；开以阴阳，持以春夏，行以秋冬。此剑，直之无前，举之无上，案之无下，运之无旁，上决浮云，下绝地纪。此剑一用，匡诸侯，天下服矣。此天子之剑也。"文王芒然自失，曰："诸侯之剑何如？"曰："诸侯之剑，以知勇士为锋，以清廉士为锷，以贤良士为脊，以忠圣士为镡，以豪杰士为铗。此剑，直之亦无前，举之亦无上，案之亦无下，运之亦无旁；上法圆天，以顺三光；下法方地，以顺四时；中和民意，以安四乡。此剑一用，如雷霆之震也，四封之内，无不宾服而听从君命者矣。此诸侯之剑也。"王曰："庶人之剑何如？"曰："庶人之剑，蓬头突鬓，垂冠，曼胡之缨，短后之衣，瞋目而语难。相击于前，上斩颈领，下决肝肺。此庶人之剑，无异于斗鸡，一旦命已绝矣，无所用于国事。今大王有天子之位，而好庶人之剑，臣窃为大王薄之。"

王乃牵而上殿。宰人上食，王三环之。庄子曰："大王安坐定气，剑事已毕奏矣。"于是文王不出宫三月，剑士皆服毙其处也⑥。

【玄义注释】

①悝（kuī）：赵惠文王的太子，名悝。②曼胡：粗实。③脱白刃：拔出雪白锋利的剑。④镡（xín）：剑环，剑鼻。⑤铗（jiá）：剑把。⑥服毙：伏剑自杀。

【白话翻译】

　　从前赵文王喜好剑术，聚在赵文王府上为门客的精于剑术之人（剑客）有三千余人。他们日夜不停地在赵文王跟前比试剑术，每年死伤的达一百多人。而赵文王依旧喜好剑术而未曾感到过厌倦。像这样过了三年，赵国的国势日渐衰危，其他诸侯开始图谋攻取它。太子悝为此感到十分担忧，于是召集身边的人说："谁可以说服国王使其停止对让剑客不断比剑的喜好，便赏赐千金。"身边的人说："庄

子可以做到。"太子于是派人将千金送给庄子。庄子不接受，和使者一起前往拜见太子，说："太子叫我做什么，为何要赐我如此厚重的礼物呢？"太子说："听说先生明达圣哲，故而敬献千金以犒劳先生的随从。先生不接受，我还怎么敢说。"庄子说："听说太子之所以用我，是因为想要我说服国王停止对剑术的喜好。如果我向上劝说大王而违逆了国王的心意，下又有负太子的委任，那就会遭到刑戮而死去，哪还用得上这些钱财呢？如果我向上说服大王，向下能完成太子交给的任务，那我向赵国要求什么而得不到满足呢！"太子说："正是如此。我们大王所接见的，只有剑客而已。"庄子说："好吧。我擅长剑术。"太子说："但是我们大王所接见的剑客，都是头发蓬乱、鬓毛上翘、帽子低垂、冠缨粗实、后衣短小、怒目瞪眼而且气喘语塞，这样的人大王才喜欢。现在，如果先生穿着儒士的服装去拜见大王，这件事一定会处理不顺当的。"庄子说："请准备好剑客的服装。"三天之后，剑客的服装制作完毕，庄子于是前去拜见太子。太子便和庄子一起去拜见赵文王。赵文王抽出明晃晃的宝剑等待着庄子的到来。庄子不急不忙地进入殿内，见到赵文王也不行跪拜之礼。赵文王说："你打算说些什么来指教寡人，而且让太子先作引荐？"庄子说："我听说大王喜好剑术，因此特地用剑术前来拜见大王。"赵文王说："你的剑术如何能

遏阻、战胜对手呢？"庄子说："我的剑术，十步之内可杀一人，行走千里也不会受人阻留。"赵文王听后非常高兴，说："这样看来，天下没有谁可以与你抗衡了啊！"庄子说："击剑的关键之处，在于有意把弱点显露给对方，再用有机可乘之处引诱对方，后于对手发起攻击，同时要抢先击中对手。希望有机会能让我试试我的剑法。"赵文王说："先生暂回馆舍休息等待通知，我将安排好击剑比武的盛会再请先生出面比武。"

赵文王于是用七天时间让剑客们比武较量，先后死伤人数达六十多人，从中挑选出五六人，让他们拿着剑在殿堂下等候，这才召见庄子。赵文王说："今天先生可以与剑客们比试剑术了。"庄子说："我期待这一刻已经很久了。"赵文王说："先生所使用的剑，长短怎么样？"庄子说："我用什么剑都可以。然而我有三种剑，听凭大王使用，请允许我先谈谈而后再进行比武。"赵文王说："我愿意听你介绍一下这三种剑。"庄子说："有天子之剑，有诸侯之剑，有百姓之剑。"赵文王说："天子之剑是什么样的呢？"庄子说："天子之剑，以燕溪、石城为剑端，以齐国泰山为剑刃，以晋国和卫地为剑背，以周地、宋国为剑环，以韩国、魏国为剑把；用四夷包着，用四时裹着，用大海缠着，用恒山做带；用五行制衡，用生杀论断；用阴阳开变，用春夏扶持，用秋冬运行。这种剑，直伸无前，举它无上，

按它无下，运行无旁，向上可以决断浮云，向下可以断绝地基。这种剑一旦使用，就可以匡正诸侯，使天下顺服了。这就是我所说的天子之剑。"赵文王听后茫茫然有所失，说："那诸侯之剑又是什么样的呢？"庄子说："诸侯之剑，以智勇之士做剑端，以清廉之士做剑刃，以贤良之士做剑背，以忠圣之士

做剑环，以豪杰之士做剑把。这种剑，直伸去也无前，举它也无上，按它也无下，运转亦无旁；在上效法圆天，以顺应日月星三光；在下效法方地，以顺应四时；在中间和顺民意，来安顿四方。这种剑一旦用起来，犹如雷霆的震撼，四境之内，没有不听从国君命令的了。这就是我所说的诸侯之剑。"赵文王说："那百姓之剑又是什么样的呢？"庄子说："百姓之剑，都是头发蓬乱、鬓毛上翘、帽子低垂、冠缨粗实、后衣短小、怒目瞪眼而且气喘语塞的人在用。相互在人前争斗刺杀，上能斩断脖颈，下能剖裂肝肺。这就是我所说的百姓之剑，与斗鸡没什么区别，一旦命尽气绝，对于国事便没有了任何价值。如今大王拥有天子之位却喜好百姓之剑，我私下认为大王应当鄙薄这种做法。"

赵文王于是牵着庄子的手，一起来到宫殿。命令负责膳食的人员摆上酒食，赵文王绕着坐席惭愧地走了几圈。庄子说："大王安坐下来定定心气，有关剑术之事我已启奏完毕。"于是赵文王三月不出宫门，剑客们都在自己的住处气愤地自杀而死。

【义理评析】

顾名思义，《说剑》一篇的中心思想是围绕着"剑"展开的。赵文王喜欢剑，喜欢剑术，整天与剑士为伍，甚至废弃朝政，把自己的本职工作抛在脑后，典型的玩物丧志。庄子前往游说，面对赵文王的剑拔弩张，庄子从容应对，说剑有三种，即天子之剑、诸侯之剑和庶民之剑，委婉地指出赵文王的所为实际上是庶民之剑，而希望他以天下为己任，用好天子之剑。

很多人说《说剑》为后人的伪作，虽然还无定论，但此篇的思想对于道家学说来说也并非一无是处。其中也有为政当无事，无为而治的思想，可以说是《应帝王》篇观点的继续。

渔父第三十一

【原典欣赏】

孔子游乎缁帷之林，休坐乎杏坛之上。弟子读书，孔子弦歌鼓琴。奏曲未半，有渔父者，下船而来，须眉交白，被发揄袂①，行原以上，距陆而止，左手据膝，右手持颐以听。曲终，而招子贡、子路，二人俱对。客指孔子曰："彼何为者也？"子路对曰："鲁之君子也。"客问其族。子路对曰："族孔氏。"客曰："孔氏者何治也？"子路未应，子贡对曰："孔氏者，性服忠信，身行仁义，饰礼乐，选人伦。上以忠于世主，下以化于齐民，将以利天下。此孔氏之所治也。"又问曰："有土之君与？"子贡曰："非也。""侯王之佐与？"子贡曰："非也。"客乃笑而还，行言曰："仁则仁矣，恐不免其身。苦心劳形以危其真。呜呼！远哉，其分于道也！"子贡还，报孔子。孔子推琴而起，曰："其圣人与？"乃下求之，至于泽畔，方将杖拏而引其船②，顾见孔子，还乡而立。孔子反走，再拜而进。客曰："子将何求？"孔子曰："曩者先生有绪言而去，丘不肖，未知所谓，窃待于下风，幸闻咳唾之音，以卒相丘也。"客曰："嘻！甚矣，子之好学也！"孔子再拜而起曰："丘少而修学，以至于今，六十九岁矣，无所得闻至教，敢不虚心！"

客曰："同类相从，同声相应，固天之理也。吾请释吾之所有而经子之所以。子之所以者，人事也。天子、诸侯、大夫、庶人，此四者自正，治之美也，四者离位而乱莫大焉。官治其职，人忧其事，乃无所陵。故田荒室露，衣食不足，征赋不属，妻妾不和，长少无序，庶人之忧也；能不胜任，官事不治，行不清白，群下荒怠，功美不有，爵禄不持，大夫之忧也；廷无忠臣，国家昏乱，工技不巧，贡职不美，春秋后伦，不顺天子，诸侯之忧也；阴阳不和，寒暑不时，以伤庶物，诸侯暴乱，擅相攘伐，以残民人，礼乐不节，财用穷匮，人伦不饬，百姓淫乱，天子有司之忧也。

今子既上无君侯有司之势，而下无大臣职事之官，而擅饰礼乐，选人伦，以化齐民，不泰多事乎！且人有八疵，事有四患，不可不察也。非其事而事之，谓之摠④；莫之顾而进之，谓之佞；希意道言，谓之谄；不择是非而言，谓之谀；好言人之恶，谓之谗；析交离亲，谓之贼；称誉诈伪以败恶人，谓之慝；不择善否，两容颊适，偷拔其所欲，谓之险。此八疵者，外以乱人，内以伤身，君子不友，明君不臣。所谓四患者：好经大事，变更易常，以挂功名，谓之叨④；专知擅事，侵人自用，谓之贪；见过不更，闻谏愈甚，谓之很；人同于己则可，不同于己，虽善不善，谓之矜。此四患也。能去八疵，无行四患，而始可教已。"

孔子愀然而叹，再拜而起，曰："丘再逐于鲁，削迹于卫，伐树于宋，围于陈蔡。丘不知所失，而离此四谤者何也？"客凄然变容曰："甚矣子之难悟也！人有畏影恶迹而去之走者，举足愈数而迹愈多，走愈疾而影不离身，自以为尚迟，疾走不休，绝力而死。不知处阴以休影，处静以息迹，愚亦甚矣！子审仁义之间，察同异之际，观动静之变，适受与之度，理好恶之情，和喜怒之节，而几于不免矣。谨修而身，慎守其真，还以物与人，则无所累矣。今不修之身而求之人，不亦外乎？"

孔子愀然曰："请问何谓真？"客曰："真者，精诚之至也。不精不诚，不能动人。故强哭者，虽悲不哀；强怒者，虽严不威；强亲者，虽笑不和。真悲无声而哀，真怒未发而威，真亲未笑而和。真在内者，神动于外，是所以贵真也。其用于人理也，事亲则慈孝，事君则忠贞，饮酒则欢乐，处丧则悲哀。忠贞以功为主，饮酒以乐为主，处丧以哀为主，事亲以适为主。功成之美，无一其迹矣；事亲以适，不论所以矣；饮酒以乐，不选其具矣；处丧以哀，无问其礼矣。礼者，世俗之所为也；真者，所以受于天也，自然不可易也。故圣人法天贵真，不拘于俗。愚者反此，不能法天而恤于人，不知贵真，禄禄而受变于俗，故不足。惜哉，子之蚤湛于人伪而晚闻大道也！"

孔子又再拜而起曰："今者丘得遇也，若天幸然。先生不羞而比之服役，而身教之。敢问舍所在，请因受业而卒学大道。"客曰："吾闻之，可与往者与之，至于妙道；不可与往者，不知其道，慎勿与之，身乃无咎。子勉之，吾去子矣，吾去子矣！"乃刺船而去，延缘苇间。

心如澄澈秋水，身如不系之舟

颜渊还车，子路授绥，孔子不顾，待水波定，不闻拏音而后敢乘。子路旁车而问曰："由得为役久矣，未尝见夫子遇人如此其威也。万乘之主，千乘之君，见夫子未尝不分庭伉礼，夫子犹有倨傲之容。今渔父杖拏逆立，而夫子曲要磬折，言拜而应，得无太甚乎？门人皆怪夫子矣，渔父何以得此乎？"孔子伏轼而叹曰："甚矣由之难化也！湛于礼义有间矣，而朴鄙之心至今未去。进，吾语汝！夫遇长不敬，失礼也；见贤不尊，不仁也。彼非至人，不能下人，下人不精，不得其真，故长伤身。惜哉！不仁之于人也，祸莫大焉，而由独擅之。且道者，万物之所由也，庶物失之者死，得之者生，为事逆之则败，顺之则成。故道之所在，圣人尊之。今渔父之于道，可谓有矣，吾敢不敬乎！"

【玄义注释】

①揄：挥舞。②拏：船桨。③摠：通"总"，包揽。④叨（tāo）：同"饕"，贪婪。

【白话翻译】

孔子到缁帷林中游玩，坐在杏坛上休息。弟子们读书，孔子弹琴瑟唱诗歌。弹琴奏曲不到一半，有位老渔翁，下船而来，胡须和眉毛皆白，披散着头发，摇着袖子，沿着河岸上来走到高的地方停下身来，左手按着膝盖，右手托着面颊，听孔子弹琴。曲子奏完，便呼唤子贡、子路，二人来答对。渔翁指着孔子问道："他是做什么的？"子路回答说："鲁国的君子。"渔翁问姓氏。子路回答说："姓孔氏。"渔翁说："孔氏从事什么职业？"子路没有回答，子贡回答说："孔氏这个人，心性守忠信，亲身践履仁义，修治礼乐，撰定道德规范。对上效忠于当世君主，对下教化平民，要以此谋利天下。这就是孔氏所做的事业。"又问说："他是有领土的君主吗？"子贡说："不是。""他是诸侯的辅臣吗？"子贡说："不是。"渔翁笑着往回走，自言自语说："仁也就是仁了，恐怕难免其身之累。用心良苦而操劳形体，以危害他的本性。唉！他离道太远了！"子贡回来，把跟渔父的谈话报告给孔子。孔子推开身边的琴站起身来说："恐怕是位圣人吧？"于是走下杏坛寻找渔父，来到岸边，渔父正操起船桨撑船而去，回头看见孔子，转过身来面向孔子站着。孔子退了几步，再次行礼上前。渔父说："你来找我有什么事？"孔子说："刚才先生留下话尾而去，我实在是不聪明，不能领受其中的意思，私下在这里等候先生，希望能有幸听到你的高论以便最终有助于我。"渔父说："咦，你实在是好学啊！"孔子又一次行礼后站起身说："我少小时就努力学习，直到今天，已经六十九岁了，没有能够听过真理的教诲，怎么敢不虚心请教呢！"

　　渔父说："同类相互汇聚，同声相互应和，这本是自然的道理。请让我说明我的看法从而分析你所从事的活动。你所从事的活动，也就是跻身于尘俗的事务。天子、诸侯、大夫、庶人，这四种人能自己端正，是治道的美德，这四种人离开本位就会产生莫大的混乱。官吏各管其职，人民各虑其事，不相凌犯。所以田地荒芜，房屋破漏，衣食不足，赋税不收，妻妾不和睦，长幼没次序，这是庶人的忧虑；能力不能胜任，职务之内的事没有做好，行为不清廉检点，下属疏荒怠惰，功绩不有，爵禄不保，这是大夫的忧虑；朝廷没有忠臣，国家昏乱，工技不精巧，贡事不完美，春秋朝觐无伦次，不顺从天子，这是诸侯的忧虑；阴阳不调和，寒暑不按时令，以伤害众物，诸侯暴乱，擅自相互攻伐，以残害人民，礼乐没有节制，财用穷困匮乏，人伦不正规，百姓淫乱民风日下，这是天子和主管官员的忧虑。现在你既上没有君主、诸侯执政的权势，而下又无大臣掌管事务的官职，而擅自修饰礼乐，撰制人伦，以教化平民，不是太多事了么！况且人有八种毛病，事有四种祸患，不可以不加明察。不是他应当做的事

情而去做它,叫做总揽;人家不理睬还要去进言相劝,叫做佞言;迎合人意去导言,叫做谄媚;不辨是非而附和,叫做阿谀;好说别人的坏话,叫做谗言;离间亲友,叫做贼害;奸诈虚伪败坏别人,叫做邪恶;不辨善恶,两种面孔投合他人,暗中助长私欲,叫做阴险。这八种毛病,对外扰乱别人,对内伤害自身,君子不和他交朋友,明君不用他做大臣。所谓四种祸患:好管理大事,变更常规,心图功名,叫做叨贪;独断专行,凌驾人上自以为是,叫做贪夺;有错不改,愈听劝谏愈甚,叫做执拗;人附和于自己的意见就肯定,人不附和于自己的意见就否定,叫做自矜。这就是四种祸患。能够除去八种毛病,避免四种祸患,才可以教育了。"

孔子凄凉悲伤地长声叹息,再次行礼后站起身来,说:"我在鲁国两次被驱逐,在卫国没有立足之地,在宋国遭受砍掉坐荫之树的羞辱,又被久久围困在陈国、蔡国之间。我不知道我有什么过失,遭到这样四次羞辱的原因究竟是什么呢?"渔父悲悯地改变面容说:"你实在是太难醒悟啊!有人害怕自己的身影、厌恶自己的足迹,想要避离而逃跑开去,举步越频繁足迹就越多,跑得越来越快而影子却总不离身,自以为还跑得慢了,于是快速奔跑而不休止,直到精疲力竭而死。他不懂得停留在阴暗处就会使影子自然消失,停留在静止状态就会使足迹不复存在,这也实在是太愚蠢了!你仔细推究仁义的道理,考察事物同异的区别,观察动静的变化,掌握取舍的分寸,疏通好恶的情感,调谐喜怒的节度,却几乎不能免于灾祸。认真修养你的身心,谨慎地保持你的真性,把身外之物还与他人,那么也就没有什么拘系和累赘了。如今你不修养自身反而要求他人,这不是本末颠倒了吗?"

孔子凄凉地说："请问什么叫做真？"渔翁说："真是精诚的极点。不精不诚，就不能感动人。所以勉强哭泣的人，虽然悲痛而不哀伤；勉强发怒的人，虽然严厉而没有威力；勉强亲爱的人，虽然发笑而不和蔼。真正的悲痛没有声音而哀伤，真正的愤怒没有发作而威严，真正的亲爱没有笑容而和蔼。真性在内心，神情流露于外表，这就是珍重精诚的道理。把这种真运用于人伦，侍奉父母就孝顺，侍奉君主就忠贞，饮酒就欢乐，处丧就悲哀。忠贞以功名为主，饮酒以欢乐为主，处丧以悲哀为主，事亲以顺适为主。功名成就的建立，没有一定的途径；事父母以安适，不讲究用什么方法；饮酒以欢乐，不选择器具；处丧的哀伤，不讲究什么礼仪。礼仪是世俗之人设计出来的；真性是享受于天的，自然是不可以改变的，所以，圣人效法天道珍视真性，不拘泥于世俗。愚蠢的人与此相反，不能够效法天道而体恤于人事，不懂得珍视真性，平凡而受世俗的影响来变化，所以不知满足。可惜啊！你过早地逸乐无度于世俗的虚伪之中而听到大道太晚了！"

孔子再一次叩拜而起说："现在我有机会遇到先生，真是天赐幸运。先生不嫌羞辱把我当做弟子，而亲身教导我。请问住在哪里，让我受业而学到大道。"渔翁说："我听说，可以和迷途知返的人交往，直至传授他妙道；不能迷途知返的人，不懂得其道理，谨慎不授给它，自身也就没有什么罪过了。你自勉吧，我要离你而去了，我要离你而去了！"于是撑船而离开，沿着芦苇之间的水路缓慢地走了。

颜渊调转车头，子路递过拉着上车的绳索，孔子看定渔父离去的方向，直到水波平定，听不见桨声方才登上车子。子路依傍着车子而问道："我侍奉先生已经很久了，不曾看见先生对人如此谦恭尊敬。大国的诸侯，小国的国君，见到先生历来都是平等相待，先生还免不了流露出傲慢的神情。如今渔父手拿船桨对面而站，先生却像石磬一样弯腰鞠躬，听了渔父的话一再行礼后再作回答，恐怕是太过分了吧？弟子们都认为先生的态度不同于往常，一个捕鱼的人怎么能够获得如此厚爱呢？"孔子伏身在车前的横木上叹息说："你实在是难于教化啊！你沉湎于礼义已经有些时日了，可是粗野卑下的心态时至今日也未能除去。上前来，我对你说！但凡遇到长辈而不恭敬，就是失礼；见到贤人而不尊重，就是不仁。他倘若不是一个道德修养臻于完善的人，也就不能使人自感谦卑低下，对人谦恭卑下却不至精至诚，定然不能保持本真，所以久久伤害自身。真是可惜啊！不能见贤思齐对于人们来说，祸害再没有比这更大的了，而你子路却偏偏就有这一毛病。况且大道，是万物产生的根源，各种物类失去了道就会死亡，得到了道便生存，做事违逆道就会失败，顺应了道便会成功。所以大道之所在，圣人就尊崇。如今渔父对于大道，可以说是已有体悟，我怎么能不尊敬他呢！"

【义理评析】

"渔父"，捕鱼的老人，庄子虚拟的人物。

在一开篇，庄子就提出孔子所宣扬的"仁"是"苦心劳形以危其真"的观点，相距自然之道相差很远。在"子贡还报孔子"段中，指出了人们常有的八种毛病和做事常犯的四种错误，主张清静无为。在"孔子愀然而叹"段中，着重说明了庄子的自然本真的观点。在"颜渊还车"段中，表达了孔子对渔父的崇敬之情，并教育颜渊不要执迷不悟顽固不化。

列御寇第三十二

【原典欣赏】

列御寇之齐，中道而反，遇伯昏瞀人。伯昏瞀人曰："奚方而反？"曰："吾惊焉。"曰："恶乎惊？"曰："吾尝食于十浆，而五浆先馈。"伯昏瞀人曰："若是，则汝何为惊已？"曰："夫内诚不解，形谍成光；以外镇人心，使人轻乎贵老，而𩛆其所患。夫浆人特为食羹之货，无多余之赢，其为利也薄，其为权也轻，而犹若是，而况于万乘之主乎！身劳于国而知尽于事，彼将任我以事而效我以功。吾是以惊。"伯昏瞀人曰："善哉观乎！女处已，人将保汝矣！"无几何而往，则户外之屦满矣。伯昏瞀人北面而立，敦杖蹙之乎颐，立有间，不言而出。宾者以告列子，列子提屦，趑而走,暨乎门,曰:"先生既来,曾不发药乎?"曰:"已矣,吾固告汝曰人将保汝,果保汝矣。非汝能使人保汝,而汝不能使人无保汝也,而焉用之感豫出异也!必且有感,摇而本性,又无谓也。与汝游者又莫汝告也,彼所小言,尽人毒也。莫觉莫悟,何相孰也!巧者劳而知者忧,无能者无所求,饱食而敖游,汎若不系之舟,虚而敖游者也。"

郑人缓也,呻吟裘氏之地。祗三年而缓为儒①,河润九里,泽及三族,使其弟墨。儒、墨相与辩,其父助翟。十年而缓自杀。其父梦之曰:"使而子为墨者,予也。阖胡尝视其良,既为秋柏之实矣。"夫造物者之报人也,不报其人而报其人之天。彼固使彼。夫人以己为有以异于人以贱其亲,齐人之井饮者相捽也。故曰今之世皆缓也。自是,有德者以不知也,而况有道者乎!古者谓之遁天之刑。圣人安其所安,不安其所不安;众人安其所不安,不安其所安。庄子曰:"知道易,勿言难。知而不言,所以之天也;知而言之,所以之人也。古之至人,天而不人。"

朱泙漫学屠龙于支离益,单千金之家,三年技成而无所用其巧。圣人以必不必,故无兵;众人以不必必之,故多兵;顺于兵,故行有求。兵,恃之则亡。小夫之知,不离苞苴竿牍②,敝精神乎蹇浅,而欲兼济道物,太一形虚。若是者,迷惑于宇宙,形累不知太初。彼至人者,归精神乎无始,而甘冥乎无何有之乡。水流乎无形,发泄乎太清。悲哉乎!汝为知在毫毛,而不知大宁。

宋人有曹商者,为宋王使秦。其往也,得车数乘。王说之,益车百乘。反于宋,见庄子曰:"夫处穷闾陋巷,困窘织屦,槁项黄馘者③,商之

所短也；一悟万乘之主而从车百乘者，商之所长也。"庄子曰："秦王有病召医，破痈溃痤者得车一乘，舐痔者得车五乘，所治愈下，得车愈多。子岂治其痔邪？何得车之多也？子行矣！"

鲁哀公问乎颜阖曰："吾以仲尼为贞干，国其有瘳乎④？"曰："殆哉圾乎！仲尼方且饰羽而画，从事华辞，以支为旨，忍性以视民而不知不信。受乎心，宰乎神，夫何足以上民！彼宜女与？予颐与？误而可矣。今使民离实学伪，非所以视民也。为后世虑，不若休之。难治也。"

施于人而不忘，非天布也。商贾不齿，虽以事齿之，神者弗齿。

为外刑者，金与木也；为内刑者，动与过也。宵人之离外刑者，金木讯之；离内刑者，阴阳食之。夫免乎外内之刑者，唯真人能之。

孔子曰："凡人心险于山川，难于知天。天犹有春秋冬夏旦暮之期，人者厚貌深情。故有貌愿而益，有长若不肖，有顺懁而达⑤，有坚而缦，有缓而钎。故其就义若渴者，其去义若热。故君子远使之而观其忠，近使之而观其敬，烦使之而观其能，卒然问焉而观其知，急与之期而观其信，委之以财而观其仁，告之以危而观其节，醉之以酒而观其侧，杂之以处而观其色。九徵至，不肖人得矣。"

正考父一命而伛，再命而偻，三命而俯，循墙而走，孰敢不轨！如而夫者，一命而吕钜，再命而于车上儛，三命而名诸父，孰协唐许！贼莫大乎德有心而心有睫，及其有睫也而内视，内视而败矣。凶德有五，中德为首。何谓中德？中德也者，有以自好也而吡其所不为者也。穷有八极，达有三必，形有六府。美、髯、长、大、壮、丽、勇、敢，八者俱过人也，因以是穷。缘循、偃佒、困畏不若人，三者俱通达。知慧外通，勇动多怨，仁义多责。达生之情者傀⑥，达于知者肖，达大命者随，达小命者遭。

人有见宋王者，锡车十乘。以其十乘骄稚庄子。庄子曰："河上有家贫恃纬萧而食者，其子没于渊，得千金之珠。其父谓其子曰：'取石来锻之！夫千金之珠，必在九重之渊而骊龙颔下。子能得珠者，必遭其睡也。使骊龙而寤，子尚奚微之有哉！'今宋国之深，非直九重之渊也；宋王之猛，非直骊龙也。子能得车者，必遭其睡也；使宋王而寤，子为齑粉夫⑦。"

或聘于庄子。庄子应其使曰："子见夫牺牛乎？衣以文绣，食以刍菽，及其牵而入于大庙,虽欲为孤犊,其可得乎!"

庄子将死,弟子欲厚葬之。庄子曰:"吾以天地为棺椁,以日月为连璧,星辰为珠玑,万物为赍送。吾葬具岂不备邪?何以加此!"弟子曰:"吾恐乌鸢之食夫子也。"庄子曰:"在上为乌鸢食,在下为蝼蚁食,夺彼与此,何其偏也!"

以不平平,其平也不平;以不徵徵,其徵也不徵。明者唯为之使,神者徵之。夫明之不胜神也久矣,而愚者恃其所见入于人,其功外也,不亦悲乎!

【玄义注释】

①祇(zhī):合适,正好。②苴(jū):用茅苇叶包着鱼肉,用以赠人。这里指馈赠的礼物,也指贿赂。③槁项:干瘦的脖子。黦(xù):脸。④瘳(chōu):治愈。⑤儇(xuān):急性子,急躁。⑥傀(guī):伟大,不平凡。⑦齑(jī)粉:粉身碎骨。

【白话翻译】

列御寇到齐国去,半路上又折了回来,遇上伯昏瞀人。伯昏瞀人问道:"什么事情使你又折了回来?"列御寇说:"我感到惊惶不安。"伯昏瞀人又问:"什么原因使你惊惶不安?"列御寇说:"我曾在十家卖浆水的店子里饮用,却有五家事先就给我送来。"伯昏瞀人说:"像这样的事,你怎么

心如澄澈秋水，身如不系之舟

会惊惶不安呢？"列御寇说："内心至诚却又未能从流俗中解脱出来，外部身形就会有所宣泄而呈现出神采；用外在的东西镇服人心，对自己的尊重胜过尊重年老的人，必然会招致祸患。那卖浆水的人只不过是为了卖掉羹汤，没有多少赢利，他们获利是很微薄的，他们预先送来浆水时的内心打算也是微不足道的，可是还如此地对待我，何况那大国的国君呢！国君亲身操劳于国家而才智耗尽于政事，他们定会把重任托付给我并检验我的功绩。我正因为这个缘故才惊惶不已。"伯昏瞀人说："你的观察与分析实在是好啊！你安处自身吧，人们一定会归附于你！"没过几天，伯昏瞀人又到列子住处，只见门外的鞋摆满了。伯昏瞀人面北站着，手杖顿地挂着面颊，站了一会儿，没有说话就走了。接待宾客的人告诉列子，列子提着鞋，光着脚跑出来，到了门口，说："先生既然来了，却不说点药石之言吗？"伯昏瞀人回答说："算了吧，我本来告诉你说人们要归附你，果然归附你了。不是你能使人归附你，而是你不能使人不归附你，你何必这样招人欢心而显出与众不同呢！必定有什么动摇了你的本性，这又是无所谓的事。与你一起交往的人又不告诉你，他们所说的烦琐的言论，都是害人的。大家不相互提高觉悟，又怎能相互成熟呢！有技巧的人操劳而智慧的人忧虑，无所能的人无所追求，吃饱饭的人而不受外物拘束地遨游，飘飘然像没有拴住的船只，内心空虚而遨游。"

郑国有一个名叫缓的人，在裘氏这个地方读书。正好三年便成为儒者，像河水一样滋润九里，恩泽三族，又让他的弟弟学墨家之学。兄弟二人以儒墨观点相互辩论，他父亲站在墨家的立场上。过了十年缓愤而自杀。他的父亲梦见他说:"让你的儿子成为墨家,还是我的功劳。怎么不看看我的坟墓,我已变成秋天的柏树而结出了果实。"造物者所给予人们的,不是赋予人的才智和能力而是赋予人们自然本性。缓的弟弟具备了墨家的禀赋因而能使他成为墨家学人。缓总认为自己有什么与众不同的地方才使弟弟成为墨者,才这样托梦怨责他的父亲,就跟齐人自以为挖井有功而与饮水的人抓扯扭打一样。看来如今社会上的人差不多都是像缓这样贪天之功以为己有的人。自以为生活中总是这样,有德行的人却并不知道什么是德,更何况是自以为有道的人啊!古时候人们称这种贪天之功的做法是违背自然规律会受到刑戮。圣人安于自然天理,不安于人为;一般人安于人为,不安于自然。庄子说:"认识道容易,默不作声而成道困难。认识道而默不作声,才合于自然;认识道而说出来,这是合于人为。古时候的至人合于天道自然而不以人为扰民。"

朱泙漫跟支离益学屠龙,花尽了千金的家产,三年学成技术却无处施展。圣人以必然视为不必,所以没有争端;一般人把不必然视为必然,所以引起许多纷争;顺从于争端,所以行为有贪求。面对纷争,依靠它就会什么也得不到。世人的智慧,离不开苞苴简牍这类相互馈赠、贿赂的交际应酬,把精神消耗在短浅的小事上,而想成道又成物,一贯形虚。像这样,会为宇宙间的万物所迷惑,为形体劳累而不知道本体的境况。那种至人,把精神归属于万物没产生之前的混沌世界,而酣睡于虚无的境地。水流于无形,流入太虚清静的自然。可悲啊!把智慧放在毫毛的小事上,而不知道大的宁静的境界。

宋国有个叫做曹商的人,为宋王出使秦国。他前往秦国的时候,得到宋王赠予的数辆车子。秦王十分高兴,又加赐车辆一百乘。曹商回到宋国,见了庄子说:"身居偏僻狭窄的里巷,贫困到自己编织麻鞋度日,脖颈干瘪面色饥黄,这是我不如别人的地方;一旦有机会使大国的国君省悟而随从的车辆达到百乘之多,这又是我超过他人之处。"庄子说:"听说秦王有病召请属下的医生,破除脓疮溃散疖子的人可获得车辆一乘,舔治痔疮的人可获得车辆五乘,凡是疗治的病越是卑污,所能获得的车辆就越多。你难道给秦王舔过痔疮吗,怎么获得的车辆如此之多呢?你走开吧!"

鲁哀公问颜阖说:"我要把仲尼作为辅相,国家可以得治吗?"颜阖说:"危险啊!危险!仲尼喜欢文过饰非,办事花言巧语,以枝叶代替旨美,矫饰性情以夸示民众而不智不诚。他一切都凭着自己的心思办事,以精神为主宰,怎能管理百姓呢!他适合于你吗?让他安养人民吗?那就一定要误人了。现在让民众离开朴实而学虚伪,不足以教育民众。为后世考虑,不如不用他。不可以让他治理国家。"

施恩于民众而不忘其功,不是天然的布施。商人是人们不愿相提并论的,虽然因事务不得不与他们打交道,但思想上仍不愿与他们相提并论。

体外刑罚的工具是金属与木制品,内心刑罚的工具则是轻举妄动所引起的过失。小人遭到体外的刑罚,用金木刑具拷问他;遭受内心的刑罚,则是用阴阳之气来蚕食他。能够免于外内刑罚的,只有真人才能做到。

孔子说:"人心比山川还要险恶,比预测天象还要困难。自然界尚有春夏秋冬和早晚变化的一定周期,可是人却面容复杂多变,情感深深潜藏。有的人貌似老实却内心骄溢,有的人貌似长者却心术不正,有的人外表拘谨,内心急躁,却通达事理,有的人外表坚韧,却懈怠涣散,有的人表面舒缓而内心却很强悍。所以人们趋赴仁义犹如口干舌燥思饮泉水,而他们抛弃仁义也像是逃离炽热避开烈焰。因此君子总是让人远离自己任职而观察他们是否忠诚,让人就近办事而观察他们是否恭敬,让人处理纷乱事务观察他们是否有能力,对人突然提问观察他们是否有心智,交给期限紧迫的任务,观察他们是否守信用,把财物托付给他们观察是否清廉,把危难告诉他们观察是否持守节操,用醉酒的方式观察他们的仪态,用男女杂处的办法观察他们对待女色的态度。上述九种表现一一得到证验,不好的

人也就自然挑拣出来。"

正考父首次被任命为士逢人便躬着背，再次任命为大夫便逢人深深地弯着腰，第三次任命为卿逢人更谦恭地俯下身子，总是让开大道顺着墙根快步急走，态度如此谦下谁还敢干出不轨之事！如果是凡夫俗子，首次任命为士就会傲慢矜持，再次任命为大夫就会在车上手舞足蹈，第三次任命为卿就直呼叔伯们的名字，像这样谁还会成为唐尧、许由那样谦让的人呢！祸害莫过于私心求得，而心上有眼，到了心有睫毛遮盖，而产生了主观成见，有了主观成见就导致败坏了。凶德有耳、目、鼻、口、心五种，中德之心为首。什么叫做中德？所谓中德，就是自以为是，而责难自己认同的。穷困有八个极端，通达有三项必要条件，刑有六种集聚点。美姿、长须、身高、形大、体壮、艳丽、勇猛、果敢，这八种都超过别人，便因此而穷困。因循自然，随俗应付，懦弱谦下，这三项都可畅通无阻。智慧表露通于外物，勇猛妄动多结怨恨，行仁施义多遭责难。通晓生命实情的人心胸开阔，通晓真知的人内心虚空豁达，通晓长寿之道的人随顺自然，通晓寿命短暂之理的人也能随遇而安。

有个拜会过宋王的人，宋王赐给他马车十乘。他依仗这些车马在庄子面前炫耀。庄子说："河上有一个家庭贫穷靠编织苇席为生的人家，他的儿子潜入深渊，得到一枚价值千金的宝珠。父亲对儿子说：'拿过石块来砸坏这颗宝珠！价值千金的宝珠，必定出自深深的潭底，黑龙的下巴下面。你能轻易地获得这样的宝珠，一定是正赶上黑龙睡着了。倘若黑龙醒过来，你还想活着回来吗！'如今宋国的险恶，远不只是深深的潭底；而宋王的凶残，也远不只是黑龙那样。你能从宋王那里获得十乘马车，也一定是遇上宋王睡着了；倘若宋王一旦醒过来，你也就必将粉身碎骨了。"

楚国有人来聘请庄子。庄子回答使者说："你见过祭祀的牛吗？披着纹彩锦绣，喂着饲草大豆，等到把它牵入太庙去，要想做只无人豢养的牛犊，怎能办得到呢！"

庄子快要死了，弟子们打算用很多的东西作为陪葬。庄子说："我把天地当做棺椁，把日月当做连璧，把星辰当做珠玑，万物都可以成为我的陪葬。我陪葬的东西难道还不完备吗？哪里用得着再加上这些东西！"弟子说："我们担忧乌鸦和老鹰啄食先生的遗体。"庄子说："弃尸地面将会被乌鸦和老鹰吃掉，深埋地下将会被蚂蚁吃掉，夺过乌鸦老鹰的吃食再交给蚂蚁，怎么如此偏心！"

用偏见去追求均平，这样的均平绝对不是自然的均平；用人为的感应去应验外物，这样的应验绝不是自然的感应。自以为明智的人只会被外物所驱使，精神世界完全超脱于物外的人才会自然地感应。自以为明智的人早就比不上精神世界完全超脱的人，可是愚昧的人还总是自恃偏见而沉溺于世俗和人事，他们的功力只在于追求身外之物，这不很可悲吗！

【义理评析】

列御寇，即列子，郑国人，道家学派人物。全篇是由列御寇说起，并引申出多个小故事夹着议论组合而成。内容很杂，其间也无内在联系，不过从主要段落看，主要是阐述忘我的思想，人生在世不应炫耀于外，不应求仕求禄，不应追求智巧，不应贪功图报。

在"列御寇之齐"段中，庄子通过列子说明要达到自忘、忘我"虚而敖游"的思想境界。总之，顺应自然，不为外物所拖累和羁绊，这是道家思想的精华，也是庄子在前面的内容中一再阐述的重中之重，在这里又得到进一步的强化。

天下第三十三

【原典欣赏】

天下之治方术者多矣，皆以其有为不可加矣。古之所谓道术者，果恶乎在？曰："无乎不在。"曰："神何由降？明何由出？""圣有所生，王有所成，皆原于一。"

不离于宗，谓之天人；不离于精，谓之神人；不离于真，谓之至人。以天为宗，以德为本，以道为门，兆于变化，谓之圣人；以仁为恩，以义为理，以礼为行，以乐为和，薰然慈仁，谓之君子；以法为分，以名

为表，以参为验，以稽为决，其数一二三四是也，百官以此相齿；以事为常，以衣食为主，蕃息畜藏，老弱孤寡为意，皆有以养，民之理也。

　　古之人其备乎！配神明，醇天地，育万物，和天下，泽及百姓，明于本数，系于末度，六通四辟，小大精粗，其运无乎不在。其明而在数度者，旧法、世传之史尚多有之；其在于《诗》《书》《礼》《乐》者，邹鲁之士、缙绅先生多能明之。《诗》以道志，《书》以道事，《礼》以道行，《乐》以道和，《易》以道阴阳，《春秋》以道名分。其数散于天下而设于中国者，百家之学时或称而道之。

　　天下大乱，贤圣不明，道德不一，天下多得一察焉以自好。譬如耳目鼻口，皆有所明，不能相通；犹百家众技也，皆有所长，时有所用。虽然，不该不遍，一曲之士也。判天地之美，析万物之理，察古人之全，寡能备于天地之美，称神明之容。是故内圣外王之道，暗而不明，郁而不发，天下之人各为其所欲焉以自为方。悲夫，百家往而不反，必不合矣！后世之学者，不幸不见天地之纯，古人之大体，道术将为天下裂。

　　不侈于后世，不靡于万物，不晖于数度，以绳墨自矫，而备世之急。古之道术有在于是者。墨翟、禽滑厘闻其风而说之，为之大过，已之大循。作为《非乐》，命之曰《节用》；生不歌，死无服。墨子泛爱兼利而非斗，其道不怒；又好学而博，不异，不与先王同，毁古之礼乐。黄帝有《咸池》，尧有《大章》，舜有《大韶》，禹有《大夏》，汤有《大濩》，文王有《辟雍》之乐，武王、周公作《武》。古之丧礼，贵贱有仪，上下有等，天子棺椁七重，诸侯五重，大夫三重，士再重。今墨子独生不歌，死不服，桐棺三寸而无椁，以为法式。以此教人，恐不爱人；以此自行，固不爱己。未败墨子道，虽然，歌而非歌，哭而非哭，乐而非乐，是果类乎？其生也勤，其死也薄，其道大觳②；使人忧，使人悲，其行难为也，恐其不可以为圣人之道，反天下之心，天下不堪。墨子虽独能任，奈天下何！离于天下，其去王也远矣。

　　墨子称道曰："昔者禹之湮洪水，决江河而通四夷九州也，名山三百，支川三千，小者无数。禹亲自操橐耜而九杂天下之川③。腓无胈，胫无毛，沐甚雨，栉疾风，置万国。禹大圣也，而形劳天下也如此。"使后世之墨者，多以裘褐为衣，以跂蹻为服，日夜不休，以自苦为极，曰："不能如

此，非禹之道也，不足为墨。"相里勤之弟子五侯之徒，南方之墨者苦获、己齿、邓陵子之属，俱诵《墨经》，而倍谲不同④，相谓别墨；以坚白同异之辩相訾，以觭偶不仵之辞相⑤应，以巨子为圣人，皆愿为之尸，冀得为其后世，至今不决。墨翟、禽滑厘之意则是，其行则非也。将使后世之墨者，必自苦

以腓无胈、胫无毛，相进而已矣。乱之上也，治之下也。虽然，墨子真天下之好也，将求之不得也，虽枯槁不舍也，才士也夫！

不累于俗，不饰于物，不苟于人，不忮于众，愿天下之安宁，以活民命，人我之养毕足而止，以此白心。古之道术有在于是者。宋钘、尹文闻其风而悦之。作为华山之冠以自表，接万物以别宥为始。语心之容，命之曰心之行。以聏合驩⑥，以调海内，请欲置之以为主。见侮不辱，救民之斗，禁攻寝兵，救世之战。以此周行天下，上说下教，虽天下不取，强聒而不舍者也。故曰：上下见厌而强见也。虽然，其为人太多，其自为太少；曰："请欲固置五升之饭足矣。"先生恐不得饱，弟子虽饥，不忘天下。日夜不休，曰："我必得活哉！"图傲乎救世之士哉！曰："君子不为苛察，不以身假物。"以为无益于天下者，明之不如已也。以禁攻寝兵为外，以情欲寡浅为内。其小大精粗，其行适至是而止。

公而不党，易而无私，决然无主，趣物而不两，不顾于虑，不谋于知，于物无择，与之俱往。古之道术有在于是者。彭蒙、田骈、慎到闻其风而悦之。齐万物以为首，曰："天能覆之而不能载之，地能载之而不能覆之，大道能包之而不能辩之。"知万物皆有所可，有所不可，故曰："选则不遍，教则不至，道则无遗者矣。"是故慎到弃知去己，而缘不得已，

泠汰于物⁷，以为道理，曰："知不知，将薄知而后邻伤之者也。"謑髁无任⁸，而笑天下之尚贤也；纵脱无行，而非天下之大圣。椎拍輐断⁹，与物宛转；舍是与非，苟可以免。不师知虑，不知前后，魏然而已矣。推而后行，曳而后往，若飘风之还，若羽之旋，若磨石之隧，全而无非，动静无过，未尝有罪。是何故？夫无知之物，无建己之患，无用知之累，动静不离于理，是以终身无誉。故曰："至于若无知之物而已，无用贤圣，夫块不失道。"豪桀相与笑之曰："慎到之道，非生人之行，而至死人之理，适得怪焉。"田骈亦然，学于彭蒙，得不教焉。彭蒙之师曰："古之道人，至于莫之是、莫之非而已矣。其风窢然，恶可而言？"常反人，不见观，而不免于魭。其所谓道非道，而所言之韪不免于非。彭蒙、田骈、慎到不知道。虽然，概乎皆尝有闻者也。

以本为精，以物为粗，以有积为不足，澹然独与神明居⑩。古之道术有在于是者。关尹、老聃闻其风而悦之。建之以常无有，主之以太一，以濡弱谦下为表，以空虚不毁万物为实。关尹曰："在己无居，形物自著。"其动若水，其静若镜，其应若响。芴乎若亡，寂乎若清。同焉者和，得焉者失。未尝先人，而常随人。老聃曰："知其雄，守其雌，为天下谿；知其白，守其辱，为天下谷。"人皆取先，己独取后，曰受天下之垢。人皆取实，己独取虚，无藏也故有馀，岿然而有馀。其行身也，徐而不费，无为也而笑巧。人皆求福，己独曲全，曰苟免于咎。以深为根，以约为纪，曰："坚则毁矣，锐则挫矣。"常宽容于物，不削于人，可谓至极。关尹、老聃乎，古之博大真人哉！

芴漠无形，变化无常，死与生与，天地并与，神明往与！芒乎何之，忽乎何适，万物毕罗，莫足以归。古之道术有在于是者。庄周闻其风而悦之。以谬悠之说，荒唐之言，无端崖之辞，时恣纵而不傥，不以觭见之也。以天下为沈浊，不可与庄语，以卮言为曼衍，以重言为真，以寓言为广。独与天地精神往来，而不敖倪于万物。不谴是非，以与世俗处。其书虽瑰玮，而连犿无伤也。其辞虽参差，而諔诡可观。彼其充实，不可以已。上与造物者游，而下与外死生、无终始者为友。其于本也，宏大而辟，深闳而肆；其于宗也，可谓稠适而上遂矣。虽然，其应于化而解于物也，其理不竭，其来不蜕，芒乎昧乎，未之尽者。

心如澄澈秋水，身如不系之舟

惠施多方，其书五车，其道舛驳，其言也不中。历物之意，曰："至大无外，谓之大一；至小无内，谓之小一。无厚，不可积也，其大千里。天与地卑，山与泽平。日方中方睨，物方生方死。大同而与小同异，此之谓'小同异'；万物毕同毕异，此之谓'大同异'。南方无穷而有穷。今日适越而昔来。连环可解也。我知天下之中央，燕之北、越之南是也。泛爱万物，天地一体也。"

惠施以此为大，观于天下而晓辩者，天下之辩者相与乐之：卵有毛；鸡三足；郢有天下；犬可以为羊，马有卵；丁子有尾；火不热；山出口；轮不蹍地；目不见；指不至，至不绝；龟长于蛇；矩不方，规不可以为圆；凿不围枘；飞鸟之景未尝动也；镞矢之疾而有不行、不止之时；狗非犬；黄马骊牛三；白狗黑；孤驹未尝有母；一尺之捶，日取其半，万世不竭。辩者以此与惠施相应，终身无穷。

桓团、公孙龙辩者之徒，饰人之心，易人之意，能胜人之口，不能服人之心，辩者之囿也。惠施日以其知与人之辩，特与天下之辩者为怪，此其柢也。

然惠施之口谈，自以为最贤，曰："天地其壮乎！"施存雄而无术。南方有倚人焉曰黄缭，问天地所以不坠不陷，风雨雷霆之故。惠施不辞而应，不虑而对，遍为万物说。说而不休，多而无已，犹以为寡，益之以怪。以反人为实，而欲以胜人为名，是以与众不适也。弱于德，强于物，其涂隩矣⑪。由天地之道观惠施之能，其犹一蚊一虻之劳者也。其于物也何庸！夫充一尚可，曰愈贵道，几矣！惠施不能以此自宁，散于万物而不厌，卒以善辩为名。惜乎！惠施之才，骀荡而不得⑫，逐万物而不反，是穷响以声，形与影竞走也，悲夫！

【玄义注释】

①薰然：温和的风轻轻地吹。这里指温和的样子。②觳：苛刻。③橐（tuó）：盛土的器具。④谲：矛盾，相反。⑤畸（jī）：单数。⑥聏（ér）：柔软。驩：同"欢"。⑦泠汰：听从自然，任其自然。⑧諔髁（xǐ kē）：儿戏，随便的样子。⑨輐（wàn）：没有棱角。⑩澹然：指了无牵挂的样子。⑪隩（yù）：曲折，狭窄。⑫侈荡：放荡。

【白话翻译】

天下研究方术的人非常多，并且多数人都认为自己已经达到了登峰造极的境界。古人所说的大道，究竟在哪里呢？回答是："大道无处不在啊。"如果接着问："天道从何处降临，地道从何处产生？"回答是："圣贤的产生，王业的成就，都是源于大道啊。"

不脱离大道本质的人，称为天人；不摒弃大道精华的人，称为神人；不背离大道真谛的人，称为至人。将自然看做万物的主宰，将德性看做做人的根本，把大道看做行事的门径，可以预知事物的变化，称为圣人；用仁爱去施行恩惠，用道义去辨别事理，用礼仪去规范行为，用音乐去调适人的性情，充溢着温和仁慈的言行，称为君子；依照法规确定各自的名分，根据名分制定各自的行为标准，用比较的方法来验证事物，用考察的方法来决断事物，他们行事就像一、二、三、四数列那样清楚明白，百官的序列就是这样确定的；把耕作劳动作为日常事务，把衣食作为关注的主要问题，生儿育女，积蓄财富，关注老弱孤寡的生活，让他们都能得到抚养，这是民生的道理。

古代的圣人实在是完美啊！他们配合神明，效法自然，养育万物；他们使天下太平安宁，恩泽惠及百姓；他们不仅通晓道的根本，而且还熟悉具体的典章制度，上下和四方通达而四季顺畅，无论小大精粗，其作用无所不在。古时的礼乐制度，很多还保存在传世的史书中；其中一些保存在《诗经》《尚书》《礼记》《乐经》中，邹国和鲁国一带的大多数学者和士大夫都知道这些著作。《诗经》是表达志向的，《尚书》是记载政事的，《礼记》是规范道德行为的，《乐经》是陶冶情操的，《易经》是讲述阴阳变化

规律的,《春秋》是讲述名位职守的。这些内容散见于整个天下,有的还在中原各诸侯国中施行,百家学说时常宣扬它。

如今天下大乱,贤圣们的言论主张不能得到宣扬,道德规范也无法得到统一推行,天下的学者们则各得一孔之见而自以为是。这就好比眼、耳、口、鼻各种器官,它们都有各自的知觉功能,但却无法相互贯通;又好像各家学说,虽然不同派别的学者都各有所长,不时各有所用但都不全面。他们以一己之见割裂天地的完美,离析万物的常理,损害古人的普遍真理,很少能够使自己全面地具备天地的完美,也很难与神圣明智的含义相称。因此内圣外王的道理,幽暗不明,抑郁不发,天下的人各自以自己的想法为自己的方术。实在是可悲呀,百家皆各尽迷途而不知返,也就不能合于大道了!后世的学者,不幸在于不能看到天地的纯真,不能看到古代圣贤们的思想全貌,大道将要为天下的学者们所割裂了。

不去以奢侈来影响后世,不去浪费世间万物,不去提倡等级制度,用规矩勉励自己以适应社会的急难。古代的道术也包含了这方面的内容。墨翟、禽滑厘听到这种治学风气就非常喜欢它,可他们在实行这一主张的时候要求太苛刻了,对人的情欲限制得太严格。他们作《非乐》篇,讲《节用》篇;主张活着时不唱歌,死后不厚葬。墨子倡导平等博爱互惠互利而反对侵略战争,要求人们不可相互怨恨;他本人又好学而博闻,不立异,也不求与先王礼法相同,主张毁弃古代的礼乐制度。黄帝时有《咸池》,尧时有《大章》,舜时有《大韶》,禹时有《大夏》,汤时有《大濩》,文王时有《辟雍》,武王、周公时作《武》这些乐章都曾传世。古代的丧礼,贵贱有不同的制度,上下有不同的等次,天子的内棺、外椁共为七层,诸侯为五层，大夫为三层，士为二层。如今墨子却主张活着时不唱歌，死后不厚葬，只用三寸厚的桐木棺而没有外椁，作为效法的样式。以这种方式来教导人们，恐怕不是爱人；用这种主张自行其是，当然也不是爱护自己。我并非刻意要去批判墨子的学说，虽说如此，当唱歌时而反对唱歌，当哭泣时而反对哭泣，当奏乐时而反对奏乐，这些主张真的就合乎人情吗？墨子还说人在活着时应当辛勤劳作，死后简单薄葬即可，这也未免太苛刻了；他的这种主张使人忧伤，使人悲哀，他所提倡的这些主张难以实行，恐怕这种主张不可以成为圣人之道，违背了天下的人心，天下人不堪忍受。虽然墨子能独自实行，然而他又能把天下人怎样呢！背离于天下的人，这种做法离开外王之道也太远了。

墨子宣扬说："过去大禹堵塞洪水，疏通江河而沟通四夷九州，大川三百，支流三千，小沟无数。禹亲自抬筐铲土，而聚合于天下的河流。累得腿上没有肉，小腿上没有汗毛，暴雨淋身，疾风梳发，安定了万国。禹是个大圣人，他的身体为民劳苦到如此地步。"使后世的墨者，多用羊皮和粗布做衣服，穿着木屐草鞋，日夜不息，以吃苦耐劳为准则，有人却说："不能这样，就不是禹的为人之道，不足以把他称为墨者。"北方墨者相里勤的弟子、伍侯的门徒，南方的墨者苦获、己齿、邓陵子一派，都诵读《墨经》，然而解释却相互背离，相互矛盾，相互指责对方是"别墨"；以坚白同异的辩论相互诽谤非议，用奇偶不合的言论相互应对；把自己一派的领袖当做圣人，却愿意为他而尽死，希望为他的后世继承人，但由于意见不同至今没有决断。墨翟、禽滑厘的用意是好的，但他们的做法却是错的。他使后代的墨者必定要刻苦自励，搞得腿上没有肉，小腿上没有汗毛，相互争进罢了。这样乱天下有余，治天下不足。虽然这样，墨子是真想把天下治理好的人，即使求之不得，虽然累得形容憔悴不堪也不弃自己的主张，真是一位治国的贤能之士啊！

不受世俗所牵累，不以外物来掩饰，不苟从别人，不违逆众志，希望天下安宁，以蓄养民生，他人与自己的给养够用就可以了，用这种主张来表白心意。古代的道术有关于这方面的。宋钘、尹文听说了这种古代的道德风尚便欣悦不已。他们制作了状似华山的帽子，以此来表白自己主张平均的心迹，应接万物先去除藩篱偏见。他们强调心的包容，把这叫做心

心如澄澈秋水，身如不系之舟

的行为。认为要以柔顺的态度迎合他人的欢心，以此来调和海内，还请求大家做事要以心的包容为主。认为被欺侮时不应感到羞辱，力将百姓从争斗的苦海中解救出来，禁止攻伐杜绝用兵，平息世间的战争。带着这种主张遍行天下，对上说服诸侯，对下教诲百姓，虽天下的百姓并不接受，但他们却为此而游说不止。所以上上下下的人都厌烦他们的学说，但却都勉强接近他们。虽然如此，他们为百姓做得太多，而为自己做得太少了；他们说："姑且给我五升米，我能吃饱饭就足够了。"先生恐怕不得吃饱，弟子们虽然在饥饿中，也不忘天下人。他们日日夜夜不知道休止。他们说："我们必须得活下去呀！"精神境界之高好似救世之人！他们还说："君子对别人苛求明察，不使自身受外物的役使。"他们认为对天下没有益处的，阐明它还不如停止不做。他们把禁止攻伐停止战争作为对外的活动，以减少情欲作为内心的修养。他们学说的小大精粗，及其所述所行也就如此罢了。

公正而不结党，平易而无私欲，随和而无主见，随物而趋不有二意，不虑过去，不谋未来，对事物无选择，顺应万物的变化。古代道术有属于这方面的。彭蒙、田骈、慎到听到这种治学风气而喜好它。齐同万物以为首要，说："天能覆盖万物而不能承载万物，地能承载万物而不能覆盖万物，大道能包容万物而不能分辨万物。"他们认识到万物都有可以肯定的一面，也有可以否定的一面，所以说："选择就不能周全，教化就不能备至，按照道就不会有遗漏了。"所以慎到主张抛弃知识和主观成见，却缘于不得已后动，任其自然，作为分析万物的规律，说："知识就是无知，要鄙薄知识然后把它毁掉。"随随便便，不任职事而讥笑天下的尚贤；放任解脱不修德行，而非难天下的大圣。刑罚的轻重，顺从事物相应变化；舍弃是与非，且可免于拖累。不用智巧谋虑，不瞻前顾后，巍然独立不动就是了。推动而后前进，拖曳而后前往，像飘风的往还，像羽毛的旋转，像磨石的转动，自全而无非难，动静而无过失，未曾有什么罪责。这是什么原因呢？没有智慧的东西，也就没有树立自己之敌的忧患，没有使用智慧的拖累，运动和静止是离不开规律的，因此终身不会遭到毁誉。所以说："达到像没有智虑的东西罢了，用不着圣贤，哪个土块都有自己的规律。"豪杰们都讥笑他说："慎到的学说，不是活人能施行的，却是死人的道理，应该受到责怪。"田骈的道术也是这样，求学于彭蒙，学得不言之教。彭蒙的老师说："古代得道的人，达到无所谓是非罢了。好像风迅速刮过一样，哪还用得着说什么呢？"他经常违反人的意愿，不为人欣赏，仍然不免于无棱无角。他们所宣扬的道并非是真正道，而所肯定的东西也不免于错误。彭蒙、田骈、慎到不知道并非是真正的道。虽然如此，他们还是知道一些道的概要的。

　　将天德看做精要，将具体的物视作粗犷，将积蓄看做不足，恬淡无为而独与自然融为一体。这是古代道术的内涵之一。关尹、老聃听到这种治学风气就非常喜好它。他们常常建立有、无的观点，并归之于道，以柔弱谦下视为外在表现，以空虚不毁弃万物为内在的实质。关尹说："在主观上不困于成见，有形的物体让其自行显露。"其运动像水一样自然，其静止像镜一样清晰，其反应像回声。恍惚像无有，寂郁像清虚。有得就等于有失。未曾争在人先，而常常随在人后。老聃说："认识雄性之强，不如坚守雌性之弱，成为容纳天下的沟壑；认识光彩，不如坚守黑暗，成为包容天下的山谷。"别人都争先，自己独居后，叫做甘受天下的垢辱。别人都求实际，唯独自己求空虚，没有储藏因而就是富足，富足得高大独立的高山般充实。他全身行事，舒缓而不浪费，恬淡无为却讥笑机巧。别人祈求福佑，唯独自己委曲求全，这叫做苟且免于祸害。以深藏为根本，以隐约为纲纪，叫做："坚硬的容易毁坏，锐利的容易挫折。"经常宽容对待事物，不损害别人，可以说达到最高境界了。关尹、老聃，可以说是古代的博大真人！

　　空寂广漠无形的道的本体，变化无常的道的运用，死呀生呀，与天地并存，与大自然一起变化来往！惚惚恍恍向什么地方去，万物与我为一，不知哪里是归宿。古代的道术有属于这方面的。庄周听到这种治学风气就很喜好它。他用虚远不可捉摸的理论，广大不可测度的言论，不着边际的词汇，有时放纵无拘，不用一隅之见来表述。他认为天下一派浑浊，不能用庄重的言论与他们交谈，所以就用卮言肆意推衍，用重言揭示本意，用寓言加以阐发道理。只身跟天地精神相沟通，从不轻视其他万物。不追究孰是孰非，力求跟世俗共处。他的著述虽然奇伟，然而宛转随和不会伤人。他遣词造句虽然参差错落，然而奇异好看。他的内心世界充实，喷发出来难以抑制。他上跟造物者同游，下跟已将生死置之度外、不计较终结开始的人做朋友。他对于本原的认识是，博大旁通，深广通达；他对于宗主的认识是，可以把握得已经达到最高的境界。当然，他对事物变化的反应和对事物的分析，由于事理会层出不穷，事物的出现也会连绵不断，因而他只能在茫茫然、昏昏然之中探索，还没探寻到尽头。

惠施懂多种学问，他的藏书能装五车，然而他的学问违背了常理且杂乱无章，他的思想主张与大道也不相吻合。他观察分析万物的道理，说："大到极点的事物没有外围，叫做'大一'；小到极点的事物没有内核，叫做'小一'。平面没有厚度，无法累积成体积，但其广大却可以延伸至千里之外。天和地一样低，山与泽一样平。太阳刚处于正中位置时也就意味着将要偏斜，万物刚刚产生也就意味着死亡逐渐逼近。具体事物之间存在着大的共同点与小的共同点的差异，称为'小同'和'小异'。万物可以认为是完全相同的，也可以认为是完全不同的，称为'大同'和'大异'。南方没有穷尽，也可以认为是有穷尽。今天到越国去也可以认为是昨天到越国来。连环是可解开的。我知道天下的中央在燕的北方，越的南方。广泛爱万物，大地是一个整体。"

惠施把这些当做最大的真理，显示于天下而借此启发辩论的人，天下的好辩者都愿意和他争论：卵内有毛；鸡可能长有三条腿；楚国的郢城内就有整个天下；狗可以是羊；马为卵生；蛤蟆有尾巴；火是不热的；山是有嘴的；车轮碾不着地；眼睛看不见东西；事物的概念不能达到实质，即使感觉得到也不能达到穷尽；乌龟比蛇长；曲尺不能画方，圆规不能画圆；卯眼不能围住榫头；飞鸟的影子未曾移动过；箭头疾飞却有静止和不静止的时候；狗不是犬；黄马骊牛是三个；白狗是黑的；孤马不曾有母亲；一尺长的鞭，一天截去一半，万世也截取不尽。辩者们用这些论题和惠施相辩论，终身辩论不完。

桓团、公孙龙都是善于辩论的人，他们蒙蔽人的思想，改变人的意向，能辩胜别人的口舌，而不能折服人心，这是善辩者的局限。惠施每天以自己的智慧与人辩论，专门与天下的善辩者创造怪论，这就是他们辩论的概况。

虽然惠施的口辩自以为是最高明，说："天地能比我更伟大吗！"但惠施有雄辩之才却不了解道术。南方有个异人叫黄缭，问天地为什么不坠不陷，风雨雷霆形成的原因。惠施不谦虚地回应，不假思索地对答，并遍及万物加以解说。又说个不停，多而不止，还以为说得少，更增加一些奇谈怪论。把违反人之常理的作为实情，而要以辩胜别人取得名声，因而与众人的看法不协调。他轻视德的修养，并强调对外物的分析，他所走的道路是深曲的。由自然规律来看惠施的才能，他就如同一只蚊子一只牛虻的徒劳之功罢了。其对于万物有什么用处！他充当一家之言还算可以，要说比大道还珍贵，那就太危险了！但惠施不能以此一家之言自安于道，分散心思追逐于万物而不厌烦，最终以善辩成名。很可惜！惠施的才能，放荡而没有所得，追逐万物而不知回头，就像是用声音去制止回响，让形体同影子竞走，这是多么可悲呀！

【义理评析】

《天下》所要表达的中心思想可以看做是《庄子》一书的导言，其中没有寓言，没有小故事，只有论述，这种风格在整部《庄子》中是唯一的一篇。在本篇中，庄子对先秦时期几个主要的学派作了简明扼要的追溯、回顾和批评，可以说是中国最早的一篇哲学史论文，具有极高的学术价值。

从全篇来看，"天下"就是庄子眼中的社会万象，也是一个大舞台，而庄子就像个冷静理智的看客，但他绝对不是那种袖手旁观说风凉话的人。庄子认为，"天下"就是责任，怎么让芸芸众生活出人的意义，这是庄子给自己出的难题。"天下"还是一种博大的胸怀，这种胸怀足以装得下整个天下，也只有这种胸怀才能让人做冷静理智的思考和判断。如果说庄子异于常人，那么，这应该就是他最值得我们敬仰的一面。

参考文献

[1] 陈才俊. 庄子全集 [M]. 北京：海潮出版社，2008.
[2] 张小木. 庄子解说 [M]. 北京：华夏出版社，2008.
[3] 庄周，陈道贵. 庄子义理评析 [M]. 合肥：黄山书社，2007.
[4] 庄周. 庄子 [M]. 呼和浩特：内蒙古人民出版社，2008.
[5] 庄子，朴松花. 庄子选译 [M]. 北京：北京理工大学出版社，2009.
[6] 傅佩荣. 庄子的智慧 [M]. 合肥：黄山书社，2009.
[7] 鸣嗥. 庄子品读 [M]. 北京：朝华出版社，2010.
[8] 孙通海. 庄子 [M]. 北京：中华书局，2007.